绿色校园　人文校园　幸福校园

——一位用心灵解读教育的追梦者对教育的思索与实践

李小婉　著

中国出版集团
世界图书出版公司

图书在版编目(CIP)数据

绿色校园　人文校园　幸福校园 / 李小婉著. —广州：世界图书出版广东有限公司，2014.6

ISBN 978-7-5100-8171-2

Ⅰ. ①绿…　Ⅱ. ①李…　Ⅲ. ①中学—学校管理—研究　Ⅳ. ①G637

中国版本图书馆 CIP 数据核字(2014)第 135117 号

绿色校园　人文校园　幸福校园

责任编辑:朱　霞　袁梦甜
出版发行:世界图书出版广东有限公司
社　　址:广东市新港西路大江冲 25 号　邮政编码:510300
网　　址:http://www.gdst.com.cn
电　　话:020-84459701
传　　真:020-84464151
印　　刷:虎彩印艺股份有限公司
经　　销:各地新华书店
开　　本:710 mm×1 000 mm　1/16
印　　张:20.5
字　　数:336 千字
版　　次:2014 年 7 月第 1 版第 1 次印刷
ISBN　978-7-5100-8171-2
定　　价:30.00 元

目录
Contents

一个虔诚的教育追梦者

——代序

深圳市福田区华富中学原校长李小婉集三十余年教育教学及学校管理的思考和实践，写了这本论著，嘱我为之写序，这是一份沉甸甸的信任。

由于工作关系，我与教育界联系比较紧密，加上我与小婉同属民盟，同她接触较多。小婉对教育有一种特别的情结。十六岁那年，她高中毕业于潮州市名校金山中学，参加恢复高考后的首次全国高考，考取了华南师范大学历史系。大学毕业时，为了圆教师梦，她毅然来到初创时期、环境条件艰苦的深圳经济特区，并同她的先生，也是她的大学同学，一道在深圳教育园地耕耘了三十多年。

小婉一直在中学任教，从班主任、团委书记、政教主任、副校长到校长，一路走来，形成了对基础教育的切身体验和真知灼见。在担任华富中学校长的十余年间，她带领全校教职员工，秉承“绿色、人文、幸福教育”的办学理念，提出了“人文见长、人格健全、和谐发展”的办学目标，经过多年努力，将名不见经传的华富中学建设成为一所教学设施一流、教育理念先进、师生关系和谐、办学成效显著的现代化学校，成为省一级学校、全国百所德育科研名校，在深圳、广东，乃至全国都小有名气。

2012 年 4 月，小婉被一场恶疾击倒在三尺讲台。在患病期间，她还总是放不下学校的工作。很多人说，她是一个为了梦想可以将其他置之度外的人，一个在用生命来解读教育的人，一个用一生来圆自己的教育梦想的人。我当然相信，也为之所感动。但在医院看到病床上消瘦羸弱的小婉时，我的心里满满的只有心疼。

手执书稿，我似乎看到了小婉回到学校后更加忙碌而快乐的身影。在被小婉人文关爱、民主管理、幸福教育的理念和追求深深打动的同时，我仿佛进入了教育园地的一片乐土绿洲。书中的教育理念和追求找准了当前基础教育的问题所在和努力方向，对从事基础教育的教师和管理者必将有所启迪，有所借鉴。也希望通过小婉的这本书，能让读者们感受到深圳教师追逐教育梦想的高远情怀、敢为人先的探索实践和对教育事业的一往情深及无怨无悔！

立德、立功、立言乃人生之三不朽。手捧小婉这本积三十余年薪火、焚膏继晷之结晶，我为她高兴、骄傲。衷心祝福小婉健康快乐、更行更远。

民盟深圳市委主委　吴以环

2014 年 4 月于鹏城

第一部分　点亮学校前行的航标灯

——学校发展的三元合力：办学理念＋办学目标＋九牛爬坡

“人文·人本·人格”教育模式

内容提要：时代需要把人教“活”的以人为本的教育，我们的教育必须关注学生的尊严和个性发展，关注学生的情感与创造，提倡自主与合作、讨论与研习，培养学生具有乐观向上、自爱自信的精神，具有求实好学、质朴文雅、与人为善、竞争合作的完整人格。

关键词：以人为本　尊重个性　完整人格　教育模式

发表情况：此文刊载于《教育研究》（中央教科所主办）2002 年第 2 期。

一、“人文·文本·人格”教育模式的时代内涵

随着社会的进步和发展，人们越来越关注对人的根本问题的认同与理性思考。科学技术的发展带来了社会物质生活水平的迅速提高，但同时也带来诸多新的社会问题，仅就人与自然的关系而言，人类在对自然界无限征服和改造的同时，又不得不领受着生态环境极度破坏的苦果。究其根本，这不是科学本身的产物，而是文化失衡所致，是缺乏与物质追求、科技发展相制衡，相调节的精神力量。杨振宁博士曾说，在科技发展的今天，“忽略人文，中国将付出极大的代价”。由此可见，经济起飞绝不能以道德滑坡、信仰危机为代价，必须将重视知识技能与信念道德统一起来。我们必须学会把科技和物质奇迹与人文精神需要平衡起来。人本教育在科技与人文整合中获得了新的内涵。时代需要“活”的教育，教“活生生”的人，把人教“活”的以人为本的教育。

实施以人为本的教育，要以马克思主义关于人的学说为理论依据，马克思主义科学地揭示了人的本质，认为人是创造一切财富的动力，人是世界的

主人，也是教育这块阵地的主人。推动“应试教育”向素质教育转变的真正动力，不是财，不是物，而是有先进教育思想，有科学教育胆识，敢于打破旧体制、旧观念、旧习惯，敢于开创新局面的人。可见，以人为本，目中有人，是认识素质教育和实施素质教育的重要思想前提。

实施以人为本的教育，必须真正把“人”当人看。施教者是人，受教者也是人，他们在教育活动过程中是平等的人，不存在谁是主宰者，谁是服从者，要尊重、关心、理解和信任每一个受教育的人。学生作为发展的人，他们不是知识的容器，他们不是分数的奴隶，他们是教育的主体。他们的学习应该是一个主动探索，不断有所发现，从而品尝成功喜悦的自主过程。

实施以人为本的教育，必须构建以人育人、以人促人的机制。教育过程则是由施教的人和受教的人共同构成的活动，缺少哪一方，都不能称为教育。对于施教的人来说，职责是教育人做人，做一个有思想、有道德、有文化、有纪律、会动脑、会动手的社会新人。对于受教的人来说，通过各种教育活动，要学会学习，学会生存，学会做事，学会做人，做一个思想品德好、知识技能高、身心发展强的人。要获得成功，必须调动两方面的积极性，靠双方密切协作和配合，才能真正绽放出教育的人性光芒，产生真、善、美的教育效果。

二、“人文·人本·人格”教育模式的实践探索

“新人文、新人本”教育模式是在科技发展推动下，整合历史上人本教育发展成果的合理内涵，推陈出新发展而来。它更加重视人的尊严，遵循人性形成的规律，把教师主体性与学生主体性发展有机地在教育过程中统一起来，为学校可持续发展开拓了广阔的前景。我们认为，创建“新人文、新人本”教育模式主要包括以下几方面：

1. 主体性原则：就是在加强人文教育，培养人文精神的教育中要以人为出发点和归结点，强调发挥学生的主体作用，关注学生的尊严和个性发展，关注学生的地位作用，关注学生的自主态度，让学生自主判断，自主选择，使之在教育教学和生活实践中成为加强自我修养，增强人文底蕴，培养人文精神的学习主体、思维主体、设计主体和活动主体。

2. 体验性原则：人文精神的培养是一种内化的精神活动过程，需要亲身经历和自我感受。因此，在教育中要善于利用特定时间，营造特定氛围，

构建教育的“情绪场”，让学生产生内化动机和内化需要的氛围与情境，从而让认识的主体迅速进入状态，自我感受，自我调适，自我感悟，自我实现。体验是对感受的再感受，是对认识的再认识，是对经验的再经验。体验要注意全面了解学生，相信学生，能够充分发展学生的积极体验；尊重学生，重视学生在体验中的情感和价值观念；给学生充分自由，为学生的创造性思维和创造活动形成成功的体验。

3. 活动性原则：人文精神的培养不是闭门思过，应将实践活动贯彻于人文教育的各个环节之中。活动就是注重学生的生活世界、心理世界和情感世界，注重学生的知、情、意在活动中产生的能动作用，注重让学生在各种方式的活动中体验成长成功的乐趣。由于活动是一个系统，它有着自己特有的结构和内在发展的过程，所以我们在实践中要注意学生内部活动和外部活动这两类活动，内部活动是学生的思维活动、情感活动、心理活动；外部活动是一种外显性活动，如自学式、讨论式、研习式学习，都是外部活动的基本操作方式。

4. 建构以人为本的课程体系：按照“新人文、新人本”教育理念，不断优化社会人文课程、数理科技课程和体艺课程，努力实现课程的优化和整合，全面实施素质教育。重点开发以下学校课程：科技发展史、资源与环境、成才修养、理化实验、历史评述、中外文化比较、生物技术与生物行为、研究性学习指导等校本课程。

5. 提倡以人为本的教学模式：几年来，我们积极构建以人为本的教学模式，既要使教师放开手脚，大胆地有创新地教，又要使学生生动活泼地学，使师生在教学中成为共同生长的双主体。以此来改进课堂教学，以主体性体验式活动教学模式的探索为重点，改变现行课堂教学以书本和教师为中心，讲授灌输偏多，忽视合作交流、主动参与和探索学习的倾向。把非民主的、死记硬背的、机械枯燥的、以应付考试为宗旨的方式方法，加以摒弃，转而代之以民主的、讨论式的、大视野宽角度的、生动活泼的方式方法。要尊重学生的个性和创造精神，要与学生经常交流，倾听学生不同见解，鼓励学生敢想、敢说、追求卓越，实现师生关系的和谐。学生从做中学，学会探究式学习，学会沟通和表达，把讨论权、发言权、动手权交还给学生。开展跨学科备课活动，进行跨学科研究性学习，将人文精神与科学精神融合在综合性教育活动与学习活动之中。

6. 构建教育场：按照“新人文、新人本”的教育理念，优化学校人文环境，通过教育场的构建，发挥场效应，潜移默化地对学生进行人文教育。加强学校非课程化的环境建设，即：加强校内的物质场、精神场和制度场建设，使学生在无意中接受陶冶、感染、同化、制约。使之产生趋同心理，使思想、情感、观念、行为等发生变化，在不知不觉中对学生进行教育，营造具有浓厚人文气氛的校园环境。

一是构建学校物质场。学校必须按照素质教育培养目标，进行精心设计，使每一个角落都在育人中发挥作用。

二是构建风气育人场。校园文化对人的影响，其中校风起着关键的影响作用。创建校风必须从学校实际出发，注意学校的个性风格，以形成独具特色的学校群体精神及育人氛围。要抓好校风的建设，首先要抓好班风、教风和学风以及学校干部和班干部的作风。

三是构建人际引力场。学校要构建和谐宽松、互敬互爱的人际环境，理顺学校、班级中各种关系，特别是师生关系，增强人际吸引力和群体凝聚力，形成良好的群体氛围，使学生在人际交往、角色互补中，获得社会化的人格特征、价值观念和行为方式。

四是构建社团活动的净化场。学校应积极组织各种社团活动，使学校充满生机和活力。诸如组织影视鉴赏团、记者团、学生杂志社、文学社、通讯社、广播采访团、爱心俱乐部等，使之在净化学生心灵、培养学生高尚情操方面，发挥积极作用。学校构建多层次、多色彩、多渠道，并带有各种教育性、创造性、艺术性、有时代气息的各种教育场，使学校成为“以境育人”“以情育人”的摇篮。

7. 建立以人为本的评价体系：“新人文、新人本”教育模式的评价，它不以升学率和分数成绩去评价教育教学质量，也不以此去评价教师和学生水平。关键在于有效地发展学生的能力和以创新品质的培养为核心，具有鲜明个性意识，使其成为有独特个性色彩的人；具有强烈的道德使命感、社会责任感，具有良好的行为规范，对社会义务的认识，在社会生活中学会负责，对自然、对社会甚至对世界承担责任。不追求物质享受，能够超越感性追求，唤起做人的良知，保持做人的尊严和风度，具有开阔的胸怀，健康的心理和完整的人格，懂得“何以为人”“为何而生”，具有与人为善的品质，求真的精神。

作为“华富”的学生，在“新人文、新人本”教育模式熏陶下，应具有一种心胸宽广、乐观向上的气质，一种自尊、自爱、自信的精神，一种关心他人、关心社会、关心自然的情怀，一种求实好学、质朴文雅的品质，一种与人为善、既能竞争又能合作的完整人格。我们把这作为实施素质教育的突破口，作为高起点、高质量办学的立足点，作为培养21世纪人才的新对策。

民主管理，人文治校，共创师生幸福校园

——华富中学第四个（2011～2015年）五年发展规划

内容提要： 建立现代学校制度，全面推进素质教育；坚持依法治校、科研兴校的思想；强化德育管理，落实教学工作的中心地位；加强校园文化建设，构建诗意校园，提升办学品位。让教师享受教学的成功，让学生享受学习的乐趣，让家长享受孩子的进步，让社会享受学校的文明，办一所适合每个学生发展、让每个学生留恋、特色突出的“幸福校园”。

关键词： 民主人文　发展个性　校园文化　幸福校园

获奖情况： 此规划在福田区教育局2011年校长解读学校发展规划专家评比中获得初中学校最高分。

一、发展背景

（一）学校概况

华富中学坐落在福田中心区风景秀丽的笔架山南麓。1993年创办。学校占地面积23547平方米，现有30个教学班，1352名学生，97名专职教师，其中中学高级教师48名，中级职称教师36名。学校拥有一支由全国优秀教师，全国骨干教师，南粤教坛新秀，深圳市、区学科带头人和骨干教师等组成的高素质教师队伍。在教学设备上实现了网络化、数字化，多媒体教学平台、软件制作室、校园网等设施齐备，课堂教学已完全实现

多媒体化。现有经过加固改造的教学楼、新修的多功能综合楼、现代化体育馆。

创办18年来，学校成绩斐然。相继成为福田区科技特色学校、广东省绿色学校、广东省一级学校、广东省书法名校、广东省民乐学校、广东省国学教育实验基地、中央教科所德育实验先进学校、全国德育科研先进单位、国家“十五”重点课题“教学课程改革实践研究”先进学校、联合国“环境、人口与可持续发展EPD教育项目”实验学校、国家级绿色学校、全国百所德育科研名校；教学质量稳步攀升，中考取得历史性突破；在市、区各级体育，合唱，二胡，书法等比赛中，多次名列前茅，校合唱团在市中学生合唱比赛中赢得五连冠。

学校节庆文化丰富多彩，艺术节、体育节、科技节、国学教育节、淑女节、君子节、语文周、英语周、数学周等节庆活动，成为每个学生展示自我风采的舞台。学校开设多种特色课程，满足每个学生个性发展、自我发展的需要，借此让每一个学生都成才，让每一个生命都闪光，让每一个学生充满信心走出校门。

（二）现状分析

1. 有利条件

(1) 学校鲜明的办学理念——“人文见长，人格健全，和谐发展”和办学策略——“人文铸魂，科研兴校”已深入人心，成为各项工作的指南。

(2) 学校已跨入市一级学校、省一级学校再到国家级绿色学校、全国百所德育科研名校行列，知名度越来越大，具有一定的发展实力、平台和后劲。

(3) 办学成效硕果累累，办学特色初步凸显。

(4) 有一个开明、开放、开拓、进取、追求卓越的领导班子，有一支敬业奉献、齐心协力、经验丰富的教师队伍，中学高级教师占教师总数的50%，中高级教师占全校教师总数的87%。

(5) 学校既地处福田中心，又幽居笔架山下，有得天独厚的地理环境。一座笔架山，是学校人文环境和教学资源取之不尽的宝库，是人无我有、创办学校特色的天时地利条件。

（6）学校综合楼已竣工，教学楼和实验楼加固改造工程即将完毕，办学条件大大改善，一个环境优美、设备先进的现代化生态校园已初具规模。

2. 不利因素

（1）生源结构不太理想。由于地处老住宅区，加上周边名校林立，不少学生家庭教育缺失，给学生教育工作带来极大难度。

（2）名师队伍建设有待加强。教师队伍整体水平虽说不错，但还没有形成一支在市、区叫得响的名师群体。

（3）教师年龄结构不够合理。我校现今教师均龄达44岁，职业倦怠妨碍教师开拓进取之心，弱化教师专业化发展。

（三）发展契机

1. 深圳城市发展的国际化水平愈来愈高，对优质教育的需求愈来愈大。而当前对教育的公平性和均衡化呼声也越来越强烈。这为我校的发展提供了一次极好的机遇。我们要趁早搭上均衡发展的快车，再一次实现超越自我的发展。

2. “十二五”期间，深圳将实现十二年义务教育，这将大大缓解初中升学压力，有利于初中实施素质教育；最近深圳又成为全国教育综合改革试点城市，政校分开，管办分离，更有利学校自主办学，为学校的自我发展注入生机。深圳还将优质高中招生名额按初中毕业生比例分配到各初中，这将有利于解决初中的择校问题，更有利于初中均衡发展。

3. 在创建省一级学校、国家级绿色学校过程中，我们积累了许多宝贵的办学经验，形成了我校的办学特色，这些办学经验和办学特色为我们的再一次飞跃发展奠定了坚实的基础。我们完全有条件有能力在下一个五年中，把学校办成深圳市有影响力的优质品牌学校。

二、办学理念

（一）指导思想

以“三个面向”和“科学发展观”为指针，贯彻落实《国务院关于基础教育改革与发展的决定》、《基础教育课程改革纲要（试行）》和中共中央、国务院《关于进一步加强和改进未成年人思想道德建设的若干意见》，根据教育事业“十二五”发展规划的总体要求，以建立现代学校制度为基础，全面推进素质教育；坚持依法治校、科研兴校的思想，规范办学行为，强化德育管理，落实教学工作的中心地位，提高教育教学质量；继续加强学校文化建设，弘扬传统文化，构建诗意校园，提升办学品位。让教师享受教学的成功,让学生享受学习的乐趣，让家长享受孩子的进步，让社会享受学校的文明。将我校办成适合每个学生发展、让每个学生留恋、特色突出的“幸福校园”。

（二）办学理念

我校的办学理念是：人文见长，人格健全，和谐发展。

人文，既包括对知识、科学、真理的重视与求索，也是对道德信念、道德修养、道德人格的追求与恪守，对人的关注与尊重。人文，就是要树立人的主体地位，发挥人的主体潜能，实现人的生命价值，让人活得有尊严，有滋味。教育的根本目的之一是让受教育者获得幸福，健全的人格是幸福的基础；让受教育者获得终身发展的能力，并使人的发展与社会的发展和谐统一。“和谐发展”，不仅表现在德智体美劳诸方面的和谐发展上，而且表现在学校教育工作的各个方面的可持续发展上，表现在教育活动与学校自然环境的浑然一体上，表现在和睦相处的人际关系上。教育是为了人的幸福，教育的过程是师生体验幸福的过程。学校教育就是提供各种机会，搭建各种舞台，为师生的幸福人生奠基，通过共同追求幸福教育，使学校成为教师工作、学生学习的乐园，让每个学生在学校三年学习中感受到人生的美好，人性的美好，使初中生活成为整个人生美好回忆的巨大源泉和宝库。

三、发展目标及措施

（一）总体目标

1. 全面提升办学理念和学校精神，坚持以人为本，遵循教育规律，深化教育改革，提高教育现代化水平。以一流的管理彰显办学质量，一流的校园文化提升学校品位，一流的师资实现学校的发展，把学校打造成一所学生自我教育，教师自主发展，教育质量优良，管理富有特色，文化氛围浓厚的可持续发展的现代化特色学校。

2. 构建科学、民主、温馨的学校管理特色，推进学校教育观念、教育管理、教育方法和教育手段的现代化建设。锻造高效开拓的干部队伍、敬业爱岗的班主任队伍、乐教善教的教师队伍。围绕教师学生的“幸福感”这一主题，在教师管理中倡导“幸福教育”，推行“幸福管理”，打造“幸福课堂”，让师生具有健康与快乐的主观感受、智慧与成功的心理体验、主动与创造的美好追求，为教师专业化发展和学生个性化发展搭建平台，实现生命的幸福。

3. 以学生为主体，以教师为主导，充分发挥学生的主动性，把促进学生健康成长作为学校一切工作的出发点和落脚点。关心每个学生，促进每个学生主动地、生动活泼地发展，尊重教育规律和学生身心发展规律，为每个学生提供适合的教育。实施渠道多元化、方法科学化全员参与的以活动为特色的学校德育。促进学生德育、智育、体育、美育诸方面的和谐发展，为学生张扬个性、发挥特长和发展潜能创造条件。努力培养基础扎实、人格健全、体魄强健、兴趣广泛、勇于创新、热爱学习、善待生活、善于合作、敢于竞争、拥有爱心的能够适应现代社会的一代新人。

4. 突出三大特色——德育工作特色、艺术教育特色、课程改革特色，完善“四化校园”建设——丰富人文化校园内涵，提升学习化校园环境，突出生态化校园特色，提高数字化校园水平。

（二）具体目标及措施

1. 建立现代学校制度，优化学校管理机制

（1）管理目标

建立符合科学管理要求的现代学校管理制度体系，形成符合人本管理要求的现代学校管理运行机制，以师生为中心，满足师生的需要，让师生感受制度建设带来的幸福，鼓励师生实现个人价值，从而得到全面立体的、可持续的、终身的发展。建设一支敬业、团结、廉洁、务实、高效、创新、拥有先进教育理念的领导班子。科学管理、民主管理、人本管理，使学校成为开放的、合作的、可持续发展的学校。

（2）主要措施

①建章立制依法办学，明确岗位职责目标

遵循党的教育政策、方针和法规，端正办学思想，把育人为本作为教育工作的根本要求。管理实现制度化、规范化、程序化。落实校长负责制，实行校务会议制度，建立目标管理机制，完善绩效管理机制，坚持校务公开制度。使学校管理进一步优化、简约、实效。

进一步梳理各岗位的岗位职责，明确岗位责任制，做到有明确的职责范围，根据学校的发展规划，逐层制定并下达学年目标任务书。进一步完善考核和奖惩办法，完善学科教师、职工、班主任、年级组长、教研组长、中层干部等考核奖惩办法。强化教研组专业引领功能和年级段的教育管理功能。赋予教研组以教师业务考评权利，引领和指导学科建设工作，负责教师的教学常规管理和教师的专业化发展工作；年级组长负责年级日常事务、教育教学规范的落实与学生管理，配合政教处加强班主任队伍建设工作。

②民主和谐以人为本，自律自觉自主管理

人文化管理指管理的人文关怀。学校管理是一项面对人的发展的工作，学校管理是为了最大限度地调动每一个人的内在生命激情，使学校真正成为每一个师生的精神家园，这就需要在精神上、情感上以及个人发展上对每一个师生予以关怀。要增强管理层的服务意识，使管理层能够更高效地服务于学校的育人目标。

学校管理立足于教师自律、自觉方面的自主管理的内在要求，充分注意人性要素，充分开掘人的潜能，体现对人的尊重，给人提供各种成长与发展机会。只要有利于提高教师工作的幸福指数，只要有利于调动教师的积极性，只要有利于增强学校的凝聚力，都要想方设法办好。

③民主监督科学决策，社会家庭共同参与

健全校务公开制度，接受师生员工和社会监督；建立健全教职工代表大会制度，不断完善科学民主决策机制，提高教代会议事、评议能力；健全议事规则与决策程序；实行班子民主生活会制度、全体行政年度述职制度。深入完善民主监督制度、听证会制度、学生自主管理制度，避免和减少决策的盲目和失误。

完善家长委员会建设制度，引导社区和有关专业人士参与学校管理和监督，体现家长对学校工作的知情权、评议权、参与权和监督权，在学校与学生家长之间架起一座联系桥梁，积极为学校建言献策，共商教育下一代的大计。

④构建扁平管理模式，优化学校管理效能

我们在建章立制的前提下，也要为教师造就一个宽松平等的工作环境，通过构建扁平式管理模式，来优化学校管理效能。本着“教师第一”的观念，唤醒教师的主体意识，确立教师的主体地位，尽最大可能将决策权向下层分解、转移，让教研组、教师拥有充分的自主权，并对产生的结果负责。为老师提供机会，让他们带着挑战感、自信感和自由感工作，保证上下层能及时、有效地进行沟通，强调教师的集体合作、对话与分享，减少教师职业的孤独感，增进教师对教育的投入效能，教师彼此成为专业发展伙伴。形成互相理解、互相学习、整体互动思考、协调合作的校园文化。

2. 搭建教师发展平台，打造优秀教师团队

(1) 队伍目标

为教师的专业发展搭建有利平台，打造一支具有高尚师德、专业素养和丰富人文素养、善于合作、勇于创新、乐于奉献、充满活力的学习型、科研型教师队伍。教师学历合格率达100%，在职研究生以上学历达15%。70%以上的教师能承担相关学科的选修课教学，100%的教师具备利用互联网获取资料、参加教研的能力，运用多媒体教学及电子备课能力。培养各级各类名师，着力抓好青年骨干教师培养工作，实现市级学术学科带头人2人、市级中青年骨干教师2人、区级学术学科带头人10人、区中青年骨干教师30人的目标。

(2) 具体措施

①加强师德师风建设，鼓励教师敬业爱岗

师德是教师的基本职业道德，关爱学生，严谨笃学，淡泊名利，自尊自律，以丰富学识、高尚品德和人格魅力感染学生，做学生健康成长的指导者和引路人。大力宣传和推广师德先进典型，完善师德评价制度，把师德表现作为评先评优、考核晋升评聘的依据。同时，建立学校、教师、家长、学生四位一体的师德建设监督网络。在每年九月“福田区教师师德师风建设月”中，按照上级布置，通过专题讲座、师德标兵评选与表彰以及日常师德师风培训等一系列活动，提高教师的思想素质和敬业爱岗的职业光荣感、历史使命感和社会责任心。

②搭建专业发展平台，引领教师专业发展

制订教师专业发展规划，实行教师发展性评价，为整体提升教师队伍素质发挥积极作用。构建包括系统理论学习板块、交流与体验板块、实践探索与研究板块等校本培训课程体系。校本研究是促进教师专业自主发展的有效途径，把发生在教育教学实践中难以解决的问题转化为课题，开展叙事研究，记载典型事件；开展案例研究，积累成功经验；开展行动研究，改进教育教学工作。通过研究过程中的同伴互助，实现经验移植与成果共享，从而增强教师自主发展能力，引领教师专业发展。

③实施学校名师工程，鼓励教师建功立业

制定我校《名师工程特色教师工程方案》《名师考核办法》，实行动态管理，发挥竞争激励机制作用，调动教师自我发展、创造佳绩的积极性。继续开设教研沙龙，开展教师基本功比赛活动，实现教师教育活动的常规化、系列化，并致力于形成浓郁的学术风气；积极推荐教师参加各级部门组织的公开课、优质课、骨干教师、教学能手等评选活动；建立骨干教师梯队发展机制，培养省、市、区、校四级学科带头人和骨干教师，造就一批师德与业务都过硬的有成就、有知名度的名教师。学校将不断提供平台，让“名师”走出去，把“名师”请进来，增强“名师”在学校中的示范作用。每年开展一届名优教师评选活动，并提供足够的专门经费用于专业发展；对取得硕士学位、名优教师称号等教师，学校在绩效工资中提高一定的等级系数。

④发挥名师引领作用，促进青年教师成长

关注青年教师的知识提升、专业成长、全面发展。发挥本校名师的引领作用，继续开展导师制，使中老年教师承担起培养青年教师的任务；开展外聘专家讲座和经验交流活动，提升青年教师的文化和专业素养；建立青年教师成长档案，帮助和指导青年教师掌控自我成长过程，发现自我优势，发挥自我特长；学校将创造更多的条件，提供青年教师接受继续学习的机会，鼓励中青年教师报考研究生；建立年轻教师校本培训系统，进一步落实“青蓝工程”的各项措施，加快青年教师成长步伐。

⑤加大教师培训力度，鼓励教师知识更新

充分挖掘本校教育资源，探索有针对性的分层次的教师培训途径，开展新课程培训、继续教育培训、信息技术培训等，促进教师树立终身学习的观念，由“单一型”教师向“复合型”教师发展；开展课题研究，营造科研氛围，提高教师的科研意识，激发教师参与教科研的紧迫感；学校争取和安排一定经费，鼓励支持教师参加各种形式的研修学习，资助教师在职读研和出版教育教学专著；有计划地选派教师外出学习或交流；通过定期的业务交流和观摩，多渠道、多形式地发扬和激励教职员工的成长热情，提供各种机会和条件，帮助教职员工提升自己的职业追求，实现自己的人生价值。

⑥关注教师身心健康，提升教师幸福指数

用人文关怀温暖人，用和谐环境感染人，让每位教师在校园里身心愉悦地工作，充分发挥聪明才智和创造潜能，让学校成为每位教师向往的精神家园；加强教师间的沟通交流，互帮互助，建立和谐的人际关系，增强教职工校园生活的幸福感；开展身心健康和卫生知识宣传，增强教师的健康意识；努力创造机会和组织相关资源，对教师心理压力进行疏导，确保教师身心健康；增添教职工文体活动设施和场馆，鼓励教师积极参加体育锻炼，经常组织爬山、远足、球类活动，不断增强学校的凝聚力和教职工对学校的归属感。实现了德性人生、创造人生、教育人生，也就实现了幸福人生。

3. 丰富学校德育内容，完善学校德育体系

（1）德育目标

进一步贯彻落实《中共中央国务院关于进一步加强和改进未成年人思想道德建设的若干意见》《广东省中小学德育工作绩效评估方案》，牢固树立“育人为本，德育为先”的观念，强化德育的基础性、时代性和德育工作的主动性、针对性，积极研究德育新形势，探索德育新方法，拓展德育新途经，全面提高我校全体教育工作者的德育意识与德育能力，努力培养全体学生的健全人格。形成较完善的德育工作制度、工作流程和良好的德育工作激励机制；建设一支教育理念新、工作责任心强、管理水平高的学校德育队伍；德育工作形成系列化并有本校特色，努力创建市、区德育特色学校。

（2）具体措施

①构建全员育人机制，完善德育管理网络

构建全员育人机制，把德育工作落实在教学、管理、后勤服务的各个环节上。以政教处为核心，年级组、团委、学生会、班主任、教师为主要力量，争取家长、社区合作，形成全员参与的德育网络。建立校外教育网络，

完善家校联系制度。整合学校、社区和家庭教育资源，办好家长学校，拓宽警民共建、社民共建文明学校工作新渠道；通过家长委员会、家长学校、家长接待日、家长会、家访（电访）、“校讯通”等形式，加强与家长的沟通与联系，相互理解和密切配合。构建学校、家庭和社会有机结合的德育实施体系。

②丰富学校德育内容，规范德育教育方式

a. 根据不同年级学生身心发展的特点，抓住各阶段重点，按年级、分层次、有侧重地对学生开展健全人格的人文教育。

b. 突出班会课及学科教学实施德育教育的主渠道作用；积极开发文明礼仪、人文教育的校本课程；认真开展行之有效的主题教育活动和丰富多彩的学生社团活动。

c. 建立“自主管理、自主发展”的教育模式，形成积极向上的校园氛围。成立一系列自我管理的组织；班级实行学生自治，自主管理班级事务；班级干部、团队干部实行轮岗制、竞选制；社团、兴趣小组、社会实践小组等学生自主发展社团组织，学生自己安排活动内容，自己选择活动形式，自己确定活动目标，全程参与，自主评价。

d. 开展以“养成教育、自信教育、感恩教育”为主题的特色德育活动，切实提高学生的综合素质；继续开展“文明之星”“班级之星”“公益之星”等评选活动，促进学生养成良好的生活习惯。

e. 继续对新生开展军训，落实国防教育，培养意志品质。实施学生文明自律教育行动计划，弘扬爱国主义教育主旋律，严格执行升国旗制度，坚持利用晨会、广播站、主题班会、节日纪念等途径激发学生的爱国热情，树立报国之志。

③强化德育培训交流，提升德育队伍素养

坚持完善班主任工作每周提示、每月例会和每学期培训一次的制度，提升班主任教师队伍的专业素养，努力营造一支乐做、善做、工作幸福感强的班主任教师队伍；班主任全部接受各级轮训，建立和完善德育导师制，探索班主任层级制管理。进一步开展班主任校本培训，提高班主任队伍的整体专业素养，力争在学校优秀班主任中推出在市、区教育系统有一定影响的班主任。

④改进德育评价机制，加大德育科研力度

建立健全规范、科学的德育评价制度，完善“学生综合素质评定”、“学科德育评价”和“年级组德育工作评估”等三项评价机制，加强班级考核。以多元智能、发展性评价为指导，进一步改进评价方式和激励机制，创建学生、班级和班主任三级成长档案。通过成长档案，加强学生成长的过程性评价，形成学生、班级和班主任三级校本学生评价体系。

开展德育科研，将德育科研纳入学校教科研整体工作之中，申报德育研究课题，争取出1～2项国家级课题成果和3～4项省级课题成果。

⑤加强心理健康教育，开展安全教育活动

充分发挥心理咨询室的作用，加强心理健康教育，加强学生心理辅导，注重学生思想上的引导和心理疏导，减轻学生学习压力。开足开好各年级的心理健康教育课。全部班主任教师通过心理C级证书培训，在全体教师中树立关注心理健康教育的理念，并渗透到学科教学之中，营造促进学生身心发展的校园环境，引导学生健康成长。

安全责任落实到人，每月开展一次校园安全检查，每学期至少召开两次校园安全工作专题会议，制订有完整的安全管理应急预案，认真切实做好各项安全演练活动，落实学校节假日和季节安全管理及教育，保证安全文明有序的教学秩序。

4. 深化课堂教学改革，提高学校教学质量

（1）教学目标

建立以提高教学质量为导向的管理制度和工作机制，把教育资源配置和学校工作重点集中到优化教学环节、提高教学质量上来。转变教与学方式，探索有效课堂教学模式。变革课堂师生关系，营造民主和谐课堂，让学生成为课堂的主人。培养学生良好的学习习惯和学习品质。改进教学评价，树立科学质量观，把促进人的全面发展、适应社会需要作为衡量教学质量的根本标准。

（2）具体措施

①深化教学管理改革，探索有效教学方式

以管理促改革，以管理促发展。建立和完善与新课程相适应的教学管理制度，积极开展教学常规精细化管理，规范教学目标和过程管理，着重做好

教学准备、课堂教学、教后辅导各环节的管理，引导学生学会有效的自主学习，切实提高教学的有效性。注重学思结合。倡导启发式、探究式、讨论式、参与式教学，帮助学生学会学习。激发学生的好奇心，培养学生的兴趣爱好，营造独立思考、自由探索、勇于创新的良好环境；引导孩子快乐学习，有意义、有价值的快乐往往要经过一定的努力，获得一种成就感，得到一种有价值的享受。每个人的潜能得到充分激发，真正实现以人为本，构建适合每一个学生的教育方式，教学质量得到明显提升。

②突出学生主体地位，努力打造幸福课堂

以课堂教学为立足点，鼓励全体教师关注、反思、改进课堂教学，尝试引进先进学校有效教学的成果，努力追求课堂教学的有效性。改革传统教学模式，创造新型的多种多样的教学模式，在提高课堂教学质量上，实行三个优化：一是优化教学过程，推进教与学方式的转变，以学生为主体，师生互动，学生主动发展，从而打造“幸福课堂”。幸福课堂分为“预习生成”——学生独立学习、组内交流；“交流展示”——学生在课堂上展示自己的学习成果；“拓展延伸”——学生提出自己的疑问，老师进行点拨，或进行知识的补充；“检测反馈”——对学生学习达标情况进行诊断和考核，并利用其结果修正后期教学工作。二是优化教学方法，重构教师角色，变革课堂师生关系，打造民主课堂；课堂以学生为主体，教师为主导，把教师“教”的过程变为学生“学”的过程，让学生成为课堂的主人，养成学生自主学习的习惯，还学生学习时间，还学生自主空间，教给学生自主学习的方法，培养学生“自主、合作、探究”的能力。三是优化师生关系，把微笑带进课堂，把激励带进课堂，把竞争带进课堂，每堂课都能让学生流连忘返。

教学过程是师生共同成长的过程，因此其本身应该是师生双方体验幸福、享受幸福的过程。教师要重视学生在课堂中幸福感的体验，让学生享受学习的幸福，让孩子们快乐地、充实地、自主地、舒展地、诗意地生活在课堂上。课堂教学不仅要发展学生的知识能力，更要促使学生乐于学习、热爱思考、主动探究、主动创造。在课堂上解放学生的手、嘴和脑，学习自然也就成了快乐而幸福的事。

③完善集体备课制度，促进教师学习反思

充分发挥教研组在课程建设、教学改革、教学研究和教师培训方面的职能。构建学习型、研究型教研组和备课组，有效推进学科建设，完善集体备课制度、听评课制度，解决课堂教学中实实在在的问题，把集体备课作为合作参与、共同提高的过程，形成长效的校本教研机制；研究和出台优秀教研组建设方案，充分发挥优秀教研组的示范作用，有计划、有步骤地加强对薄弱教研组的指导和扶持；备课组活动坚持实效性、共享性、研讨性、互补性、创造性的原则，围绕教学各环节，开展以“有效教学”为重点的“小课题”研究，促进教师学习和反思。

④探索有效评价机制，促进师生个性发展

教学评价从单一走向多元，制订《华富中学教学评价方案》。加强课程与教学评价研究，探索和尝试多元评价手段，做到评价主体、评价内容、评价方法的多元化，关注师生的发展性、过程性评价，力争形成一套有助于促进教师专业发展、有助于推进课程与教学改革、有助于促进学生身心发展的课程评价、学生评价和教师评价的体系和方案。

注重因材施教，关注学生不同特点和个性差异，发展每一个学生的优势潜能。建立学习困难学生的帮助机制。做好学生成长记录，完善综合素质评价。通过多元评价方式，激励学生乐观向上，自主自立，努力成才。

5. 建立健全科研制度，创设课题研究氛围

（1）科研目标

“科研兴校”是我校一直实施的一项战略决策，并取得了令人瞩目的成绩，它是提升教师水平的最佳途径，也是打造名师队伍的最好熔炉，它提高了学校办学知名度，突出了学校的办学特色，继续走“科研兴校”之路是我们的不二选择。大力开展校本教研，形成有本校特色的校本课程体系。课题研究参与率达到100%，形成个个搞教研、人人有课题的良好教科研氛围；做到每年教师发表、获奖论文比例不少于30%；建立网络教科研系统，教师参与率达到100%。对已有的国家、省和市级科研课题，加快研究进度，确保高质、按期结题。再申报国家级科研课题1个，省级科研课题2个，市级科研课题3个。编辑出版《华富中学教师教学论文集》《华富中学教师教育教学案例集》。

（2）具体措施

①加强科研工作领导，实施科研兴校策略

加强对教育科研工作的领导，做好学校教育科研的协调、统筹工作；教科室组织日常工作，主要负责课题的申报评审、指导研究工作，把握研究进程并考核各阶段的进展情况，帮助总结研究成果并加以推广；制定学校课题研究经费保障制度，确保每年为各级立项课题安排研究经费；建立科研知识学习制度，通过教育教学理论学习、专家讲座、专题研讨、经验介绍等形式，掌握科研方法，增强科研意识，提高科研能力；制订课题研究管理制度，抓好课题的过程管理，做好研究过程的资料积累，保证研究目标和任务的顺利完成，并且把科研任务作为教师专业发展硬性的要求，制订在《教师专业发展规划》中。

②建立校本教研制度，开发校本教研课题

依托学科教研组、年级备课组，形成以校本课程开发与建设、校本培训为核心内容的校本教研制度。落实“四个一”的课题计划，即“一个问题，一个课题，一个案例，一篇研究文章”。在教学实践中研究总结，带着问题去实践，“问题”即课题，把教和研有机结合起来。通过培训，使教师明确开展课题研究的基本方法和步骤，以学科组为单位，确定课题，开展研究。

开展“有效课堂教学”研究活动，定期组织“有效课堂教学俱乐部”活动，使“有效课堂教学”成为我校开展“校本教研”、深化课程改革的一种更有效的形式。继续跟踪初一（10）班“教与学方式转变”实验，以点带面，以公开课、研究课、学生反馈、成绩比照等形式，总结经验，辐射开来，加以推广。

继续参加全国“新学校行动研究”课题研究。“新学校行动研究”是教育部重点关注的研究项目之一，是全国教育科学“十一五”重点研究课题，由国家督学、著名教育家李希贵教授主持。我校拟通过参加该课题研究，把我校的绿色人文教育与其有机结合起来，打造幸福课堂、幸福学校。

③搭建教师研修平台，评价引导科研深入

积极为教师教育教学的经验和反思搭建研究和交流平台，进一步办好“青年教师论坛”“教研沙龙”，利用论坛的平台促进教师间共享经验或反思，提高教师驾驭教育教学工作的能力；利用校园网开设教师博客，鼓励教师进行教育教学叙事和反思，发表学习研究的心得和收获；建立教师专业发展团队计划，围绕专题目标，利用如“高级教师工作室”及其他研究组织，形成教师专业发展的合作团队，实现教师专业水平提升。

建立教科研激励机制，把教师参加校本教研纳入教师岗位责任制考核，量化计分，与职称评定、评先评优挂钩，制订《教科研成果评奖办法》，开展教科研成果评奖活动，充分调动广大教师参与校本教研的积极性，使广大教师由“被动研究”变为“主动研究”。在对教研组、年级段、各处室的考核中，也要把课题研究工作纳入评价。

④整合课题研究经验，推广教学科研成果

建立科研成果（包括阶段性成果）交流制度，及时总结推广较有价值的成果。如课堂教学研究方面，要通过观摩教学，形成共识后，再向全体教师推荐成功的课例，展示教改精品和提炼的教改经验，然后出版教学案例集和教学反思文集，把课堂教学改革的成果提升到教学常规的层面上。如课程管理方面，要整合各处室、教研组、年级段的科研探索和成功实践，通过充分实践论证后，落实到学校课程管理制度层面上。积极鼓励教师撰写论文或案例并参与评奖或发表，争取每年教师论文获奖或发表要保持在20篇以上。

6. 彰显鲜明办学特色，树立学校品牌意识

（1）特色目标

按照深圳市中小学素质教育特色学校创建实施方案，结合我校当前实际，我校力争在五年内成为——德育工作特色学校、艺术教育特色学校、课程改革特色学校。同时打造五大品牌——绿色校园品牌、德育强校品牌、教育科研品牌、艺术教育品牌、数字校园品牌。

（2）具体措施

①重视德育课程建设，打造德育特色学校

a. 继续开展德育工作特色学校探索和实践，进一步明确德育工作目标和独特的德育工作理念；完善德育（心理教育）网站或网页。

b. 重视德育课程体系建设，开出德育校本精品课程 2 门以上；落实课程计划、师资和评价制度。

c. 重视道德体验教育，让德育活动特色项目达到 3 个以上；形式、方法创新，科学性、稳定性、示范性、实效性强。每学年间隔一次于 3 月和 5 月举办一次“淑女节”和“君子节”活动，围绕培养健康、好学、文雅、有爱心的淑女目标和阳光、正直、勤奋、有责任感的男子汉目标，开展丰富多

彩、有益身心健康的活动。

d. 提高班主任整体素质，培养市级以上名班主任或优秀班主任 2 名以上；培养市政治学科带头人或中青年骨干教师；争取 2 节以上政治（思想品德）课或心理健康课被评为市级优秀课例。

②培养学生审美情操，创建艺术特色学校

a. 重视学生审美情趣和艺术情操培养，提高学生艺术欣赏能力，积极开展高雅艺术进校园活动，每学期不少于 2 次，并产生良好效果。

b. 重视艺术教育课程建设，有艺术教育校本精品课程 2 门以上，艺术教育特色项目 3 个以上。

c. 学生参加市级以上艺术展演或比赛，获团体奖或先进集体称号 1 次、市级个人一等奖以上 10 人次；艺术特长生升入高一级学校受到好评；学校艺术教育工作经验要在市级以上会议交流。

d. 每年至少举行一次学校文化艺术节（月），活动内容丰富，学生参与率 100%；充分利用社会文化艺术资源，每年组织学生团队开展 1～2 次艺术教育实践活动；每年结合“深圳关爱行动”等，开展公益性艺术活动 2 次以上，培养学生社会服务意识。

e. 学校要在合唱队连续五届获得深圳市合唱节一等奖的基础上，在今后的五年中，争取继续保持优势；在每年都有大量学子获国家、省、市级绘画一、二等奖的基础上，加大投入，继续将美术作为品牌科目来打造；继学校成为广东省书法名校后，开足开好书法课，设立书法特色工作室，使书法艺术教育成为我校的又一特色。

③积极开发校本课程，打造课改特色学校

a. 学校和教师牢固树立新课程理念，并在课改实践中贯彻落实；要重视课改研究，未来五年学校承担市级以上课改研究课题 5 项以上。

b. 积极开发校本课程，校本课程达 20 门以上，开发和使用“菜单式课程选修管理系统”。

c. 充分发挥名师示范、引领作用，学校设立“名师工作室”；每个学科有市级以上学科带头人或中青年骨干教师，有市级以上优秀课例；近两年教师参加省级以上新课程教学比赛，争取获奖 5 人次以上。

d. 学校争取被评为区级以上课程改革先进单位；教师个人因课改业绩

突出受到区级以上政府部门表彰。

e. “国学教育”作为我校的校本课程，已成为我校德育和科研的一大品牌，我们要把“君子节”“淑女节”“吟诗诵贤文”继续做成我校独特的传统项目，并形成系列《国学读本》教材，争取获第二届福田区教科研成果二等以上的奖项。

④开展文艺体育活动，多方展示学生特长

a. 成立体育艺术教育工作领导小组，全面规划体育、艺术教育工作，修订、完善体育教学、训练管理等规章制度，增加音、体、美教师编制3个。每学年召开2～3次体育、艺术教育工作会议，研究体育、艺术教育工作。

b. 全面实施阳光工程，开展丰富多彩的课余体育锻炼和比赛活动，培养体育锻炼习惯。广泛开展田径、篮球、乒乓球等比赛，坚持两课三操，保证学生每天一小时的体育活动时间。

c. 坚持每年举办春秋两季运动会、一次球类趣味运动会，精心组织，周密安排，提高竞赛水平。

d. 逐步加大体育经费的投入，扩建“篮球队”“田径队”“乒乓球队”，进行有计划的科学训练，提高竞技水平；组建合唱团、舞蹈队，让我校的合唱队继续保持全市领先地位。

e. 每年对学生进行一次体检，建立学生健康档案，增强学生预防常见病、传染病和地方病的意识，使学生个人卫生行为形成率达90%以上，健康知晓率达95%以上。

f. 根据学生发展需求举办计算机、科技、文娱、舞蹈、田径、篮球、乒乓球、象棋、书法、绘画、朗诵等兴趣小组，经常举办主题讲座、报告会、读书征文、知识竞赛、社会实践等活动，努力满足每一个学生的需要，注重学生的个性发展。

⑤打造数字信息校园，助力现代教育平台

数字化校园是对学校管理、教育、教学和教研等功能应用进行有效的集成、整合，为学校教职员工提供一个教学、教研、管理的数字化环境，成为提高教学、教研和管理水平，提高办公效率、效果、效益，提高教职工综合素质的一个平台。结合区教育局的“大平台”项目，将我校建成数字化校园、教育信息化先进学校。

a. 教学管理及教学资源共享系统建设。实现教学数据统一管理，对学生成绩保留数据、分析管理。建立资源平台，共享教学资源及成果。公开课、教学视频等网上点播和直播。建成学生自主学习环境，实现网上授课、网上辅导、网上答疑、网上批改作业功能。

b. 数字化图书馆建设。网络版图书馆管理软件、电子图书。

c. 办公自动化，数字化教务管理、行政管理、后勤总务管理。校园网网站内容升级及功能扩展；教师博客；学校荣誉、教师获奖、学生获奖、教师论文数据管理；家长频道；校园“一卡通”服务等。

7. 加强校园文化建设，提升校园人文环境

(1) 校园文化目标

校园文化有三个层面，它的表层是校园的物质文化（如校园环境）；它的浅层是行为文化（如文明礼貌、行为习惯）；它的深层是精神文化（如办学理念、价值观念）。学校文化建设的目的、兴奋点和着力点摆在师生生活方式的变革、生存状态的改善、生活质量的提高上来，让文化充溢在生活中，让生活彰显文化意蕴。大力加强校园文化建设，把我校建设成为“文化氛围浓厚，育人环境一流”，蕴含深厚文化内涵和现代审美情趣的花园式学校、现代化学校，打造成名副其实的国家级绿色学校。

(2) 具体措施

①拓展学校文化内核，提升师生生命质量

校园文化建设要抓好以下内容：校园景观文化——创设校园美的环境；校园教育文化——突显学校的办学理念；校园艺术文化——陶冶性灵的精神享受；校园道德文化——走向社会的通行证；校园社团文化与节庆文化——发展个性特长的舞台。

发挥课堂主渠道作用，构建特色课程文化。课程文化是学校文化的主要组成部分，教师要努力创设课堂的人文气息，创造具有科学探索精神和人文气息的课堂文化，使学生在浓厚的文化氛围中陶冶情操，涵养气质。利用本校教育资源，引导学生立志成才。利用校史资源对全体学生开展优良传统教育和树立信心教育；办好宣传橱窗、校刊、广播站，充分利用电视网络等宣传媒介，开辟文化长廊，营造健康向上的育人氛围，以高雅的环境陶冶学生情操。创建特色班级，开辟个性天地。鼓励创新，营建班级文化，各班自主

制定班规，确定班级活动主题，充分发挥班级文化对学生品德形成、个性发展的影响、导向和激励作用。开展主题教育活动，搭建个性发展舞台。每年三八举办一次“淑女节”，隔年五四举办一次“君子节”，结合传统纪念日组织开展性别教育活动，举办运动会和读书节，为学生提供创新与实践的舞台。进一步美化学校的景观文化，以陶冶学生性灵，提升校园文化品位。

②倡导幸福教育观念，形成学校服务文化

观念性文化是校园文化的核心，存在于人的心灵深处，对师生的行为起着影响、支配作用。以“幸福教育”（以人的终身幸福为目的，在教育中创造、生成丰富的幸福资源，培养出能够创造幸福、享受幸福的人。即为了学生的明天——教育是为学生未来的幸福生活奠基，为了学生的今天——学生正在接受的教育过程应是幸福的）为核心，坚持学习，开展活动，促进师生健康向上的观念性文化的形成。

作为学校管理者，面对的服务对象是教师，应转变管理观念，树立“教育即服务”的思想，心中要有教师，教师缺少什么，教师需要什么，领导者都要做到心中有数。充分调动教师的积极性，让他们乐意多去关注学生，了解学生，走入学生的心里，了解他们不断变化着的需求，使我们为教育服务的标准越来越高。

作为教师，也要建立服务学生的意识。给学生创造一个良好的学习环境，有利于学生学习、成长、发展。当学生的需求正当合理时，教育表现为教师对学生全身心的“迁就”，为学生的发展“锦上添花”；当学生的需求不合理时，教育就表现为教师对学生的“循循善诱”，为学生的发展“指点迷津”；当学生的需求虽合理但层次较低时，教育就表现为教师对学生的“鼓励”和“激励”，为学生的发展“雪中送炭”。教师由追求功利转变为目中有人，由主宰者转变为服务员，由想自己所想转变为急学生所急；由注入式、齐步走转变为探索式、个性化；由外控式转变为自主式。满足学生的多方需求，形成优质服务文化。

③绿化美化校园环境，营造校园人文氛围

科学规划校园环境，合理布置校园格局，建设现代化功能场室；加强校园绿化、美化建设；依据校园园林景观规划蓝图，分三个阶段实施环境建设工程。一是初步推进阶段，进一步完善校园园林绿化种植工程，设计校园宣传标语及宣传栏，设计景观带。二是补充完善阶段，进一步完善校园环境建设相关制度，建立校园环境建设工作机制，建设文化艺术长廊，宣传华富中学历史、特色、精神和文化，完成教学区内走廊墙面名言警句设计安装工作，进一步完善校园园林植物养护管理方案，开展班级认领绿地活动。三是全面完成阶段，认真总结校园环境建设经验，巩固建设成果，不断丰富校园环境的文化内涵，完善校园环境管理制度，使校园环境建设工作规范化、流程化、制度化，形成校园环境建设长效机制。并将笔架山纳入生态校园的规划，充分利用这份“人无我有”独享资源，使笔架山成为我校生态教育的资源库，师生强身健体的健身房，生态环境的后花园。

8. 加强学校后勤工作，保障目标顺利实施

（1）后勤目标

具有完善的学校后勤管理制度，学校各种教育教学资源达到最佳配置，各项指标达到相关标准，能为教师、学生提供最佳教育教学条件，管好、用好现代化教学设施，发挥其最大效益，创设出整洁、优美、安全的校园环境。

（2）具体措施

①树立服务育人意识，加强财务制度管理

学校后勤要树立管理育人、服务育人意识，提高办事效率。财务工作制度化，财产管理规范化。加强财产登记和保管制度，建立财产管理电子化，实行财产使用跟踪制度，加强监管力度。进一步加强对学校人、财、物的管理，建章立制，规范操作，减少浪费，提高资金使用效率。严格执行各项财务制度，节源开支，严格收支两条线，杜绝乱收费。进一步加强学校财产管理工作，建立健全管理责任制，做到购物登记造册，借出登记办理手续。

②加速学校硬件建设，整体规划校园设施

学校现有教学实验楼、新扩建综合楼、体育馆、教工宿舍楼。2010 年 7 月建成的新扩建综合楼，主要改善办公、教学条件，特别是在学校原来所有的功能室基础上增加二、三楼作为特色功能室，如心理咨询室、松弛室、乒乓球室、书法室、朗诵室、机器人制作室、科学综合制作室及配套的制作工具和设备。原教学实验楼 2008 年经抗震排查为 C 级，现正在进行危房改造并于 2011 年 6 月完全竣工。此楼建成后不仅抗震程度加强，而且大大改善

了广大师生的工作学习环境。体育馆建成于 2003 年，目前出现屋面漏水情况需要补漏、地板翻新、墙壁粉刷工作，以确保教学安全。

③提升校园环境建设，发挥环境育人功能

未来五年中，学校在基本建设完工后，要进行美化校园建设。本着人文关怀思想，将校园文化环境整体提升，增加绿化覆盖率。

加强学校图书馆、阅览室建设，在原有 6 万多册藏书基础上，再增加 1 万册。另外增设图书馆自动化集成系统和电子图书等设施，充分打造书香校园氛围。

提升食堂等级。目前已按照深圳市福田区工商管理局市场准入科要求设计完毕，由原来的 B 级提升为 A 级，餐厅也设在新扩建综合楼一楼，面积为 450 平方米。从卫生、安全、营养角度严格要求食品质量、配备营养师，做到有效地提高学生午餐营养。

建好电子屏幕、广场音响、书香园地、校报橱窗、文化长廊、社团活动室、网络平台等，增添校园文化含量和诗意氛围。

树立以人为本的办学理念

内容提要： 关心人，尊重人，宽容人，创设宽松和谐的环境，提高教师的生活质量和生命质量，让教师有“家”的感觉，让教师去实现自己的人生价值。

关键词： 人文精神　关心尊重　生命质量

发表情况： 此文刊载于《现代教育科学》2006 年第 7 期。

好的办学理念，既是一面集合人心的旗帜，又是一个能人奋进的目标。在长期的教育实践中，我认为，学校应形成自己独特的办学理念，这就是“人文见长，人格健全，和谐发展”。简言之，就是以人文精神治校。我所理解的人文精神，既包括对知识、科学、真理的重视与求索，又包括对道德信念、道德修养、道德人格的追求与恪守，还包括对自由、平等等重大价值的渴望与呼唤，对人的关注尊重，对人的主体性的祈盼与高扬。总之，一句话：树立人的主体地位，发挥人的主体潜能，实现人的生命价值，这就是我要为之高扬的治校方略。我认为这也正是素质教育的根本之所在。这就要求学校创设宽松和谐的环境，让学校有家的感觉。

一、关心人、尊重人是创设和谐环境的前提

作为一校之长，不能只盯着工作，更不能只是挥着鞭子把人当牛使。要让人好好工作，就得让人无所忧虑、心情愉悦地工作。因此，关心人、尊重

人是创设和谐环境的基本前提。因此，我对每一位教职员工都觉得有一份应尽的义务，他们的冷暖、忧乐时刻萦绕在我心中。

例如，我校有一位借聘的马老师，她的课讲得好，对学生也充满了爱心。特别是对问题较大的学生，她总能使他们转变，班级工作很出色。可是这位教师在招聘考试时却以几分之差的成绩入了另册。我为她惋惜，多次到教育局向有关领导反映情况，立军令状，担保这位老师确实是一位优秀的教师。后来经过人事部门的考核，证实了我反映的情况属实，便破例将该老师调入我校。当我把调令交到马老师手中时，她惊呆了，简直不敢相信。因为她从来没有托过我去走关系，也没有花一分钱，就意外地拿到了调令。这件事使她十分感动，她说："我拿到的绝不是一份调令，而是一份沉甸甸的关怀。在这样的关怀下，我还能不拼命工作吗?"我和我的几位副校长们，都以一颗诚挚的心对待每一位老师。所以，彼此都能真诚相处，友善以待。

二、宽容一点，从心灵上去感受别人的优点和长处

除关心人、尊重人之外，作为一个领导者，还要能正确对待别人的弱点和错误。人，无论是凡人，还是伟人，都有着人性的弱点和不足。如果你老是盯着人家的弱点和不足，就会把人看偏、看坏、看死。每个人都要多看别人的优点，多看人家的长处。金无足赤，人无完人，要相信"人之初，性本善"，要相信"过而能改，善莫大焉"。罗森塔尔效应的画外音就是：每个人都要从心灵上感受别人的优点、长处和进步。放宽肚量，只要不是原则问题，不是大错，没有太大的影响，宽容一下，放人一马，这是你的雅德雅量。再说，人非圣贤，孰能无过?别人有过错，自己也有呀，为什么就不能宽容谅解一下?如果人人都能放宽肚量，容纳别人的不是，这才是"大家庭"的氛围。须知，领导者善意的宽容，也许正是促使别人改正错误的最体面而又最有效的方法。

有一位教师，教学水平很不错。在一次招生中，却为一个亲戚的学生弄虚作假，涂改分数。后来这件事败露了，处分吗?大会批评吗?这是一件很要面子的事，总不能为这件事把人搞得很难堪，让其抬不起头，做不起人吧。于是我选择了个别交谈的办法，很严肃地批评其错误做法。见领导没有在众人面前批评他，该老师非常感激，也非常惭愧，沉痛地做了深刻检查，并加倍努力工作，现在干得很不错。试想，如果当时把问题抛出来，也许效

果会适得其反。宽容一点，给人一个台阶，给人一个改正的机会，有什么不好呢？宽容是最大的道德力量。

还有一种人，身上的傲气多一点，不媚上，不同流，常常喜欢冷嘲热讽，特别是对领导，以保持一定距离为清高，以讽刺领导的言行为敢为。对待这种人，就得更有点雅量了。受点刺激，听点不同的声音，让自己警惕警惕，又有什么不好呢？作为一个领导者，保留一点不同的声音，看一点不顺眼的脸，只会使自己清醒。所以对这样的老师，我在心中容纳了他们，并真心地亲近他们，尊重他们，有的还委以重任，结果都成了可以交心的好朋友。尊重产生尊重，真心换得真心。其实人是怕尊重的，“士为知己者死”，无非是你尊重他，重用了他，实现了他的价值，所以才以身相许，也许这就是中国知识分子的情结。

三、提高教师的生活质量与生命质量

在营造宽松愉悦的心理环境的基础上，如何提高教师在校的生活质量、生命质量，让我们的老师生活得轻松一点，开心一点，舒适一点？为此，我们开办了免费的早餐午餐。现在老师们的小车增多了，为了让小车出入有路，停泊有位，我们经过多方努力，终于修建了一条近百米的水泥大道和几十个车位的车库，大大方便了老师们的出行。为了改善老师的工作条件，在政府的大力支持下，学校投资近两百万元，给每个办公室、教室建起了电脑平台、多媒体功能室及校园网站。让教师们充分享受到了现代化的便捷。为了让教师生活得健康开心，我们开展了“登山”活动，节假日开展远足野炊活动和自编自演的文艺活动，老师融入大自然的忘情享受及超越自我的风趣表演，把一个个活鲜鲜的生命展示得那么淋漓尽致，又那么可爱。有几位领导参加了我们的元旦晚会，一个个笑得直不起腰，他们深有感慨地说：“从来还没见过这么逗趣的晚会，也从来没见过学校领导与老师这么融洽，这么开放。从这里我们看到了一个亲善和谐的大家庭！”

如何以人文之精神来铸造学校的校魂、师魂和学魂，形成学校独有的办学特色，这是我们孜孜以求的目标，我们将不遗余力，上下求索。

注重人文素质培养，全面提高学生素质

内容提要：今天的学校教育，必须将科学技术与人文精神高度融合，弘扬学生的主体意识，尊重学生的自我体验和实践，促进学生个性发展与人格完善，具有对他人、对自然、对社会负责的担当，从课内、课外、知识、环境、言教和身教等全方位开展人文教育。

关键词：人文教育　主体体验　人格完善

发表情况：此文刊载于《深圳教育科研》2002 年第 3 期

一、注重学生人文素质培养的重要性

随着社会的进步和发展，人们越来越关注对人的根本问题的认同与理性思考。科学技术的发展带来了社会物质生活水平的迅速提高，但同时也带来诸多新的社会问题。仅就人与自然的关系而言，人类在对自然界征服和改造的同时，又不得不领受着生态环境极度破坏的苦果。究其根本，这不是科学本身的产物，而是文化失衡所致，是缺乏与物质追求、科技发展相制衡，相调节的精神力量。杨振宁博士曾说，在科技发展的今天，“忽略人文，中国将付出极大的代价”。为此，“我们必须学会把科技的物质奇迹与人文精神需要平衡起来”。可以预见，21 世纪将是科学技术与人文精神高度融合的世纪。培养一批又一批既有较高科学素质又具有人文素养的优秀建设人才，将成为中学教育的历史使命。

然而现行中学教育的现状告诉我们，情况远不乐观，其主要表现就是教育越来越走向功利主义和实用主义。只注重科学知识的传授，而忽视人文素养的培养；只注重“智力”的开发，而忽视道德价值的教育；只注重解题技能训练，而忽略对生活与社会体验性学习；只注重学科知识自身的逻辑，而忽视知识发生的人文背景，忽视知识对人生价值取向。这种教育偏离了科学的人文价值，偏离了人的主体地位，实际上并不能激发学生对科学的真正热爱与追求，培养的只是“考试机器”，只是工具意义上的人，而不是目的意义上的人。

为此，我校提出“全面发展，人格健全，人文见长”的教育理念，就是把中华民族的优秀传统文化和现代科学技术很好地结合起来，突出科学素养和人文精神的培养。尤其要重视学生人文精神的塑造。人文精神不是一个单一的、凝固的、封闭的概念，它包括对知识、科学、真理的重视与求索；对道德行为、道德修养、道德信念和道德人格的追求；对自由、平等等重大价值的渴望与呼唤；对人的关注、尊重和对人的主体性祈盼与高扬；对生死、信仰、幸福、生存意义和社会价值取向等问题的反思。注重人文精神培养，对当前开展以德育为核心、以创新精神和实践能力培养重点的素质教育具有十分重要的意义。

通过人文教育帮助学生形成正确的人生态度与价值，促进学生的个性发展与人格完善，使其成为有独特个性色彩的人；通过人文教育帮助学生形成科学的世界观和价值观，会使创新精神散发多姿多彩的内涵，会使学生在实践能力形成充满睿智；通过人文教学引导学生认识社会，获得人文知识，热爱生活，对社会义务的认识，在社会生活中学会负责，具有开阔的胸怀、健康的心理和完整的生活，懂得“何以为人”“为何而生”，具备“与人为善”的品质，求真的精神，爱国报国之心，自理、自立、自强的能力，具备对他人、对自然、对社会甚至对世界承担责任。

根据上述认识，我们提出“人文见长，人格健全，全面发展”的目标是：培养学生具有鲜明的个性意识，使其成为有独特个性色彩的人；培养学生具有强烈的道德感、使命感、社会责任感；加强行为规范、礼仪规范训练，训导学生掌握得体的交往方式；让学生了解人类赖以生存的自然环境，认清人与自然之间必须取得和谐状态，教育学生从小热爱大自然，保护自然环境；引导学生认识人类和社会。

二、基本做法

注重人文精神培养，加强人文教育要从课内、课外，知识、环境，言教和身教等全方位，多渠道地开展。

1. 加强课程建设。按照“人文见长，人格健全，全面发展”的办学思想，确立优化国家课程、推进地方课程、开发学校课程的新的学校课程观，不断优化社会人文课程、数理科技课程和体艺课程，努力实现课程的优化和整合，全面实施素质教育。重点开发以下学校课程：科技发展史、资源与环境、成才修养、理化实验、历史评述、中外文化比较、生物技术与生物行为、研究性学习指导等选修活动课。

2. 改进课堂教学。以主体性体验式活动教学模式的探索为重点，改变现行课堂教学以书本和教师为中心、讲授灌输偏多、忽视合作交流的倾向，让学生主动参与和探索学习；要尊重学生的个性和创造精神；要与学生经常交流，倾听学生不同见解，鼓励学生敢想、敢说，追求卓越，实现师生关系的和谐。“从做中学”，学会探究式学习，学会沟通和表达，把讨论权、发言权、动手权交还给学生。开展跨学科备课活动；进行跨学科研究性学习和体现人文精神与科学精神融合的综合性教育活动与学习活动。

3. 加强责任教育。抓住爱国主义这个主旋律，培养学生高尚人格，教育学生“学会做人”、“学会负责”，提倡“把信心留给自己，对自己负责；把孝心献给父母，对家庭负责；把关心献给他人，对集体负责；把爱心献给社会，对社会负责；把忠心献给祖国，对祖国的前途、人类命运负责”。先要从自己、从身边做起，把认真学习、孝敬父母、关心集体提到承担社会责任的高度来认识和实践。

4. 构建教育场，优化学校人文环境。通过教育场的构建，发挥场效应，以达到潜移默化地对学生进行人文素质教育，加强学校非课程化的环境建设，即加强校内的物质场、精神场和制度场建设，使学生在无意中接受陶冶、感染、同化、制约，使之产生趋同心理、思想、情感、观念、行为等变化，以达到在不知不觉中对学生进行教育，营造具有浓厚人文气氛的校园环境。

一是构建学校物质场。学校必须按照素质教育培养目标，进行精心设计，使学校处处孕育着教育因素，使学校每一块墙壁说话，使每一个角落都在育人中发挥作用。

二是构建风气育人场。校园文化对人的影响，其中校风起着关键的影响作用。创建校风，必须从学校实际出发，注意学校的个性风格，以形成独具特色的学校群体精神及育人氛围。要抓好校风的建设，首先要抓好班风、教风和学风以及学校干部和班干部的作风等。

三是构建人际引力场。学校要构建和谐、宽松、互敬互爱的人际环境，理顺学校、班级中的各种关系，特别是师生关系，增强人际吸引力和群体凝聚力，形成良好的群体氛围，使学生在人际交往、角色互补中，获得社会化的人格特征、价值观念和行为方式。

四是构建社团活动的净化物。学校应积极组织各种社团活动，使学校充满生机和活力。诸如组织影视鉴赏团、记者团、学生杂志社、文学社、通讯社、广播采访团、爱心俱乐部等等，使之在净化学生心灵、培养学生高尚情操方面，发挥其积极作用。

学校构建多层次、多色彩、多渠道，并带有各种教育性、创造性、艺术性、有凝聚力的、富有时代气息的各种教育场，使学校成为“以境育人”“以情育人”的摇篮。

5. 开展读书活动，提倡名言践行。要求学生背诵我国古代诗、词，熟读优秀散文，文理各科提供阅读中外名著书目，各班学生自行选择名句和格言，开展名言践行活动。

总之，人文素质教育与创新精神和实践能力为核心的素质教育是相辅相成的，人文素质是一个人外在精神风貌和内在精神气质的综合表现，也是一个现代人文明程度的综合体现，是人类对于真、善、美永恒追求的展现。有人文素质的辅佐，会使创新精神散发出更多姿多彩的内涵，有人文素质的牵引，会使学生在实践能力的形成中充满睿智。

我想，作为“华富”的学生，在人文精神熏陶下，应具有一种心胸宽广、乐观向上的气质，一种自尊、自爱、自信的精神，一种关心他人、关心社会、关心自然的情怀，一种求实好学、质朴文雅的品质，一种与人为善，既能竞争又能合作的完整人格。我们把这作为实施素质教育的突破口，作为高起点、高质量办学的立足点，作为培养21世纪人才的新对策。

现代初级中学教学管理制度建设与师生发展的思考

内容提要：我国现代学校制度经历了一个多世纪的改革发展，教学管理制度也赋予了丰富的内涵。师生作为学校的主体，只有在全面、协调、可持续发展的基础上，才能确保现代学校制度的有效贯彻实施。文章深入分析了现代学校教学管理制度的丰富内涵，提出了建设现代学校教学管理制度应关注师生发展的若干问题。

关键词：学校制度　管理制度　制度建设　师生发展　思考

发表情况：此文获2010年广东省初级中学校长高级研修班优秀论文奖；发表于《教育科学与研究》2012年第6期；并获福田区第二届教育教学科研优秀成果三等奖。

现代学校制度是指在新的社会背景下，政府、学校、社会三大类主体间的相互关系以及维持这些关系的制度系统[1]。现代学校的发展，一方面要求政府、社会创造良好的外部环境，另一方面又要求学校自身以现代教育思想为指导，努力整合和运用校内外可以利用的教育资源，积极设计学校发展策略，并予以落实。我国现代学校制度经历了一个多世纪的改革发展，教学管理制度也赋予了丰富的内涵。师生作为学校的主体，只有在全面、协调、可持续发展的基础上，才能确保现代学校制度的有效贯彻实施。

一、我国现代学校制度的发展概况

在教育制度的形成过程中，最先形成和完善起来的是学校教育系统，因此最初的教育制度也就是学校教育制度。所以把学校教育制度简称为“学制”。随着现代教育的发展，除各级各类学校教育机构进一步发展完善外，幼儿教育机构、校外儿童教育机构和成人教育机构也得到很大发展[2]。因此学制已成为包括各种施教机构在内的“总称”。现代学校制度主要包括现代学校行政制度、资产管理制度、人事制度、财务制度、教学管理制度、教研和科研管理制度、学生管理制度等。

我国现代学校制度最初是由西方传入的。鸦片战争结束后，清政府为维护其统治和适应资本主义因素的发展，于1901年下诏兴学，1902年制订了“壬寅学制”，1903年修订为从小学到大学共21年的“癸卯学制”。这是我国第一次以法令形式颁布并在全国推行的现代学制。辛亥革命后，于1912年对上述学制进行了修订并颁布施行。“一战”后提出了改革学制的方案——“壬戌学制”，从小学到大学共16年，并于1922年公布施行。此学制比1903年学制缩短了5年，一直沿用到解放初期，长达近三十年之久。新中国成立后，于1951年颁布了《关于改革学制的决定》，规定幼儿教育为4年，初等教育为5年，工农速成教育为2～3年，中等教育为6年，中等专业教育为6～7年，高等教育为4～5年，专科教育为2～3年。这是我国学制发展的一个新阶段，形成了一个从幼儿教育到高等教育、从普通教育到职业教育和从全日制教育到业余教育的系统而完整的学制体系，成为适应我国社会主义建设的一个好学制。“文化大革命”期间，我国学制混乱，教育事业遭受严重破坏。1976年后，特别是党的十一届三中全会以后，我国迅速结束了“文化大革命”造成的教育上的混乱局面，同时恢复和重建了一系列的教育制度，使我国的学制系统逐步趋于合理和完善[3]。2003年，教育部基础教育司和中央教育科学研究所又正式决定，建立9个“国家现代学校制度实验区”，为现代学校制度建设积累和提供了丰富的经验。

二、现代学校教学管理制度的基本内涵

现在的学校是一个开放性的学校。学校组织的边际不断扩大，原来狭隘封闭的学校藩篱正在被打破，教师、学生、家长和社区成员作为学校管理的主体，正在被纳入学校管理的大框架之中。“自下而上”的民主管理正体现在课堂教学中，体现在师生交往中，体现在有组织的师生活动中，体现在学校管理决策的过程中。学校教育工作的对象是人，与其他行业相比，更需要同行之间的合作，管理层与教师的合作，教师与教师的合作，教师与学生的

合作。同时，教育事业利在后代，功在千秋，不会一蹴而就，立竿见影，不能急功近利，杀鸡取卵。现代学校教学管理制度是建立在对传统学校管理制度的批判和继承的基础上的，因此现代学校教学管理制度具有时代的内涵[4]。

第一，现代学校教学管理制度要体现它的科学性。现代学校教学管理制度本身要形成一个科学的体系，体现学校的教育、教学和管理的本质特性，要符合教育、教学及管理的客观规律。同时，还必须结合学校的历史、人文和现状等校情，与时俱进，体现时代的要求。

第二，现代学校教学管理制度要体现它的民主性。现代学校教学管理制度本身必须是一个民主平等的制度，要体现出制度关注的是人，是人生的幸福，人人都有参与竞争的平等机会，人人都有获得发展的平等机会。

第三，现代学校教学管理制度要体现它的发展性。现代学校教学管理制度本身必须是发展可持续的制度，因为社会在不断地发展，人也在不断地发展，自然学校的教学管理制度也要体现“以人的发展为本”的基本原则，以师生为中心，重视人、尊重人、激发人、创造人、提高人、完善人，满足师生的各种需要，全面提升生活、学习或工作质量，促进学校的可持续发展。

三、现代学校教学管理制度建设与师生的发展

现代学校教学管理制度是为了在教学管理管理过程中提供章法。人是学校发展的主体，是学校最核心的资源和竞争力的源泉，发展要靠人，发展的目的是为了人。以人为本的核心在于对人性的充分肯定，对人的潜能和智慧的信任，对人的自由和民主的追求，最广泛地调动人的积极性，最充分地激发人的创造力，最大限度地发挥人的主观能动性[5]。所以，学校在建设教学管理制度时必须关注师生的发展，把师生的发展作为首要的根本的原则。我校的办学理念是“人文见长，人格健全，和谐发展”。“以人为本”就是以教师的发展为本，一切为了教师的发展，一切为了促进教师的发展。研究和解决教学实际问题，提升教学效果，将学校建设成学习型校园。我们提出：“让每个教师在校本研究中实现自己的人生价值。”教师的发展是在教学中带着问题去探究、去实验，才能获得真正的发展。只有当教师成为教育教学的有心人并希望有所建树时，教师的发展才有了内在驱动力。所以，激发教师的上进心、成功感，是促进教师发展的关键。

1. 现代学校教学管理制度必须有利于学校的和谐发展

"和谐发展"，不仅表现在德智体美劳诸方面的和谐发展上，而且表现在学校教育工作的各个方面的可持续发展上，表现在师生各个领域特别是精神生活的自由发展上，表现在教育活动与学校自然环境以至整个大自然的浑然一体上，也表现在和睦相处的人际关系上。我们的和谐主要体现在以下几个方面：一是德才兼备；二是情知交融；三是手脑结合；四是身心和谐；五是天人合一；六是个体发展与集体发展统一。因此，学校在制定教学管理制度时应以先进的办学理念凝聚学校发展的不竭动力。

第一，营造愉悦和谐的教育氛围。教师应以尊重、信任和平等的态度对待学生，鼓动学生参与教学活动，重视学生的意见和看法，公正评价，教师应是学生学习的设计者和促进者；下大力培植学生"自主、合作、探究"的学习精神，鼓励学生积极发表意见，善于交流，重视合作与分享；对学生发表的意见，领导、老师要认真采纳，形成相互接纳、彼此促进的融洽和谐的人际关系。

第二，形成民主开放的管理环境。学校要鼓励变革，支持创新，追求发展，善于协调，直面挑战，民主管理，集体决策。学校要以可持续发展的思想鼓励师生积极参与学校规划，共同制定校园环境和发展的各项措施，创设宽松、愉悦的人际环境；充分发挥校外智囊团和骨干教师的决策作用，开展有关学校发展的研讨会；重视教代会对学校工作的监督和建言献策，对教代会的提案要不折不扣去落实；对一些突发事件的处理，如对绩效工资等，不能简单的压制，而应采用民主疏导的方式，梳理事件的根源，摆事实，讲道理，让老师们明白了真相，明辨是非。

第三，开启智慧的课程设计。学校的课程是一个整体，包括必修课程、选修课程以及校园自然环境、人文环境等潜在课程。各学科教学要自觉渗透可持续发展的教育观，培养学生可持续发展的伦理价值观。让可持续发展教育不仅要在必修课程的教学活动中广泛渗透，而且要在综合实践活动中普遍实施，并通过潜在课程进行持续的熏陶。为了让学生各尽所好，各扬所长，我校开设了"超市课程"。为了开好选修课，学校组织骨干教师编写了30多种选修教材，如情商教育、网页制作、影视欣赏、神奇的数学、健美操及形体训练、英语脱口秀、书法篆刻、纺织艺术等。这些超市课程受到了同学们热烈欢迎，大家都盼着、争着到"超市课堂"采购自己所喜欢的东西。

2. 现代学校教学管理制度必须有利于学生的终身学习

教学管理制度要充分考虑学生主体地位，把每个学生的进步发展作为教学的起点，将培养学生的学习能力，促使学生终身学习作为教学目标。尽管我们绕不过升学考试这一现实，但我们不能鼠目寸光，要把眼光放得远一些。要注意培养学生自觉学习、主动学习的意志和品质。在新课标的大前提下，老师要把学生的自主、合作、探究等学习方式作为主要教学手段和方法。毕竟人一生在学校的时间有限，将来大部分时间要靠自己学习，“学会学习”才能让他终身受益。

伴随着新课改的深入实施，我们的教师要不断学习别人的先进经验，改革课堂教学模式，变教师的“教”为学生的“学”，变老师的“动”为学生的“动”，变个别学生“动”为全体学生“动”，以期培养学生的思维品质，形成良好的学习习惯和学习能力，为将来的再学习打下基础。因此，我们老师在课堂上要少讲、精讲；要以学生的思为核心，让学生学会思考；要以学生的“练”为主，让学生从“练”中去自学、去思考、去探究，达到“堂堂清”；搭建课改活动的大舞台，让教师在活动中提升发展自己。

(1) 开展“邀请你来听课”活动。围绕课堂教学常规，我们举行了一系列的活动。其中一个活动就是每个教师根据课堂教学评价标准，自我衡量是否合格，如果把握不大，就采取邀请课的方式，找你最信任、最相好的教师来听课评课。学校开展的邀请课活动，是本着尊重激励的原则，让老师们自己选择帮教对象，在一种互相信任宽松的环境下相互切磋，对提高他们的教学水平更有帮助。有些平时教学水平不错的教师也邀请一些行家去听课，以求更好。商讨切磋，取长补短，这种邀请课已成为我校一种很有实效的校本教研活动。

(2)“全员公开课”活动。为了摸清每个老师课堂教学的家底，我们在全校开展一次全员式的听课评课活动，这是对全校每一位教师课堂教学的一次检测。为了使这一活动深入扎实开展，学校组成了听课评课检查小组，然后由各学科安排好听课表，各学科组教师都参与听课评课。一个多月时间，教师听课积极性非常高。各组在随堂听课随堂评议的基础上，最后召开全校总结大会，对这次活动所取得的成绩进行汇报，对这次涌现出来的一些典型课例进行深度点评。这次活动是我校落实“两个常规”开展的一次规模最大、时间最长、效果最好的一次教研活动。

(3) 开展“学洋思”活动。江苏省洋思中学过去是一所“三流的学生”“三流的师资”“三流的硬件”的城镇初中，现在却成为江苏省现代化示范学校，全国初中教育的一面旗帜。洋思中学的教育理念和教学策略同新课改精神、同我区“两个常规”的要求十分合拍，特别是在抓后进生转化与课堂教学上有许多可操作性的东西。在课堂教学上，他们坚持“先学后教，当堂训练”的策略，而且做到“三清”：教学任务“堂堂清、日日清、周周清”。于是我们将《中国教育报》介绍洋思经验的文章印发给教师，并布置每人交一份“学洋思”心得体会。我们将老师们交上来的一百多份约十多万字的心得，花了几天时间一份份读，一份份摘抄，在全校大会上进行宣讲。在这个基础上学校又做出一个决定，开展“抓常规、学洋思、打一场优质教育的攻坚战”活动，从而使我校落实“两个常规”的工作有了一个实实在在的抓手。

（4）开展全校“同听一节课”活动。成立课改小分队，在三个年级确定试验班，挑选语数外等八位教师作为攻关小组，每两周攻关小组老师共同听一位教师的课，然后进行会诊。经过试行，又在全校举行语数外等学科教学示范课，全校教师同听一节课，同议一节课，还邀请区教研中心三科教研员评课。从课改小分队的单项攻关活动，到全校同听一节课的活动，开创了我校教研活动的先河。通过实践，总结出有华富特色的课堂教学程序，即“学、疑、议、讲、练”，使学生的自主地位落到了实处。老师讲授的时间少了，学生看书提问、练习的时间多了。几乎每堂课老师都有精心设计的练习，让学生当堂完成，当堂评讲，当堂消化。学生课外作业的负担也相对减轻了。

3. 现代学校教学管理制度必须有利于学生人格的健全发展

教育的根本目的在于让受教育者获得幸福，而幸福是个体的感受或体验，显然健全的人格是幸福的基础。让受教育者获得终身发展的能力，并使人的发展与社会的发展和谐统一；教育学生关爱自己，关爱他人，关爱社会，培养学生成为乐观而充满爱心的人，成为一个人格健全的人。身心健康、人格健全、和谐发展，这既是青少年学生现时学习之必需，也是社会对未来建设者的素质要求。

学校必须以加强学生健全人格的教育为重点，以人文素质培养为支撑，以生命教育和心理教育为基础，引导学生认识生命，珍惜生命，尊重生命和热爱生命，让自己的生命变得更健康，更快乐，更幸福，时时事事处处焕发光彩。在培养学生的健全人格上，做到重视在学生的日常生活和学习中养成学生的德性；重视在美的氛围中进行善的教育，让学生通过培养健康的生活情趣和各种才艺来丰富自己的精神世界；重视师生间的心灵沟通，让学生在温馨的对话中化解成长的障碍，使心理健康教育成为没有痕迹的心与心的平等交流；重视学生的自我教育，让学生通过自警、自戒、自励等方式，长善救失，砥砺意志，陶冶情操，形成“不教之教”的自律习惯；重视科学合理地设置德育目标，让学生在循序渐进的德育教化中学会站立、行走、长大、成人。让每一个学生都成人，让每一个学生都闪光，让学校成为学生茁壮成长的生命绿洲，让学生成为活鲜鲜的具有个性特长的人。

4. 现代学校教学管理制度必须有利于学生获得成功的快感

大千世界无奇不有，茫茫人海人各有志。现代学校应注意充分开掘学生的潜能，体现对学生的尊重，为学生的发展搭建七彩舞台，营造全面的、立体的生态教育环境，给学生提供各种成长与发展机会，让学生从应试教育的枷锁中解脱出来，让每个学生都闪光，让每个生命都精彩。如学校可举办体育节、科技节、文化节、艺术节、君子节（或淑女节）等“节文化”和才艺展示活动，通过这些活动，增进同学之间的交流，活跃学生课余生活，让学生充分展示自我优势，扬眉吐气，找到自信。如几年来，我校一年一度的体育节，不仅有田径比赛，还有班级篮球赛、羽毛球赛、趣味运动会等，参与市区运动会先后多次获得过市田径比赛的第一名和市中学生篮球赛第一名的好成绩；每届都举办主题活动，如“读千古美文，做少年君子”“会健身的男孩最帅”“爱读书的女孩最美丽”等，我们向同学推荐“男生不得不读的10本书”“女生一生应读的20本书”，还评出“校园10大少年君子”“校园10大书香女孩”“校园10大孝顺女”等。一个孩子，也许他学习成绩不怎么好，但如果我们给他提供更多的成功机会，那么，这种成功的愉悦感、自信心，又会反过来促进他获取学习上的成功。

5. 现代学校教学管理制度必须有利于教师专业成长

现代学校教学管理制度要把对教师的有形约束和无形自律相结合，淡化行政管理的色彩，强化学术意识、服务意识。一切为了学生，为了一切学生，为了学生一切，应成为学校对教学管理的基本信念。

教学管理的核心是对教师工作积极性的调动。对教师而言，好的教学管理制度，不再是一种外在的约束，而是一种促进自我发展的内在需求。学校应该把尊重教师的人格，满足教师的发展需要、声誉需要、成就需要和自尊需要放在首位，发现和肯定每一个教师的独特价值，并激励之、弘扬之。

教师专业成长的最佳途径就是在教学实践中开展课题研究，这是提升教师教学水平的最佳突破口，是打造名师队伍的最好熔炉，也是教师成才、成名、成家的终极捷径。为了教师的专业成长，学校要为教师提供施展拳脚的广阔舞台。如我校一直支持教师走出去。一是参观学习。几年来，我们先后多次派出老师到上海、杭州、江苏洋思、山东杜郎口、香港等地听课学习，老师们开阔了眼界，取得了真经。二是与全国知名的科研院所联姻，参与他们的课题研究和全国性的学术交流活动。我校一批教师因此成为全国一些重点课题的佼佼者，发表了一些有影响的论文。三是组织骨干教师开发编写校本教材，如《少年君子》《国学精粹》《情商教育》《校园文化解读》等，获得了中央教科所及有关部门评选的一、二等奖，并且成为师生最爱不释手的案头书。四是参加竞赛。只要有教学竞赛，我们都全力以赴支持老师参与。在上海，在东北，几次举行的全国性说课比赛，我们都派老师参加，有多名老师获得一、二等奖，参赛老师得到了锻炼机会，收获了事业上的成功。同时我校把建设学习型、科研型校园作为追求目标。由学校教科处负责的“教师论坛”“教研沙龙”，成了教师展现才华、激思启智的天地。围绕“课堂教学的困惑与突围”“如何让学生动起来”等问题，大家各抒己见，灵感碰撞，“头脑风暴”。学者型教师从这里孕育，学科名师从这里升腾。几年里，我校有近30名老师被评为市、区学科带头人和中青年教学骨干。

总之，在教学管理制度建设过程中，学校要成为一所现代学校，就必须建立健全开放的、合作的、可持续发展的管理制度，这种制度要关注师生的幸福，让师生感觉制度建设带来的幸福；这种制度让人相互关爱，体现人与人的平等；这种制度带来宽容，而且鼓励师生实现个人价值，从而得到全面立体的、可持续的、永久终身的发展。

参考文献

[1] 朱怡华．现代学校发展与现代学校制度建设［J］．上海教育科研，2004（11）：23-24.

[2]［3］王双全．论现代学校教育制度的发展及其教育思想［J］．内蒙古师范大学学报，2010（4）：9-12.

[4] 张海经．现代学校管理制度的时代内涵［J］．广东教育，2004（2）：9.

[5] 李焕萍．以科学发展观为指导，促进师生共同发展的思考与实践［J］．中国教师，2009（51）：439.

春暖百花艳，风正一帆悬

——从我校的变化看《深圳教育发展纲要》的引领效应

内容提要：在《深圳教育发展纲要》的引领下，我校变化显著，教育理念更先进，公平均衡教育更落实，教育投入进一步加大，课堂教学方法更科学，由学科教育向多元教育拓展，加强了教育国际化交流合作，更完善了校园安全管理机制，学校的发展方向更明确了。

关键词：发展纲要　引领作用　学校变化

获奖情况：此文获深圳市教育局2012年《深圳教育发展纲要》问计征文二等奖。

深圳要发展，发展在教育。创建和谐社会，提升民生幸福，教育是关键。在从中央到地方全民重视教育的当下，深圳市制定了《深圳市中长期教育改革和发展规划纲要》(2011～2020年)。可以说，《纲要》高瞻远瞩，高屋建瓴，具有务实、务本的求实精神，又有战略性、前瞻性、针对性、可操作性。去年，福田区制定了“十二五”教育发展规划，我校也制定了《华富中学第四个五年发展规划》，并在福田区“学校发展规划”评比中以高分获得一等奖。春雷引春雨，春来百花艳。纲举而目张，风正一帆悬。一年多来，在《深圳教育发展纲要》的引领下，深圳教育发生了显著变化，仅从我校的变化，便可以一斑窥豹，一叶知秋。

一、先进的教育理念保证未来的教育更科学，更优质

我校创建“绿色人文幸福校园”，形成了鲜明的校园文化特色，并在近期成为福田区首批校园文化特色学校。我校的发展定位是：创建“和谐＋特色”的幸福校园，提供各种机会，搭建各种舞台，为师生张扬个性、发挥特长、发展潜能创造条件，为师生幸福人生奠基；追求幸福教育，使学校成为教师与学生工作、学习的乐园，达到校长无为而治，师生自主管理、自主发展，学校自主创新的美好境界。我们力图让学生从繁重的学业负担中解脱出来，高效而轻负。如今，享受学习，健康成长，幸福生活，是华富学子的真实写照。

二、公平教育、均衡教育的措施落实到位

我校地处黄木岗社区，这是一个老社区，大部分学生属于租住户、暂住户口。周边有园岭初中、实验初中、外国语学校等名校。多年来生源一直不太好。这两年，在均衡教育的思想指引下，上级加大了对我校的硬件、软件的投入，使我校的办学实力不断提升。特别是严格实行划片区招生、网上申请学位、免试就近入学制度等措施得力，我校这两年的生源质量和数量均得到前所未有的好转。部分高中自主招生的举措，我校也是受惠者。去年，在深圳实验高中自主招生录取的35名同学中，我校就占了3名。

三、教育投入加大，学校面貌改观，实现了教育信息化

近两年，我校相继在一流的体育馆、一流的综合楼建成后，又对教学楼进行了加固改造。2011年下半年所有建造和改造工程全部竣工。这样，我校的硬件设施在深圳市，甚至在全国，均处于一流水平。教室里的电子黑板，有触摸、手写、各种笔迹、上下左右推动等功能，音响、无线麦、水性板书笔等，均为目前世界先进水平。学校有专用科技制作室、机器人制作室、心理咨询室、心理松弛室、书法室、朗诵室、校园电视台等各种功能教室。我校已全面实现了教育的信息化、现代化。近期，福田区财政正大笔投入，为每所中小学教室安装空调，我校的教室空调基本安装完毕。这一切，说明政府对教育的投入和承诺已经落实到位。

四、课堂教学方式发生了根本转变

福田区全面推行转变教与学方式，我校更是全力以赴，一马当先。我们打造“幸福课堂”，转变教师角色，建立和谐的师生关系，突出学生自主地位，实施自主合作探究的教学模式，促使学生乐于学习，热爱思考，勤于创造。我校的“幸福课堂”分为：预习生成——学生独立学习、组内交流；交流展示——学生在课堂上展示自己的学习成果；拓展延伸——学生提出自己的疑问，老师进行点拨，或进行知识的补充；检测反馈——对学生学习达标情况进行诊断和考核，并利用其结果修正后期教学工作。把微笑带进课堂，把激励带进课堂，把竞争带进课堂，每堂课都能让学生流连忘返，让孩子们快乐地、充实地、自主地、舒展地、诗意地生活在课堂上。

五、由学科教育转变到多元智能、多种特长的多元化教育

以前，我们总是将考试学科、考试分数看得太重，因而忽视了学生的多元发展。学习了《深圳教育发展纲要》后，我们反思：我们的教育要面向全体，面向未来，起点要高，目光要远。因此，如今的学校，每天下午大活动时间，打篮球、踢足球、跑步、跳绳，操场上均活跃着运动着的学生；练书法、学画画、制作机器人、无线电测向、朗诵、拉二胡、练合唱，功能室里忙碌的是兴趣班的孩子。我们对学生的选修课、活动课算学分，并印发《选修课、活动课学分记录卡》，超市课程是我校的一大特色和亮点。“君子节”“淑女节”是我校“节庆文化”中的两项重要活动，我们将继续办好这些特色项目，通过“节庆文化”，实施多元教育。

六、打造“书香校园”，实现教育的全民化、终身化

学校，应该成为学习型的组织，成为探索求知的学园。阅读是快乐的、幸福的。一年来，为了打造“书香校园”，我们开设阅读课，安排专门的老师上课；我们在校园网上专设“读书乐”网站，定期评选“阅读之星”；调动一切资源，开设“校本课程”，营造浓郁的学习、思考、探究、展示、创造氛围，使学校拥有丰富的智力背景和日渐深厚的文化底蕴。我们设立“班级图书角”“班级图书漂流站”。我们积极开展“书香校园读书工程”，添置教育书籍，办公室和每个教室设立图书角，要求每位教师每年制定读书计

划，通过精读原著、读后感评比、网上读书论坛等形式，引导教师把读书学习作为促进个人专业成长的重要途径。我们开展多形式多渠道的“校本培训”，请名家来校讲教育前瞻，讲教育国际化，讲中美教育比较。我们举行“心理教育”培训、“校园安全法律”培训，扩大师生的知识视野，提升教师的业务水平。我们开设“家长学校”，请家长参与孩子的教育。我校先后被评为“福田区书香校园”“深圳市书香校园”。为了更好地贯彻落实《纲要》的“全民化”“终身化”教育目标，我们将更加注重教师的“继续教育”，让学习成为终身的任务；我们还要承担家长的学习责任，实行教育、学习的全民化。

七、加强教育交流与合作，扩大教育国际视野

在市教育局的牵线下，我校与香港玛利诺神父教会学校结为姊妹校，两校来访频繁，合作学习的范围包括从互相听课、共同扶贫、体育竞赛、书法比赛和科技交流等，取得了实质性的成效。如 2012 年 5 月 16 日，两校学生携手做实验，进行深度合作。香港玛利诺神父教会学校一行 8 人，在梁校长和校监的带领下，由科技老师带队，来到我校，深港姊妹校学生携手做一个有趣的科学小实验：粟米淀粉的非牛顿流体“抗剪切增稠液”和淀粉塑化的应用。活动寓教于乐，学生获益匪浅。2012 年 4 月 1 日，美国弗里蒙特教会学校校长特里西娅（TRICIA）专程来我校访问。我校响应区委区政府号召，积极深入开展国际化教育，继四年前同香港的马利诺神父学校结成为姐妹校的基础上，此次美国学校校长的来访为华富中学国外校际行动搭建了更广阔的平台。

八、完善校园安全管理机制，切实保障学校安全

校园安全是学校工作的重点，我们齐抓共管，警校共建，社会参与，建设平安校园。2012 年 3 月 16 日，我校邀请广东深君联律师事务所欧茂初律师做了题为《把握教育教学的度，把好学校安全的门》的关于校园安全问题的报告。从法律的角度，列举大量学校安全事故的案例，讲了学校如何加强校园安全管理，老师如何做一个善良的管理者，如何正确处理学生伤害事故等问题。依法治校是历史的必然，校园安全事故一定要在法律的框架下解决问题。敬畏法律，崇尚法律，用好教师法赋予我们的权利，掌握好管与不管

的度，做一个善良的管理人。我校获得福田区教育系统安全管理先进单位，我也被评为安全管理先进个人。

《纲要》给学校的未来发展指明了方向，《纲要》引领学校未来的发展。我们坚信，在《纲要》的精神指引下，我们的学校将获得更快更强的发展。

第二部分　撑起固本强校的德育脊梁

——润物无声的心灵鸡汤

构建“以人为本”的教育磁场

内容提要：学校最有效的教育是“爱”的教育，“爱”的教育需要有宽容之心，慈悲情怀。要构建“以人为本”的教育磁场，先着眼于环境文化的熏陶；必须建立“以境育人，以物育人”的物质场；必须特别关爱后进生、学困生，建立“以心育人，以情育人”的爱心场；必须加强民主型班级管理，建立“以情育人，以人促人”的机制场；必须充分发挥学生闪光点，建立“以表彰树自信，以成功促发展”的激励场。

关键词：爱的教育　主体地位　教育磁场

发表情况：此文刊登于《深圳教学科研》2003 年第 6 期，获中央教科所德育优秀论文奖。

在我二十年的教育生涯中，形成了一个很重要的教育思想，这就是爱的教育。无论当教师，当班主任，当领导，我都把自己的一颗爱心，化作润物无声的春雨，去滋润学生。我深深感到学校里最有效的教育是“爱”的教育。老师要给学生三种东西：知识、营养和爱。它们就像空气、阳光和水一样不可缺少。正如教育家马斯洛所说：“人除了生理需求和安全需求外，更有爱的需求和自尊的需求，获得爱和自尊，人才能达到自我实现。”教师这种职业就是一种给予爱和享受爱的职业。教师的职业就是从“心”开始。只有爱才会有投入，只有爱才会有耐心，只有爱才会有教育的艺术。教师要学会享受工作，享受课堂，享受学生。如果你把工作当作一个负担，它就会变成套在颈上的重轭；如果你把工作当作一种人生的追求，你就会收获一个一个成功的喜悦。如果你把每一堂课都变成一种享受，你就会用辛勤的汗水获取课堂上闪烁出来的教育智慧。如果你把每一个学生都当作一种享受，你就会用放大镜发现他们身上许多宝贵的东西。我坚信没有教不好的学生，没有东风唤不回的大地。在上步中学担任班主任时，曾有十几个后进生主动要求调到我班上学习。其中有一个学生因偷窃被派出所拘留，因他年纪小，态度好，被送交到学校。对这样的学生，有的班主任避之唯恐不及，而我却主动收留了他。经过我耐心教育，这个学生转变很大，不仅入了团，还当了副班长，高考时还考取了警校，现在成为深圳市公安战线的一名优秀干警。这个学生终生不忘我所给予他的特殊关爱，学生的家长更是感恩戴德。这些学生的转变，使我更加坚信——没有教不好的学生。教育需要有宽容之心，甚至慈悲为怀。我觉得每个人都有可能犯错，“人非圣贤，孰能无过”？“过而能改，善莫大焉。”孔子早就对此做过精辟论述。如果一个学生犯了错误，就给他惩罚，那将在他的心灵上造成一辈子的创伤。与其惩罚，还不如给他改正的机会，卸下思想上包袱，轻装前进。

早读时我喜欢巡堂，我有时看到学生在课室里吃早餐，不是上去马上制止，而是让学生尽快把早餐吃完，然后告诉他，明天可不要这样了，上课可不能吃东西啊！我觉得这种方式更利于事情的解决，随意训斥只会导致逆反。有一次，我见到学生和班主任在走廊里对抗，班主任批评学生，学生不服。原来早读已经开始，这个学生却要去上厕所，而且跑到教工厕所去了。我追问原因，学生告诉我，他突然拉肚子了，学生厕所又没有门，于是他就跑到教工厕所去了。我听后马上向学生道歉，我说对不起，这是校长的失职，没有给男生厕所安好门，学生被我的道歉感动得深深鞠了一躬。

宽容是一种基于对学生和老师的信任，宽容也是对自己教育能力的一种考量，只有缺乏自信和他信的人，才会采用简单粗暴的方法一处了之。多一点宽容，实质就是多一点责任，多开辟一点教育的途径。

当了领导，我更是把“爱心教育”当作治校的方略，并且形成了较为完整的构建“以人为本”的教育磁场策略。

“以人为本”的核心是尊重、关心、理解和信任每一个受教育的人。学生作为发展的人，他们不是知识的容器，不是分数的奴隶，不是被主宰的羔羊。他们应成为学习主体、思维主体、设计主体和活动主体。因此“以人为本”的教育需要“活”的教育，教“活生生”的人，把人教“活”，让他们在自我感受、自我调适、自我感悟、自我实现中获得成功的喜悦。

构建“以人为本”的教育磁场是我校推进素质教育中的一大成果。因为素质教育的核心就是树立学生的主体地位，最大限度地发挥学生的主体潜能。如何构建“以人为本”的教育磁场，使学生的主体精神得以极致地发挥，我们做了以下探索。

一是建立“以境育人，以物育人”的物质场——校园文化建设。在校园文化的建设中，我们以“文化品味、现代气息、人文精神”为理念，以“美观、简洁、素雅、实用”为思路，着眼于环境文化对师生的熏陶感染，让每一块墙壁说话，让每一个景点都育人。一座秀美的笔架山就坐落在学校旁边，苍翠的峰峦，天然的氧吧，为学校天设地造了一个美好的环境。因此，学校精心设计，要使华富中学成为笔架山下一颗耀眼的明珠。那富有深厚文化内涵的“德之铭”“智之光”“体之魂”的壁画群，会让你肃然起敬；那曲折回廊的名人塑像，会让你心驰神往；那层层叠叠从楼顶直泻而下的绿色瀑布及繁花丽朵，会让你赏心悦目；那小巧玲珑的花坛假山及品种繁多的生物园，会让你流连忘返；那琳琅满目悬挂于大厅上的百幅古典诗文名句，会让你目不暇接；那展示学生聪明才智的百米文化墙报，会让你赞叹不已。至于校门前竖起的警言牌、楼梯口悬挂的名画、墙角及厕所摆放的鲜花，无不散发着浓郁的文化内涵。当你置身华富中学，都市的烦嚣便荡然无存，一股清新淡雅的气息会使你的五脏六腑特别的滋润。我觉得一所学校就应该鸟语花香，绿树成荫，书声琅琅，书香袭人，有浓厚的书卷气，有强烈的进取心，有维护学校名誉的荣誉感，有丰富多彩、富有特色的校园文化生活，有彰显个性，促进学生个性特长发展的科技、文学、艺术、体育等社团活动，有一支很棒的球队和乐队，有一批在全市有一定声誉的拔尖老师，师生关系亲密融洽，领导群众关系和谐无间。这就是我理想中的校园状态。

优美的校园以无声的语言，流动的乐章把“爱我华富”的思想注入到每一位师生的心田。

二是建立“以心育人，以情育人”的爱心场——对后进生、学困生给予特别的关爱。我所工作过的学校都是三类学校，特别难以管教的学生不少于10%，这部分学生能量大，破坏力大，不仅是学校不安定的因素，而且严重影响学校的声誉。做好这一部分学生的转化工作关系到学校的稳定，关系到学校的教育教学质量。对待这样的学生，不仅要有极大的爱心，还要有极大的耐心，并从内心深处确信他们是可以转变好的。对这样的学生要不嫌弃，不灰心，不急躁，不怕反复。要以心育人，以情育人。为此学校专门成立了后进生的“导师帮教制度”。每个班级确定4～5名帮助对象，由学生选择自己最信任的教师作为帮教导师，学校定期对导师的帮教工作进行检查、交流，每学期还举行“导师帮教”报告会，对卓有成效的老师给予表彰奖励。学校为了使广大教师都来做好学生的思想转化工作，又开展与之配套的“走进学生心灵”的个案评优活动，要求每个教师都写出一份与学生心灵沟通的实例。我作为校长也不例外，全校各班最调皮的学生，我这里都有一本账，而且我经常与他们进行心灵对话，好多学生成了我办公室的常客，而且一谈就是几个小时。我决不轻易处分一个学生，有的学生一二三，再而四搞得全班不得安宁，认为是不可教化的天生的坏种。有的老师要求开除了事，这样做学校很省事，可对这个学生，对他的家长却是100%的损失。所以我常常采取冷处理办法，再给学生一个机会。这种做法确实挽救了不少学生。例如：初三（4）班的卢占辉同学打架闹事，旷课逃学，课堂捣乱，辱骂教师是全校出了名的，我前后与他交心谈心不下十次，对这个学生的性格爱好，乃至生活习性、家庭情况我都了如指掌。有一次在与家长沟通时，连家长都十分惊讶，自己居然还不如我了解自己的孩子，由于我推心置腹，平等待人，这个学生进步很快，在区运动会中，他找我说“我这次一定要为学校争光，感谢你对我的关心”。果然，他在有病的情况下获得了三级跳远的第一名。后来这个学生发奋读书成了班上一名好学生。由于我乐于与调皮的学生交朋友，调皮的学生也都喜欢与我亲近，他们经常向我倾吐心中的烦恼，向我宣泄心中的隐秘，我成了他们值得信赖的朋友。在我的带动下，全校对后进生的关爱工作成了学校的一大特色，一大亮点，《中国德育》做了详细介绍。

三是建立“以人育人，以人促人”的机制场——民主型班级管理模式。这是我校教育科研在德育领域开展的一项试验。针对过去班级管理空洞说教多、教师包办代替多、批评限制多的弊端，在“以人为本”的思想指导下，培养学生的自我管理能力，增强学生的民主意识、合作精神和社会责任心，是“民主型班级管理”的目的。其主要做法有：

1. 尝试性管理。即鼓励学生主动参与班级管理，学生干部采取竞争演讲与民主选举结合的方式产生。在班长内又设“常务班长”和“值周班长”，值周班长由学生自愿申请，班委会议定后轮流“执政”。值周班长负责任期内班级全面工作，学校每天对班级常规管理的评分则为该值周班长的每天得分。值周班长任期结束时要向全班总结自己工作的得失与教训。常务班长则要指导并协助值周班长的工作，并对各值周班长的工作进行总结评比。这样就把一个班长变成十个或二十个班长，让绝大多数同学都能尝试到全面管理一个班级的艰辛，这样既培养了他们的责任感又锻炼了他们的管理能力，同时又增强了他们的自觉性。

2. 全员性管理。即把班级管理的事务细分成若干项，让学生人人自报优点、特长，自主选择管理角色，从而使全班“人人有事做，事事有人管”。这样既可以改变过去干部“一任几年不换”的情况，又给每个学生提供充分发挥特长的机会，让每个学生都能从分管的工作中获得成功感，使全体学生的主体性都充分发展。

四是建立“以表彰树自信，以成功促发展”的激励场。充分发现学生的优点和闪光点，多给学生一点鼓励，多给学生一点成功的机会。我认为鼓励和奖励始终是让学生体验学习乐趣的重要基础。对人生的积极态度，不是来自对自己缺点弱点的认识，而是出于对自己优点的自负。人都喜欢听好话，都需要赏识、赞美，何况是一个孩子哩！有一位教育家说得好：“赞美是所有声音中最甜美的声音。”因此，学校大力开展表彰奖励活动，在评选“三好学生”“优秀干部”的基础上，开展评选“单项标兵”活动，如文明礼貌标兵、清洁卫生标兵、助人为乐标兵、孝敬父母标兵、学习进步标兵等等，一学期表彰两次，每次上百人，戴红花、挂照片、进橱窗、上广播、登校报等等，把表彰活动搞得浓浓的，使先进人物弄得香香的。从而形成一个声势浩大的学先进、赶标兵的热情，这样就把激励变成催人上进的动力，让同学们充满自信和自豪地前进。

在爱心思想的影响与熏陶下，华富中学有如一个温馨的家，处处充满浓浓的爱意，时时洋溢着暖暖的温情。华富中学成了家长最放心的学校，学生最开心的乐园，老师最舒心的场所。

"民主型班级管理模式"课题实验方案

内容提要：时代需要"活"的教育，需要把人教"活"的"以人为本"的教育。本实验方案的重点目标是引导学生学会选择，学会参与，学会自律，培养他们的自主性、自律性、适应性、创造性和效率感。"民主型班级管理"实验，其宗旨就是实现学生的"自理、自主、自治"目标，充分利用班级活动主阵地，培养学生参与管理和自我规范调控的意识和能力。为了实现上述目标，我们将在班级管理方式做如下探索：常识性管理、全员性管理、立体化管理、人文化管理、激励式管理。实验遵循主体性原则、体验性原则、活动性原则、在集体中教育的原则，探索一套行之有效的民主型班级管理的模式，使之成为我校德育管理中的一大特色。

关键词：以人为本　自主自律　自理自治　自我规范　参与管理

一、问题的提出

随着社会的进步和发展，人们越来越关注对人的根本问题的认同与理性思考。科学技术的发展带来了社会物质生活水平的迅速提高，但同时也带来诸多新的社会问题，仅就人与自然的关系而言，人类在对自然界无限征服和改造的同时，又不得不领受着生态环境极度破坏的苦果。究其根本，这不是科学本身产物，而是文化失衡所致，是缺乏与物质追求、科技发展相制衡，相调节的精神力量。杨振宁博士曾说：科技发展的今天，"忽略人文，中国将付出极大的代价"。由此可见，经济腾飞绝不能以道德滑坡、信仰危机为代价，必须把重视知识、技能与信念、道德统一起来，必须学会把科技和物质奇迹与人文精神需要平衡起来，而人本教育则在科技与人文整合中获得了新的内涵。时代需要“活”的教育，教“活生生”的人，把人教“活”的“以人为本”的教育。

实施“以人为本”教育，要以马克思主义关于人的学说为理论依据，马克思主义科学地揭示了人的本质，认为“人是一切物的尺度”，在人与社会的发展中，人处于最基本的地位，人是创造一切财富的动力，人是世界的主人，也是教育这块阵地的主人。推动“应试教育”向素质教育转变的真正动力，不是财，不是物，而是有先进教育思想，有科学教育胆识，敢于打破旧体制、旧观念、旧习惯，敢于开创新局面的人。可见，以人为本，目中有人，是认识素质教育和实施素质教育的重要思想前提。

实施“以人为本”的教育，必须真正把“人”当人看。施教者是人，受教者也是人，他们在教育活动过程中是平等的人，不存在谁是主宰者，谁是服从者，要尊重、关心、理解和信任每一个受教育的人。学生作为发展的人，他们的学习应该是一个主动探索，不断有所发现，从而品尝成功喜悦的自主过程。

实施“以人为本”的教育，必须构建以人育人、以人促人的机制。教育过程则是由施教的人和受教的人共同构成的活动，缺少哪一方，都不能称为教育。对于施教的人来说，职责是教育人做人，做一个有思想、有道德、有文化、有纪律、会动脑、会动手的社会新人；对于受教的人来说，通过各种教育活动，要学会生存、学会做事、学会做人，做一个思想品德好、知识技能高、身心发展强的人。要求得成功，必须调动两方面的积极性，靠双方密切协作配合，才能真正绽放出教育的人性光芒，产生真、善、美的教育效果。

二、实验目标

实验即实验者期望引起的变化的因变量。根据实验假设，本实验要达到的目标是：为学生身心素质的和谐发展打下扎实的道德基础，培养他们良好的品德、健全的心智、健美的体格、健康的审美情趣和自主自律的个性。实验的重点目标是引导学生学会选择，学会参与，学会自律，培养他们的自主性、自律性、适应性、创造性和效率感。这五个方面的指标体系的基本框架如下：

A. 自主性

A1　自主选择意识

A2　主动参与意识

B. 自律性

B1　学习的自我规划与监督

B2　道德言行的自我控制

B3　校规校纪的自觉遵守

B4　日常生活的自我管理

C. 适应性

C1　自尊自信

C2　交往

C3　竞争与协作

C4　承受挫折和克服困难的意志

D. 创造性

D1　求新求异

D2　思路开阔、想象力丰富

D3　敢作敢为

D4　聪慧、知识面广

E. 效率感

E1　成就动机

E2　计划性

E3　紧迫感

以上是对学生主体心理品质形成质量的检测指标，在实现上述目标的过程中，我们要探索一整套合理而又有效的民主型班级管理模式及对后进生做好转变工作的有效途径和方法。

三、实验项目（即内容）

“民主型班级管理”实验，其宗旨就是实现学生的“自理、自主、自治”目标，充分利用班级活动主阵地，培养学生参与管理和自我规范调控的意识和能力。为了实现上述目标，我们将在班级管理方式方面做如下探索：

1. 常识性管理

初中阶段的学生正处于逐步摆脱自我中心而走向社会化的过程之中，无论是从学生个体成长过程中的主观愿望看，还是从其社会化过程的客观需要看，他们都需要有机会展示自己以了解自己的能力、性格、心理活动。因此，我们要努力创造机会，使学生在集体活动中主动积极地尝试参与班级管理，以使他们充分地展示自己，更全面地认识自己和他人，从而培养他们自我认识、自我评价的能力，加强自我教育，使他们成为一个既能适应社会又具有鲜明个性和主体意识的个体。主要措施是：

(1) 鼓励学生主动参与班级管理。在班干部选举上进行“自荐演讲与民主选举”的方法产生，在班干部中设立“常务班长”与“值周班长”。值周班长由学生自愿申请，班委会议定后轮流“执政”。值周班长负责任期内的班级全面工作，学校每天对班级常规管理的评分则为该值周班长的每天得分。值周班长任期结束时要向全班总结自己工作的得失与教训。常务班长指导并协助值周班长的工作，并对各值周班长的工作进行总结评比，这样就把一个班长变成十个或二十个班长，使更多学生参与管理，得到锻炼，从而增进学生搞好班级工作的责任感和使命感。

(2) 强化小组的目标管理。我们把班上学生按“平衡法”（含思想表现与学习成绩）细分成若干小组，每组由学生自己推荐两个工作负责、有能力、学习好的学生任小组长，大小事务都让学生自己做主。班级则按“综合素质量化要求”对各组的表现每天评分，使小组始终处于竞争状态，以此激发小组的集体荣誉感和责任感。在小组管理中，可采用“自评互评”的管理方法，这种方法像一座桥梁，把学生与学生、学生与班主任紧紧地连在一起，也把学生们自己制定的目标转化在具体的行为之中。

2. 全员性管理

为了调动每一个学生积极性，使得班上学生“人人有事做，事事有人管”，把班级管理事务按行为规范的内容合理分工，让学生人人自报优点、特长，自主选择管理角色，负责某一项工作，并将其负责的工作纳入管理的评比中，作为评选奖励的依据。同时，班干部也打破“一任几年不换”的情况。管理角色轮流互换，给每个学生提供为同学服务和锻炼的机会。实践表明，班级管理责任制因人人都是管理者，也是被管理者，人人都承担责任，责任意识由此而被激发出来，有利于集体核心的形成。

3. 立体化管理

过去，一般都认为初中生能力有限，只能在班级内担任管理工作，我们要打破这一思维定势，大胆改革，让学生在校领导和老师的带领下，参与学校的校务管理，学生参与全校管理的方式主要是每周从一个班选取20名学生分别担任学校的校园小卫士、校纪监督员、环保小天使等职责，协助值周领导检查全校的一日常规表现。学校对每个值周班和值周生要进行评比表彰。另外，为了使更多的学生参与学校的决策管理，可成立“学生代表大会(简称学代会)”，学代会行使相当于“人大”机构的职能，从学代会中选举产生学生会人选，讨论决定学生会的工作计划，检查督促学生会执行工作计划情况，对严重违纪和不称职的学生干部有罢免权，等等。学代会成员从各班代表中竞选产生，一学期举行一次学生代表会，让学代会真正成为学生参与学校大事管理的名副其实的机构，使得学生主体性一级一级向更高层次发展，自治能力随空间扩大而不断提高。

4. 人文化管理

针对我校生员条件较差的特点，对一部分后进生实施“特别关爱工程”，要把“转变一个后进生比培养一个优等生更光荣”的思想牢固地树立起来。要把更多的爱给予这样的学生，对这样的学生要“以心育人，以情育人”，多发现他们身上的闪光点，真正地尊重他们，关爱他们，不歧视，不嫌弃，不怕反复。对这些特殊学生要有特殊措施，如建立“导师帮教制度”“因材施教”等等，定期对这一项工作进行专题研讨、交流、表彰。做好这部分学生的转化工作关系到学校的稳定，关系到教育教学质量的提高。

5. 激励式管理

在班级管理中，我们除了采用评优手段激励学生进步外，还进一步扩大激励机制，以期达到预期的效果。

激励要经常性，随时随地对表现好的学生给予口头表扬、加分鼓励乃至象征性物质鼓励。从每一天着手，在学生心目中树立起“天天向上”的精神。激励要多样性，既有全面激励，又有单项激励。学校除了表彰“三好学生”、“优秀干部”之外，还可设立若干单项表彰标兵（如个性发展特长标兵、学习进步标兵、文明礼貌标兵、清洁卫生标兵……），一学期表彰两次，让被表彰的学生进橱窗、挂照片、上广播、作报告，形成一个学先进、赶标兵的热潮，把激励变成催人上进的动力。

四、实验原则

1. 主体性原则：就是在加强人文教育、培养人文精神的教育中要以人为出发点和归结点，强调发挥学生的主体作用，关注学生的尊严和个性发展，关注学生的地位作用，关注学生的自主态度，让学生自主判断，自主选择，使之在教育教学和生活实践中加强自我修养，增强人文底蕴，培养人文精神，使学生成为学习主体、思维主体、设计主体和活动主体。

2. 体验性原则：人文精神的培养是一种内化的精神活动过程，需要亲身经历和自我感受。因此，在教育中要善于利用特定时间，营造特定氛围，构建教育的“情绪场”，让学生产生内化动机和内化需要的氛围，从而让认识的主体迅速进入状态，自我感受，自我调适，自我感悟，自我实现。体验是对感受的再感受，是对认识的再认识，是对经验的再经验。体验要注意全面了解学生，相信学生，能够充分发展学生的积极体验；尊重学生，重视学生在体验中的情感和价值观念；给学生充分自由，为学生的创造性思维和创造活动形成成功的体验。

3. 活动性原则：人文精神的培养不是闭门思过，应将实践活动贯彻于人文教育的各个环节之中。活动就是注重学生的生活世界、心理世界和情感世界，注重学生的知、情、意在活动中能动挥用，注重让学生在各种方式的活动中体验成长、成功的乐趣、价值和意义。由于活动是一个系统，它有着自己特有的结构和内存发展的过程，所以我们实践中要注意内部活动和外部活动。内部活动是学生思维活动、情感活动、心理活动；外部活动是一种外显性活动，如自学式、讨论式、研习式学习，都是外部活动的基本操作方式。

4. 在集体中教育的原则：学生集体不仅是教育对象，更是教育的主体，具有巨大的教育力量，通过一些集体活动，培养学生的参与意识、合作意识、竞争意识、集体观念、集体荣誉感等等。

五、实验措施

1. 组织有关的实验教师与班级学生认真学习本实验方案及有关人文思想的理论，以便统一思想，形成共识，明确目标，协调行动，并做出相应的实施计划。

2. 保证实验班教师的相对稳定，给实验教师订购相关的杂志与书籍供学习之用；给实验教师一定的自主权，尽可能少接受检查和无关的活动，以排除对实验的干扰。

3. 实验班要定期开展活动，定期进行交流；注意实验过程中的形成性评价，矫正、调控实验过程；加强实验资料的建档、积累、整理和分析，及时反馈到实验过程中去。

4. 加强学校人文环境建设，在师生之间、学生之间、教师与家长之间建立民主平等的人际关系，创造和谐的教育氛围。

六、实验预期成果

1. 探索一套行之有效的民主型班级管理的模式，使之成为我校德育管理中的一大特色，在省市区的德育工作中占有一席之地，并成为中央教科所全国“十五”重点课题“整体构建学校德育体系的深化研究与推广实验”的先进实验学校。

2. 形成一篇高质量的结题报告及若干与本课题有关的文章在《中国德育》等报纸杂志上发表；汇编一本德育工作论文集。

撑起固本强校的德育脊梁

——在全国德育“十五”重点课题第六届年会上的典型发言

内容提要： 学校工作从德育要质量，由课题促德育。德育工作要着眼于环境文化的熏陶感染，让每一块墙壁都说话；建立后进生导师帮教制度，对后进生动真情，下真功；鼓励学生主动参与班级管理，让每个学生从分管的工作中获得成功感，构建“以人为本”的德育磁场。

关键词： 以人为本　课题研究　德育磁场

采用情况： 中央教科所全国德育工作大会发言稿。

我校于2002年3月被中央教科所德育研究中心正式批准为国家“十五”重点课题“整体构建学校德育体系的深化研究与推广试验”的子课题。我们的子课题是“构建‘以人为本’的民主型班级管理模式的研究”。自从这个课题立项后，它便成为我校德育工作的一个载体，一个抓手。学校一把手挂帅，分管德育工作的副校长主抓这个课题，政教主任、年级组长和各班主任成为课题组成员。由于我校特殊的地理特点，所以过去一直是市区名校的分流学校，后进生和学困生的面比较大。学校教育质量要上去，学校工作要抓出特色，我们认为只有从德育入手，而德育工作的关键在于做好“转差”的工作，“转差”的关键又在于尊重；信任、关爱这些差生，即树立“以人为本”的思想。所谓“以人为本”，既包括对知识、科学、真理的重视与求索，又包括对道德信念、道德修养、道德人格的恪守与追求，还包括对自由、平等等重大价值的渴望与呼唤，对人的关注尊重与人的主体性的祈盼与高扬。

总之，一句话，“以人为本”就是树立人的主体地位，发挥人的主体潜能，实现人的生命价值。我们认为“以人为本”，做好后进生的转化工作，是提高我校教育质量、改变我校形象的关键之举。因此我们形成了一个共识，从德育里面要质量，从课题里面促德育。将课题与德育工作融为一体，从而使课题获得了源头之水，使德育工作获得了勃勃生机。课题成了我校德育工作的突破口，成了我校创省级学校的品牌。为了使我们的课题获得强有力的理论支撑与指导，我们成立了专家指导组，请了中央教科所、北京教科所、华师大教授及深圳的有关专家，定期到校讲座、把脉；为了提高实验教师的理论水平及实验操作能力，我们制订了“实验教师培训计划”，定期组织学习现代教育理论、现代信息技术、课题实验的操作方法等有关内容；为了及时总结推广实验教师的成果，我们每月举办一次“教师论坛”报告会，让有成效的老师在全校教师会上登坛演讲，同时，我们还与《中国德育》《深圳教育科研》《深圳教学研究》等刊物联系，在杂志上发表老师的文章，从而大大调动和激发了实验教师的积极性，使他们从做好课题实验中体验到了自己的人生价值。一个以课题为乐 、以课题为荣的风气在我校已蔚然成风。

两年来，我校在“构建‘以人为本’的民主型班级管理模式的研究”中，做出了有益的探索。在这里，我着重向与会同仁介绍我校是如何构建“以人为本”的德育磁场。

“以人为本”的核心是尊重、关心、理解和信任每一个受教育的人。学生作为发展的人，他们不是知识的容器，不是分数的奴隶，不是被主宰的羔羊。他们应成为学习主体、思维主体、设计主体和活动主体。因此“以人为本”的教育需要“活”的教育，教“活生生”的人，把人教“活”，让他们在自我感受、自我调适、自我感悟、自我实现中获得成功的喜悦。

一是建立“以境育人，以物育人”的物质场——校园文化建设。

在校园文化的建设中，我们以“文化品味、现代气息、人文精神”为理念，以“美观、简洁、素雅、实用”为思路，着眼于环境文化对师生的熏陶感染，让每一块墙壁说话，让每一个景点都育人。一座秀美的笔架山就坐落在学校旁边，苍翠的峰峦，天然的氧吧，为学校天设地造了一个美好的环境。因此，学校精心设计，要使华富中学成为笔架山下一颗耀眼的明珠。那富有深厚文化内涵的“德之铭”“智之光”“体之魂”的壁画群，会让你肃然起敬；那曲折回廊的名人塑像，会让你心驰神往；那层层叠叠从楼顶直泻而下的绿色瀑布及繁花丽朵，会让你赏心悦目；那小巧玲珑的花坛假山及品种繁多的生物园，会让你流连忘返；那琳琅满目悬挂于大厅上的百幅古典诗文名句，会让你目不暇接；那展示学生聪明才智的百米文化墙报，会让你赞叹不已。至于校门前竖起的警言牌、楼梯口悬挂的名画、墙角及厕所摆放的鲜花，无不散发着浓郁的文化内涵。当你置身华富中学，都市的烦嚣便荡然无存，一股清新淡雅的气息会使你的五脏六腑特别的滋润。

优美的校园以无声的语言、流动的乐章把“爱我华富”的思想注入到每一位师生的心田。

二是建立“以心育人，以情育人”的爱心场——对后进生、学困生给予特别的关爱。

我校特别难以管教的学生不少于10%，这部分学生能量大，破坏力大，不仅是学校不安定的因素，而且严重影响学校的声誉。做好这一部分学生的转化工作关系到学校的稳定，关系到学校的教育教学质量。对待这样的学生，不仅要有极大的爱心，还要有极大的耐心，并从内心深处确信他们是可以转变好的。为此学校专门成立了后进生的“导师帮教制度”。每个班级确定4～5名帮助对象，由学生选择自己最信任的教师作为帮教导师，学校定期对导师的帮教工作进行检查、交流，每学期还举行“导师帮教”报告会，对卓有成效的老师给予表彰奖励。学校为了使广大教师都来做好学生的思想转化工作，又开展与之配套的“走进学生心灵”的个案评优活动，要求每个教师都写出一份与学生心灵沟通的教育实例，并在全校交流。

为了帮教一个后进生，我们的老师动真情，下真功，呕心沥血，无微不至。如初二一个学生，因其特殊的形象，特殊的性格，特殊的经历，养成了许多非常特殊的不良习惯，她曾多次偷窃别人的东西，几次离家出走。对这样一个本可一推了之的学生，学校领导仍然本着挽救目的，再一次把她分到了十分有爱心的马玉玲老师班上。马老师“不嫌弃、不灰心、不急躁、不怕反复”，总是把她当作自己的孩子来对待。天天与她谈心，找优点，写心得，跟踪日记写了一大本。她还动情地写下了《把特别的爱献给特别的你》，十分感人，连孩子的家长也感动得热泪盈眶。精诚所至，金石为开，这个学生后来有了很大转变。家长感激地说：“是你们学校救了我的孩子，也救了我们这个家庭!”类似这样的马老师，类似这样的转化工作，在华富中学何止一个、十个、百个。他们正是以这种超常的爱心，超常的付出，赢得了学生的尊敬，家长的信赖，社会的好评。

三是建立“以人育人，以人促人”的机制场——民主型班级管理模式。

其主要做法有：

1. 尝试性管理。即鼓励学生主动参与班级管理，学生干部采取竞争演讲与民主选举结合的方式产生。在班长内又设“常务班长”和“值周班长”，值周班长由学生自愿申请，班委会议定后轮流“执政”。值周班长负责任期内班级全面工作，学校每天对班级常规管理的评分则为该值周班长的每天得分。值周班长任期结束时要向全班总结自己工作的得失与教训。常务班长则要指导并协助值周班长的工作，并对各值周班长的工作进行总结评比，这样就把一个班长变成十个或二十个班长，让绝大多数同学都受到锻炼。另外，有的班级还实现“无班主任周”“无监考教师班级”等尝试性管理，并取得了很好效果。

2. 全员性管理。即把班级管理的事务分成若干项，让学生人人自报优点、特长，自主选择管理角色，从而使全班“人人有事做，事事有人管”。这样既改变过去干部“一任几年不换”的情况，又给每个学生提供充分发挥特长的机会，让每个学生都能从分管的工作中获得成功感，使全体学生的主体性都充分发展。

四是建立“以表彰树自信，以成功促发展”的激励场——让每个学生都获得成功。

我认为鼓励和奖励始终是让学生体验学习乐趣的重要基础。对人生的积极态度，不是来自对自己缺点弱点的认识，而是出于对自己优点的自负。人都喜欢听好话，都需要赏识、赞美，何况是一个孩子呢！有一位教育家说得好：“赞美是所有声音中最甜美的声音。”因此，学校大力开展表彰奖励活动，在评选“三好学生”“优秀干部”的基础上，开展评选“单项标兵”活动，如文明礼貌标兵、清洁卫生标兵、助人为乐标兵、孝敬父母标兵、学习进步标兵等等，一学期表彰两次，每次上百人，戴红花、挂照片、进橱窗、上广播、登校报等等，把表彰活动搞得浓浓的，使先进人物弄得香香的。从而形成一个声势浩大的学先进、赶标兵的热潮，这样就把激励变成催人上进的动力，让同学们充满自信和自豪地前进。

在爱心思想的影响与熏陶下，华富中学有如一个温馨的家，处处充满浓浓的爱意，时时洋溢着暖暖的温情。华富中学成了家长最放心的学校，学生最开心的乐园，老师最舒心的场所。

经过两年来的努力，我们这个课题已取得了一些阶段性的成果。《中国教育报》2002 年 12 月 1 日刊登了《以人文精神铸魂，以科研策略兴校》的文章，介绍了我校有关经验；《教育研究》发表了我撰写的《人本·人文·人格》的文章；《中国德育》2002 年第 12 期以六个整版的篇幅介绍了我校德育工作，2003 第 7 期又发表了我的文章《创设宽松和谐的环境，让人文精神弥满校园》；在《深圳教育科研》《深圳教学研究》等刊物上有好几位实验教师的论文发表。这个课题现在不仅成为我校推进素质教育、开创德育工作新局面的一个有效载体，而且还为我们造就了一批有教育思想、有奉献精神的德育名师。在这里我代表我们学校，代表我们课题组的全体老师，向为我们提供这一全国重点课题并精心给予指导的中央教科所德育研究中心的专家们，表示我们由衷的敬意与谢意！我们一定不辜负你们的信任，将这一课题做大、做强、做好！

特别的爱给特别的你

——华富中学开展“特别关爱工程”纪实

内容提要：学校通过校园环境建设让学生全身心地感受校园内每一物境及其涵盖的思想和内在的精神力量，构筑“以境育人，以物育人”的校园文化环境，使学生体会其中的爱，感受其中的爱。一切从学生出发，做到使每一名学生都得到应有的关爱、应有的发展，体会到受人关注和被人尊重的欢愉。实施“导师帮教制”，开展“进步激励工程”，大力表彰学生的每一次进步，随处、随时发现和挖掘学生的闪光点。环境育人，教书育人，管理育人，服务育人，营造全员育人、全程育人的良性教育场。

关键词：关爱机制　激励工程　环境育人　导师帮教

发表情况：此文刊发于《中国德育》2003 年第 7 期。

广东省深圳市华富中学是一所年轻的区属中学。在它的周围聚集了一批享有盛誉的重点中学、特色学校。特区多元化的环境和学校生源的先天不足给学校的教育工作带来了极大的压力，学校的教育和管理面临着难以言状的困境。如何走出困境，并走出一条适应本校特点的教育之路，这是摆在学校面前的一个严峻问题。经过充分的讨论、思考、论证，学校明确提出了“人文见长，人格健全，和谐发展”的办学理念，以爱心为桥梁，大力推进和实施“特别关爱工程”和“进步激励工程”，尝试“以人为本”的民主型班级管理模式，将学校与家庭、教师与学生有机地结合起来，通过提高学生的人文素养，完善学生的人格品质，促进学生的全面和谐发展，造就有理想、有道德、有文化、有纪律的特区新一代，并以此营造学校的德育特色。

一、营造关爱学生的环境

环境是育人的隐性课程。“关爱”学生首先要体现在改善学生的周围环境上。华富中学开展的“特别关爱工程”便是从环境建设开始的。通过校园环境建设让学生全身心地感受校园内每一物境及其涵盖的思想和内在的精神力量，构筑“以境育人、以物育人”的校园文化环境，使学生体会其中的“美”，感受其中的“爱”。为了达到这一目的，学校以“文化品位、现代气息、人文精神”作为校园隐性课程的中心内容，力图让每一项校园设施都能使学生体会人间真爱、师生真情，耳濡目染社会进步和道德、仁义与诚信的精髓，使学生在如沐春风般的“关爱”环境中生活。如富有浓厚文化内涵的“德之铭”“智之光”“体之魂”壁画群，让学生感受到心灵的震撼；那曲径回廊的名人塑像，让学生聆听先哲的脚步、历史的轮回；那层层叠叠从楼顶一泻而下的绿色瀑布及点缀其间的繁花丽朵，更让学生赏心悦目、心旷神怡；那琳琅满目的古诗贤文和名言警句，仿佛使学生置身于诗文的海洋，目不暇接，神清气爽……让每一块墙壁说话，让每一个景点育人，这就是华富中学校园文化的魅力所在。

在静态环境营造的同时，学校还将“人文见长、和谐发展、人格健全”的办学理念融注到“关爱”学生的动态环境建设中去。在实施“特别关爱工程”的过程中，学校按照人文教育目标和学生成长规律，围绕爱国主义、集体主义和社会主义教育，经常组织学生学习深圳特区的奋斗史及那些拓荒牛的创业精神，开展“爱我深圳，爱我华富”的系列活动，组织学生咏诵美诗贤文，开展“读千古美文，做少年君子”的活动，让他们从中华民族优秀传统文化的宝库中汲取丰富的精神营养，接受民族精神的熏陶。他们还组织科技节、小发明大赛，创设科技创新的环境，让学生做发明者、创造者和探索者，去领略创新的乐趣；举办文化艺术节，让学生自编、自导歌剧、小品、舞蹈，从中寻找美、发现美、创造美、感受美，从而受到审美情趣的熏陶感染……这些活动使学生受到真善美的人文教育并产生了对学校荣誉的认同感、亲切感，形成了一股强大的教育磁场效应，难怪有许多学生家长心存感激地说：“把孩子放到华富学习，我们放心；看到孩子在华富成长，我们舒心。”

二、建立关爱学生的机制

人的发展是教育的根本追求。实施“特别关爱工程”必须形成“以人为本”的关爱机制，在尊重学生个性主体地位、尊重学生人格尊严的前提下，一切从学生出发，一切为了学生的发展，真正做到使每一名同学都得到应有的关爱、应有的发展，体会到受人关注和被人尊重的欢愉。为此，学校开展了民主型班级管理实验，班干部通过竞争、演讲、民主选举产生，并设立了“常务班长”及“值周班长”，将一个班长变成十个或二十个班长，让更多的学生参与班级事务管理，使“人人有事做，事事有人管”。将班级工作细分为若干项，然后让同学们根据自己的特长，自主选择管理角色，负责某一项工作，这样就使人人都成了管理者，人人又都是被管理者，由此激发学生的责任意识和集体意识，达到“自理、自主、自治”的目的，从而让学生在自我感受、自我调适、自我感悟和自我实现中获得成功的喜悦。“偏爱后进生”在华富中学“特别关爱工程”中最具特色。学校把后进生、学困生的转化工作当成一件大事来抓，要求教师“不仅爱优生，更爱后进生”，并明确提出“转变一个后进生比培养一个优等生更光荣”的教育要求。学校根据教育的需要专门制定了后进生、学困生的“导师帮教制度”，“导师”由学生本人挑选最信任的老师与学校指派相结合，采用结对子的方式进行长期系统的帮助教育。学校还专门建立了“导师”帮教考核、汇报制度，并将帮教学生的工作情况与教师的奖励、考评工作结合起来，让教师明确责任，倾心工作，促进了后进生帮教工作的深入开展。为了帮教一名后进生、学困生，许多老师动真情，下真功，呕心沥血，无微不至，并使绝大多数后进生、学困生逐步成为合格甚至优秀学生。近几年来，学校后进生转化率长期保持在86%以上，德育考核优良率达95%。

在实施“导师帮教制”的同时，学校又开展了“进步激励工程”。“进步激励工程”是“特别关爱工程”的重要组成部分。为了使学校中绝大多数同学获得和感受到“进步”的乐趣，学校根据学生年龄特点和学习规律，明确提出每一个教师都必须“大力表彰学生的每一点进步”，随处、随时发现和挖掘学生的闪光点，让学生沉浸在一片赏识声中。每学期学校除表彰三好学生、优秀学生班干部外，还专门设立了一系列单项表彰标兵，如个性发展特长标兵、学习进步标兵、清洁卫生标兵、文明礼貌标兵等，每项表彰多达上百人，表彰的同学均做到电视（校园网）中有影，广播上有声，橱窗里有像，形成一种声势浩大的学先进、赶先进的热潮，让学生从中体会到催人上进的动力。先进的同学感到光荣，后进的同学找到差距。初三（4）班的L同学曾是一个无心上学、纪律松懈的学生，并因讲江湖义气、与不良人群交往、参与斗殴、辱骂老师而受到学校严重警告处分。对于他的教育，学校一刻也没有放松。校长和班主任发现他的身体素质好，竞技能力强，有为集体争荣誉的愿望，就经常给他创造展示优势的机会，鼓励他发挥特长，为学校争光。果然，这名同学不负众望，在思想、学习上进步的同时，还一举夺得了全区中小学生运动会的多项第一，为学校和班级争得了荣誉。校长在全校师生大会上为他颁奖。有的同学发自内心地对自己的父母说："华富这样的环境让我感到做学生的乐趣，也使我明白怎样去进步。"

三、形成关爱学生的队伍

以心灵赢得心灵，用人格塑造人格。"特别关爱工程"的实施，需要有一支长期爱学生、有童心的教师队伍。长期以来，学校倡导"环境育人、教书育人、管理育人、服务育人"，加强爱孩子、懂教育的德育队伍建设，积极营造全员育人、全程育人的良性教育场，引导教师以爱心呼唤童心，用爱心滋润童心，在与学生建立平等、民主、和谐的师生关系中取得学生的尊敬和信任。以心换心的教育方式让教师们掌握了开启学生成长进步的钥匙。

学生的成长过程是一个不断反复的过程，尤其是后进学生，他们往往自制力差，易受外来干扰。对学生关爱，就必须给予学生更多的耐心，对违纪的学生不说过头话，不用过激手法，坚持正面说理；采用疏导方式，一步步地清除学生的思想障碍，化解学生的思想矛盾，把工作做到学生的心坎上。为了学生的进步，学校的所有老师都像关心自己的孩子一样，关心每一个学生的成长，正如一位老师所说："家长把孩子交给我们，我们要把心交给孩子。"

"特别关爱工程""进步激励工程"的实施使我们找到了德育突破口。"爱"给了学生进步的动力，"爱"让教师找到了开启学生进步的钥匙，"爱"让华富成为学子们难以割舍的依恋之地，"爱"使华富从一所名不见经传的学校走向了今天的辉煌，结出了累累硕果。学校被市政府命名为"深圳市一级学校""教育系统先进单位""福田区文明学校"，参加全国"九五"重点课题德育实验获全国成果一等奖。最近，学生参加深圳市英语节目主持人比赛，荣获一等奖第一名。学校还被确立为中央教科所"十五"国家重点课题实验基地。

开展国学教育，培养民族精神

内容提要：德育工作是学校的脊梁工程，这脊梁要靠民族精神来支撑。中华民族长期形成的高贵品质和崇高精神，是我们得以生存发展，屹立世界的精神支柱。我们选定以“国学教育”为突破口，营造国学教育环境来熏染，编写“国学读本”来滋润，启动“国学教育节”来感化，开展国学课题研究来提炼，将传统的民族精神植根于孩子们的心田，开创了德育工作的新局面。

关键词：德育工作　国学教育　节庆文化　少年读经

发表情况：此文发表于《中国德育》2004 年第 5 期。

德育工作是学校的脊梁工程，这根脊梁靠什么来支撑？我们认为要靠民族精神来支撑。诚如鲁迅先生所说：“我们从古以来，就有埋头苦干的人，有拼命硬干的人，有为民请命的人，有舍身求法的人……这就是中国的脊梁。”泱泱华夏古国，煌煌五千岁月，沉淀和凝聚了中华民族的不朽精神，如“大道之行，天下为公”的社会理想，“天下兴亡，匹夫有责”的爱国情操，“先天下之忧而忧，后天下之乐而乐”的崇高志趣，“富贵不能淫，贫贱不能移，威武不能屈”的浩然正气，“厚德载物，道济天下”的广阔胸襟，“奋不顾身，舍生取义”的英勇气概，“鞠躬尽瘁，死而后已”的敬业精神，“己所不欲，勿施于人”的社会风尚等等，这些中华民族的高贵品质和崇高精神，不管过去、现在和将来，都是我们得以生存发展，屹立于世界民族之林的精神支柱。固守我们民族的精神文明长城，弘扬中华民族的传统美德，应该是学校德育工作中一项基础工程。华富中学选定以“国学教育”为突破口，开展传统美德教育，培育师生的民族精神，开创了德育工作的新局面。

一、营造传统文化氛围，沐浴民族精神文化春风

学校为了营造“国学教育”的环境氛围，精心设计并装置了以“国学文化”为内容的艺术长廊，在各楼层设立以“国学文化”为主题的壁画，在各楼层走廊悬挂古代圣贤处世励志的格言警句。当你走进华富中学校门时，映入你眼帘的是一副镌刻在楼柱的显赫对联，横幅是“天地人和”，两边是“天行健，君子以自强不息；地势坤，君子以厚德载物”。这幅对联既体现了学校“人文见长，人格健全，和谐发展”的办学理念，又突出了学校以民族精神育人的目标。当你进入厅廊，那“德之铭”“智之光”“体之魂”的壁画群，将我国古代先哲们的至理名言和光辉灿烂的发明创造，以其古朴的形式展现在你眼前；然后两边墙上是文天祥的《正气歌》全诗和“天道酬勤”的古训，其设计新颖别致、使人爽心悦目；而长廊的尽头则是一块硕大的“与时俱进”的横匾，仿佛使人从思古之幽情中带入新世纪的大潮。而各个楼层的主题文化，则由大小不等的168块木刻书法组成。其内容都取材于古代的哲理名言，每一幅镌刻都透露出典雅古朴之气。而各楼层的天桥过道上树立的名人雕像，又增添了一种庄严肃穆之美。学校精心营造的这种国学儒雅文化，把“爱我中华文化，扬我传统美德”的思想渗透到了每一位师生的心田。

二、读千古美文，做少年君子

我校是广东省“中国入世与国学教育”重点课题实验学校。这个课题引发我们一个思考：中国人凭着一张什么样的通行证才能进入国际舞台？在世界各种文化思潮的相互激荡与“西化”的挑战下，中国人如何才能不失掉自己的民族身份，而又成为世界大潮的弄潮人？在社会转型，科技飞速发展的时代，如何使我们培养的学生既保持中华民族的传统美德，而又具有现代文明人所必需的品质？我们的结论是：越是民族的，就越是世界的；要让我们的民族精神流淌在师生的血脉中。如何使民族精神成为学生喜闻乐见的形式并自觉接受？学校组织一批骨干教师并聘请有关专家编写出一本《少年君子》的校本教材，从浩如烟海的典籍中选取了千古流传的美德格言150条、经典生动的美德故事50篇、传诵不衰的美德诗词30首及历代相关名画60

幅，按照“仁爱、励志、节操、礼义、廉耻、诚信、孝悌、勤奋”八大内容组成单元，每单元按照“解读、格言、故事、点评、活动设计”的体例编写。该书设计新颖，图文并茂，使学生乐学、易诵、渐染。现在《少年君子》成为华富师生爱不释手的校本教材，被专家们喻为具有收藏价值的美德教育精品之作。

学校以《少年君子》为抓手，将它列入学校的校本课程，采用语文教师与班主任相结合的方式，开展“背格言、诵诗文、讲故事、做君子”的单元系列活动。例如初二（10）班学了“孝悌”单元后，举办了一次“报得三春晖”的主题班会，班会的主持人采取竞争上岗，看谁的活动方案设计实在新颖就让谁担任主持人。结果他们选定了为父母生日祝寿的方案。他们给每位学生的父母发出了一份热情洋溢的邀请信，让父母一起参加这个主题班会。班会在温馨的烛光下，在“祝你生日快乐”的悠扬歌声中，拉开帷幕。首先全班诵读“孝悌”格言、诗歌，接着表演有关古人孝道的课本剧，然后采取击鼓传花的方式，让学生说出自己父母的生日、生肖、爱好，并将自己精心制作的礼物送给父母。父母则要讲述自己孩子最有趣的事，有的父母还同孩子一起吹拉弹唱。最后是学生向父母献爱心，有讴歌父母的诗篇，有催人泪下的道歉，有让人捧腹的小品，有声情并茂的歌舞……一个个情真意切，让父母们饱尝了一顿孝心的回报。当主题班会接近尾声时，在悠扬的音乐声中，屏幕上又映出了一行耀眼的字“让父母开心，从小事做起”。接着主持人朗读了屏幕上的要求：

1. 岁岁“三八节”，年年“母亲节”，每当这些节日来临之前，你给妈妈写了点什么？又为妈妈做了些什么？——“饮水要思源，为人不忘本”。

2. 父母脸上的皱纹多了，白发也添了不少，和父母年轻时的照片比较简直是天壤之别，面对此情此景你该怎么想——“再还他们一个吻，愿其生活得欢心”。

3. 你坐在房里看书，母亲进来为你拖地，你无动于衷吗？你认为这是母亲应当做的？——“自己事情自己做，多为父母减负担”。

4. 放学了，你又冷又饿赶回家，多想饱餐一顿。但母亲的饭还没做好，此时你该怎么做？——“笑迎母亲先问好，关心父亲饥与劳”。

……

屏幕上一共列举了十件日常小事，主持人说：我们今天“报得三春晖”

的主题班会，仅仅是拉开了序幕，我们将在班上建立“孝敬父母”的档案，看谁为父母表达的孝心多；我们还将评选“孝心之星”，欢迎我们的父母参与评选。

主题班会在浓浓的情意中结束了，而向父母表达爱心的活动却悄然兴起。除了各班举行关于《少年君子》的主题班会外，学校还举行了大型的专题活动，如开展“言必信，行必果”系列活动，举办“诚信”讲座，举行“诚信”事迹报告会，开展“无人监考”班级活动，“吾日三省吾身”自省活动，争创“诚信班级”活动等等。通过这一系列活动，师生们明白了“诚信”是一切道德行为的基础，也是立业的根本，无诚则无德，无信则事难成。一个人如此，一个集体，一个国家也如此。在经济全球化的今天，“诚信”则是国际事务交往的通行证。全校通过“读千古美文，做少年君子”的活动，大大激发了师生的民族自豪感，那些爱国志士、先哲圣贤成为师生的楷模，一种“谦逊、礼让、诚信、笃学”的君子之风正在学校形成、弥漫。

三、启动“节文化”，弘扬传统美德

学校举办“国学教育节”活动，在“国学教育节”期间，举行“唐诗鉴赏”“《红楼梦》欣赏”等传统文化专题讲座，开展古诗词背诵比赛、诗词名言书画展、国学课题组创作的国学歌曲大联唱，还举办“吟诗诵贤文”大型晚会。各班将唐诗宋词、《三字经》、《弟子规》、《增广贤文》、《少年君子》等书的内容，或谱成曲子，或编成剧本，或绘成图画，或撰写成条幅，师生以各种形式同台表演，台上台下，你吟我唱，将古典的经文演绎成气势恢宏的民族精神的乐章，产生了强烈的感染教育作用。“国学教育节”活动成为华富中学一道靓丽的人文风景，现已举办了两届，每届活动都成为师生的一次精神大会餐。

2005 年“三八”妇女节期间，学校成功举办首届“现代淑女节”，主题是“读书的女孩最美丽”；2006 年“五四”青年节，学校给男同学也设立一个节日，为“君子节”，主题是“会健体的男生最帅气”。

首届“现代淑女节”宗旨：

秉承我校国学教育的传统，弘扬中华民族的传统美德，用我国古代淑女温良贤惠的品德及琴棋书画的文化涵养来陶冶学生的性灵，将现代女性的开放性与东方女性的古典美有机结合起来。同时，也借此活动，掀起一个读书热潮。

首届“现代淑女节”活动内容：

1. 举行现代淑女美德报告会。邀请深圳市作家协会主席、著名作家彭名燕女士作报告。

2. 创办《华富淑女报》。

3. 开展现代淑女读书月活动。（1）推荐一批书目供学生阅读；（2）举办读书征文写作比赛；（3）评选“十大书香淑女”。（向女生推荐的“女孩不可不读的20本书”是：《第二性》《写给女人》《红楼梦》《谁是最美的女人》《简·爱》《居里夫人传》《世界美术名作二十讲》《金锁记》《私奔万水千山》《女人的资本》《飘》《女人的身体，女人的智慧》《美学散步》《苏菲的世界》《安娜·卡列尼娜》《音乐气质》《人与永恒》《懒女孩的健康指南》《李清照诗词评注》）

4. 开展孝敬父母和好姊妹结对活动，并由此评选出“十大孝女”。该项活动由各班制订活动方案报政教处，形成班级与家长互动的活动形式。活动新颖，有特色，有声势。

5. 举办淑女青春期知识报告会。由学校专职心理教师陈芳主讲。

6. 举办现代淑女才艺展。才艺展内容：（1）琴棋书画竞赛；（2）礼仪时装表演；（3）手工作品展示；（4）演讲技艺展示；（5）体育特长展示；（6）最佳家庭才艺组合表演（父母女儿同台献艺，参与闭幕式演出）。

7. 成立“李清照诗社”和“金陵十二钗文学社”。

8. 评选“十佳现代淑女”。

9. 举行“现代淑女节”闭幕式庆典活动。

举办“君子节”，是对男同学在学习、生活、处事、成长、健身等各方面个人素养的一次培养与检阅。通过这一活动，让每一名同学学会学习、学会与人交往、学会健身以及学会与环境和谐相处的良好习惯，真正一个做坚毅、勇敢、有抱负、掌握一定健身技能的真正的男子汉。评选出华富中学十大校园男歌手、十大君子、十大爱心少年、十大才子。

活动中，我们向男生进行“君子（男生）必读的15部书推介”。这15部书是：

（1）《孙子兵法》；（2）《三国演义》；（3）《红楼梦》；（4）《曾国藩家书》；（5）《边城》；（6）《围城》；（7）《神雕侠侣》或《笑傲江湖》；（8）《美

的历程》；(9)《毛泽东传》；(10)《活着》；(11)《基督山伯爵》；(12)《老人与海》；(13)《钢铁是怎样炼成的》；(14)《哈姆莱特》；(15)《红与黑》。

最后才艺展示汇演时，全体男生齐颂《男子汉宣言》：

我是男子汉！

我是顶天立地、自强不息的男子汉。

我是活力四射、充满阳刚的男子汉。

男子汉，是对好男儿的最高褒奖，是好男儿不变的桂冠。

从今天起，我要做一个男子汉。

我要胆大勇敢。遇到困难从容面对，毫不退却。

我要刚毅顽强。遇事永不泄气、绝不冲动。

我有自尊心、荣誉感。把个人荣誉、集体荣誉看得比生命更重。

我有男子汉的气魄和胸襟。宽容、谦让，“得饶人处且饶人”，不跟女孩子斤斤计较。

我有男子汉的气质和风度。得体大方，朴实无华，而不刻意粉饰，矫揉造作。

……

好男儿乘长风破万里浪，好男儿像雄鹰搏击长空，好男儿力拔山气盖世，好男儿砥中流遏飞舟。

男儿志四方，男儿当自强，勇敢向前冲，万事我担当！

世界——我来了！

我们将传统文化精华带入现代学堂，在学生中倡导“做谦谦君子”“做现代淑女”，得到了学生们的积极响应，也赢得了家长和社会的好评。

四、倡导少年读经，吮吸国学精华

西方一位哲人说得好：“叫一个民族毁灭很容易，两代不读这个民族传统的书即可。”清代的思想先驱龚自珍也说：“亡国先亡其史。”一个民族的存在和发展是以民族的文化、民族的经典为基础的。一个民族没有了经典，就没有了文化，没有了历史，没有了根基，没有了灵魂，没有了常理常道，因而也就没有了未来与希望。不能不说，上个世纪以来，我国在中小学教育内容设置上，存在着两个明显的偏颇：一是西方文化的比重渐渐高于中国本土文化，二是科技知识的比重大大高于人文文化。其实质都是忽略传统文化教育。有人说当代中国的最大问题就是“亡文化”问题，中国当代的信仰危机、道德滑坡、腐败丛生等都是“亡文化”的直接结果。“亡文化”最致命的因素就是“亡经典”，“亡经典”则一切文化均没有了根基，没有了源头。一个民族不能从文化上回答“我们从哪里来”，就不知道“我们要到哪里去”。所以，我们现在最迫切的文化任务就是复兴经典，复兴经典的第一步就是少儿读经。有人说，“少儿读经是中国文化的储蓄银行”。中华文化最好的货币是经典，幼儿时把最好的货币存在他们心中，他们长大后一定受益无穷。如果我们不能把中国文化之根潜移默化地注入少儿心中，西方的“霸道文化”就会随电子游戏、枪战片乘虚而入。可以说，少儿读经是一项培养“中国心”的重要战略工程，也是抵御西方功利文化与暴力文化污染我国儿童心灵的伟大文化复兴事业。

今年，党中央印发了《国家“十一五”时期文化发展规划纲要》，明确指出中小学课程要融入传统文化内容，要重视中华优秀传统文化教育和传统经典技艺的传承。根据这一指示精神，我们将“少儿读经”教育纳入学校选修课程，并作为德育工作重要内容来抓。我们组织一批骨干教师编写《国学精粹读本》，从《论语》《孟子》《大学》《中庸》《三字经》《千字文》《弟子规》《增广贤文》《朱子治家格言》《菜根谭》等十部古代经典中，节选最精彩的句段，按“题解、原文、注释、译文”的体例，编印成册。该书十万余字，真可谓“经典精华尽在是，圣贤法言萃于此”。

我校初一、初二同学《国学精粹读本》人手一册。为此，我们在初一、初二两个年级每周开设一节“经典诵读”课，从《国学精粹读本》中再选取重点句段，讲一讲，读一读，背一背。我们希冀，在朗朗的诵读声中，弦歌再起，使“中国心”“民族魂”融注于我们的血脉之中。

五、开展国学课题研究，搭建德育工作平台

我校十分重视科研工作，国家级课题有3个，省级课题1个，市级课题5个，校级课题15个，在众多的课题研究中，学校把国学的研究放在重要位置，其中有两个课题取得了显著成效：一个是广东省的重点课题“中国入世与国学教育”，一个是联合国教科文组织的“环境、人口、可持续发展教育”即EPD教育项目。这两个课题已成为我校德育工作的两大支撑点，第一个课题研究的是中国在融入全球经济一体化时不要失掉了自己的民族身份，而

且只有弘扬我们的民族精神才能永立世界潮流；第二个课题是很前卫的环境保护与可持续发展问题，环境意识、环境道德、环境法律、环境价值观等已成为一个现代公民的基本素质。而这两个课题所涉及的正是学校德育的两个重要内容，一是弘扬和培育民族精神的教育，一是现代公民的基本素质教育。这两大教育使学校的德育工作既具体又充实，避免了德育工作的假大空现象，使素质教育落在了实处，有了抓手。因此，学校不遗余力抓好这两大课题的研究，为学校的德育工作乃至学校的全面发展提供有力支撑。关于“中国入世与国学教育”的课题，前面已做了较大篇幅的介绍，现不再赘述。联合国教科文组织的“环境、人口和可持续发展”的课题，我校把它演绎成“天地人和”的子课题，这是一个古老的命题，我们想从国学的角度来探讨我国古代环境的价值观、道德观、政治观、社会观、审美观等问题，让学生了解，即使联合国这样一个现代超级课题，在我们古老的东方文明中早已有之，而且是那样深邃。中国儒家提出的“天人合一”的观点，就是将“天之法则”转化为“人之准则”，顺应天理，方能国泰民安。中国道家提出的“道法自然”就是指人道必须顺应天道，即“顺天者昌，逆天者亡”之谓也。中国佛家提出的“佛性”为万物之本原，所谓“佛性”是指众生平等，万物皆有生存的权利。“不杀生”是佛教的一条清规戒律。可见，中国传统文化的内在精神与世界方兴未艾的环境文化惊人的吻合。中国传统文化从来追求人与自然的和谐，相信道法自然，追求天人合一，信奉众生平等。中国传统的哲学宗教，文学艺术、医学养生，棋艺茶道，无不展现着人与自然的亲和关系，无不表现着深刻睿智的生态文明，无不浸透着天地人和的和谐美感。

将世界课题国学化是我校的一个创举，我们不仅把它用来指导德育工作，而且我们还渗透到教学领域，丰富我们的教学内容。现在有一位老师正在着手研究“我国古代绿色诗文中的环保价值”，他已搜集了古代绿色诗文一百多篇（首），并将它们分为四大类，一是绿色诗文的环保理念，二是绿色诗文的审美情趣，三是绿色诗文的人生感悟，四是绿色诗文的哲学思考。不久，该项研究将以《古代绿色诗文赏析》结集出版。除了语文教学外，生物、地理、化学、历史、政治等学科也将环保内容渗透到课堂教学，并着手编写一本《环保系列小丛书》，分为“警钟长鸣篇”、“道德法制篇”、“人物故事篇”等，届时作为校本教材，列入选修课程。

深圳市华富中学开展国学教育，已成为学校思想道德建设、全面实施素质教育，促进学生全面发展的重要组成部分，极大地增强了学生对民族优秀文化的认同感和自信心，激发了学生强烈的民族感情和民族精神，培养和修炼了学生的传统美德，学校的道德风尚有了明显提高。

第三部分　让课改课题与教师成长进入同步轨道

——发挥科研杠杆的作用

1. 新课程改革，你准备好了吗?
2. 课程改革从校本教研抓起
3. 教育智慧：教师专业化成长的一种新境界
4. 倡导幸福教育，打造幸福课堂，创建幸福校园
5. 一个课题提升了学校整体办学水平
   ——整体构建学校德育体系深入研究与推广实验子课题工作总结

新课程改革，你准备好了吗？

内容提要：这次新课程改革是一次教育观念、教育行为的深刻革命。在教学上突出的变化是教师不再是课堂的主宰，学生不再是被动的知识接受者。要建立一种互动的师生管理，提倡“自主、合作、探究”式学习方式；教师角色、教学策略均发生了根本变化。在这次课程改革中，要更新一个观念，即“变教为学”；要强化一个意识，即“从德育里要质量；要突出两个重点，即“学会学习，学会思考”。新课改既是挑战，也是机遇，要争做新课改的弄潮人。

关键词：课程改革　角色转变　变教为学　学会思考

采用情况：在华富中学“教师论坛”上的发言。

一、课程改革的意义

这次新课程改革是一项关系到几亿人、几代人生命质量的宏大工程。这次课改不仅是编写几套新的教科书，它的更重大的意义还在于这是一次教育观念、教育思想、教育行为的一场深刻的革命。它关系到我们的教育质量，关系到师生校园生活的质量，关系到年轻一代拥有一个什么样的未来，关系到民族素质的提高，关系到综合国力的强弱。我们现在所进行的这场课程改革不过是顺应了世界潮流，西方及日本等先进国家早已大张旗鼓进行了这场革命。谁要想在知识经济时代立于不败之地，谁就得重视知识，而知识的关键在人才，人才的关键在教育，教育的关键在于用什么样的思想、观念、方法来培养现代化人才。

二、新课程改革在教学上最突出的变化是什么？

1. 课程不再只是特定知识的载体，课程不等于课本，活动也是课程，教师和学生都是课程的创造者，课程的主体。

2. 教师不再是主宰，强调建立一种互动的师生关系。互动就要交往，没有交往的教学是假教学，交往论承认教师与学生都是教学过程的主体，都是具有独立人格价值的人。所以师生关系是一种平等、理解、双向的人与人的关系。重建人道的、和谐的、民主的、平等的师生关系是本次课程改革的一项重要任务。

3. 学生不再是被动的接受者，提倡一种全新的“自主、合作、探究”式的学习方法。“自主”即主动地参与到学习的全过程；“合作”就是师生、生生相互切磋学问，砥砺思想；“探究”就是要善于质疑问难，善于搜集处理信息，善于分析解决问题。

三、教师如何适应新课程的变化

这一轮新课程改革将使我国中小学教师队伍发生一场历史性变化，这场变化主要反映在教师的教育观念、教育方式，教学行为的改变上。

教师角色将发生哪些改变？

- 由传授者转化为促进者
- 由管理者转化为引导者
- 由居高临下者转向“平等中的首席”

教师需要哪些新的工作方式？

- 教师之间将更加密切合作
- 要改善自己的知识结构
- 要学会开发利用课程资源

新的学习方式带来哪些挑战？

- 指导学生开展研究性，探究性学习
- 创设丰富的教学情境
- 注重学生的亲身体验
- 引导学生将知识转化为能力

教学策略将发生哪些变化？

· 由重知识传授向重学生发展转变
· 由重教师的“教”向重学生的“学”转变
· 由重结果向重过程转变
· 由统一规格教育向差异教育转变

四、课程改革引发的几点思考

（一）更新一个观念——变教为学

香港课程改革有一个新的理念——它的“新”就在是围绕着学来教，是以学为中心的教，是以学为核心构成的教育制度与课程体系。

现在我们的教学仍然是“灌”得多，教得多。我认为讲得越多，得的越少；言多必厌，言多必失。不思考，不动手，怎么能把知识的“身外之物”化为自己财富。有一位专家说：“我们有两只耳朵，一个舌头，其意义在使我们多听少讲。”我曾听过很多课，听过之后我常按照课前提示和课后练习要求搞点测试，结果让我大吃一惊，大多只有40％人及格。学生的宝贵光阴就在我们滔滔不绝的讲授中浪费掉了。教师唇焦口燥呼不得，学生昏昏欲睡少收获。《增广贤文》有两句话：“逢人只讲三分话，不可全抛一片心。”我认为，将这两句话改为“课堂只讲三分话，不可全抛一本经，”可用来作为我们教学的座右铭。

一堂好课不是看你讲得如何精彩，而是看你引导学生学得是否积极主动、生动。激发学生的参与意识是衡量一堂好课的重要标尺。

因此，我们的备课不能只备知识，更要备如何使学生获得知识的方法。我们要从单纯的知识内容的准备，转变为学生认知过程的条件、规律的准备，转变为教法、学法的准备。教法的本质是学法，“教”必有“学”，“教”是为“学”引路、架桥、导航，为“学”装上罗盘，配上加速器。“教之法”从本质上讲就是“学之法”。

我们要认真研究一下学法，看看学生在什么情况下学得最好。

· 当学生有兴趣时，他们学得最好；
· 当学生的身心处于最佳状态时，他们学得最好；
· 当学生遭遇到理智的挑战时，他们学得最好；
· 当学生发现知识的个人意义时，他们学得最好；

- 当学生能自由参与探索与创新时，他们学得最好；
- 当学生被鼓励和信任能做更重要的事情时，他们学得最好；
- 当学生能够学以致用时，他们学得最好；
- 当学生对教师充满信任和热爱时，他们学得最好。

因此，教师的教学采用以下策略，有利于增进教学效果。

- 帮助学生树立能够达成的目标
- 教学方式服务于学生的学习方式
- 密切联系学生的生活世界
- 激励学生完成富有挑战性任务
- 及时反馈，建造沟通的桥梁
- 不要限制学生思考的方向
- 帮助学生发现知识的个人意义
- 强调理解而非死记结论
- 引导学生创设融洽和谐的学习氛围
- 教师要勇于承担自己的缺点和错误

（二）强化一个意识——从德育里要质量

我们要跳出课堂思考课堂，跳出教学思考教学，跳出智力思考智力。我们不要只从智力的框框里挖掘智力，我们还要更多地从非智力因素中（如兴趣、习惯、毅力、专注力、吃苦精神等）开发智育的潜力，这个非智力因素其实就是我们的德育内容。造成学生成绩差异不在智力上，而在非智力因素上。95％的人智商是差不多的，拉大智力距离是肯不肯学、会不会学。成功＝目标＋毅力。

实践证明，凡是发展学生智力卓有成效的教学，并不是单纯在培养智力上有什么灵丹妙药，而是调动了学生整个精神力量的结果。赞可夫的研究表明："教学法一旦触及学生的情绪和意志的领域，触及学生的精神需要，这种教学方法就能发挥高度有效的作用。"

给学生多一点爱，多一点鼓励，多一点成功的机会，才是激发学生上进的灵丹妙药。

有人说，我们要给学生三种东西：知识、营养和爱。它们就像空气、阳光和水一样不可缺少。爱是学生的基本需要。"人除了生理需求和安全需求外，更有爱的需求，获得自尊的需求，获得爱和自尊，人才能达到自我实现”（马斯洛语），“尊重产生尊重，暴力产生暴力”（陶茨语）。因此，我们千万不能挫伤学生的自尊心，千万不要伤害学生的人格。

有一首《爱的箴言》可献给教师：

爱里没有忍耐，爱便肤浅；爱里没有宽容，爱便狭窄；

爱里没有尊重，爱便专制；爱里没有信赖，爱便短促；

爱里没有了解，爱便痛苦：爱里没有交流，爱便死亡。

多给学生一点鼓励，香港有一位叫刘兆英的校长说过一句很精彩的话：“赞美是所有声音中最甜的声音。”鼓励和奖励始终是让学生体验学习乐趣的重要基础。对人生的积极态度，不是来自对自己缺点弱点的认识，而是出于对自己优点的自负。人都喜欢听好话，都需要人赏识，赞美，重用。何况一个孩子，一个正在成长的学生！

（三）突出两个重点——学会学习，学会思考

1.《学习的革命》书中说：“学校应该教什么？在我们看来，最重要的应当是两个科目：学习怎样学习和学习怎样思考。”日本文部省对基础教育提出了四大目标：

①塑造思考的心灵；②强化基础知识；

③训练主动学习能力；④尊重本国的文化传统。

联合国教科文组织提出了教育的四大支柱：

①学会学习；②学会共处；③学会生存；④学会做事。

《学会生存》一书的作者提出：“未来的文盲不再是不识字的人而是没有学会学习的人”。

台湾课程改革的目标中也强调：

①提升生涯规划与终身学习的能力；

②激发主动探索与研究的精神；

③培养独立思考与解决问题的能力。

香港的教育目标的也强调从知识的灌输转为注重学生如何学习。鼓励学生“多思考、多发问、多沟通、多协作、多参与、多尝试、多体验”。

我不厌其烦地列举，意在表明“学会学习，学会思考”是世界教育的潮流，是各国教育界的共识。我国课程改革提出的“自主、合作、探究”的学

习方式也是这一思想的体现。

学习归根到底是自学，教师的职责不过一张“地图”；游览、欣赏、探索都要靠学生自己去完成。有了自学能力，就有了终身相伴的老师，也就获得了终身受益的甘露。

因此，培养自学的习惯，交给学习的方法，实在是我们教学中十分重要的任务，我们应认真去探讨。

2.“学会思考”更为重要，人与人之间的差别主要表现在思维能力上。在教学中老师以“导”为核心，学生则以“思”为核心。思维起于疑问，小疑则小进，大疑则大进。朱熹提出：“于无疑之处要有疑，有疑之处要无疑，方是进矣！”

竺可桢在浙大教书时，给提问的学生打分。

课堂上要善于“一石激起千层浪”“投石冲破井中天”，要“风乍起，吹皱一池春水”，不能“死水一潭”，“万马齐喑”，要让四十颗头脑碰撞，发出智慧的火花。

一堂精彩的课往往是由若干有价值的问题组成的，我们要根据课文的重点、难点、疑点精心设计问题，每篇课文设计的问题应体现文章的思路，教者的教路，学者的学路。每个问题要成为引导学生自学的指路标。

我们要“启发学生质疑问难，引导学生寻根问底，要求学生举一反三，鼓励学生标新立异”。

新的课程改革既带来了挑战，也带来了机遇。在新的课改面前，所有学校、所有教师都在同一起跑线上。谁先起步，谁下大力气，谁就成为新课程的弄潮人、排头兵，谁就在办学上创造一个新亮点，形成一个新特色。

课程改革从校本教研抓起

内容提要：开展校本教研要以教师为研究主体，以新课程实施过程中出现的问题为研究对象。要以课题促课改，以课题促教研，通过案例研究、校际合作、教师论坛等形式，搭建教育科研舞台，给教师充分施展拳脚的机会，让每一个教师在开展校本研究中实现自己的人生价值。

关键词：课程改革　校本教研　课题研究

发表情况：此文刊载于《深圳教学研究》2006 年第 3 期。

一、开展校本教研的主导思想

1. 学校的发展最根本的是教师的发展。

我校的办学理念是“人文见长，人格健全，和谐发展”。“以人为本”就是以教师的发展为本，一切为了老师的发展，一切适应教师的发展，一切促进教师的发展，开展以校本教研要以教师作为研究主体，以新课程实施过程中随时出现的问题为研究对象，重点研究和解决教学实际问题。总结和提升教学，努力将学校建立成为学习组织。只有提高教师的学习能力，才能增强学校的竞争力，只有增强教师的创造力，才能提高学校的发展力。教师是学校第一个最可宝贵的因素，一个有头脑、有思想的校长，都是把提高教师，实现教师的人生价值作为学校的头等大事来抓的。我提出了一个口号是：“让每一个教师在开展校本研究中实现自己的人生价值。”

2. 教师的发展是在教育、教学、教研中带着问题去探究，去实验，去碰撞，才能获得真正有效的发展。只有当教师成为教育教学的有心人并希望有所建树时，教师的发展才有了源源不绝的内在驱动力。所以激发教师的上进心，成功感，给他们树目标、加担子，是促进教师发展的关键。

3. 教师发展的最好舞台是课改＋课题。当前进行的新一轮课程改革为教师的发展提供了一个极好的机遇，使重点学校与非重点学校的老师都站在同一起跑线上，谁早起步，谁就早主动。在新一轮课程改革中确定自己研究探讨的课题，将会赢得更大的发展空间。在课改中发现课题，在课题研究中促进课改，这是我校一条行之有效的办法。

4. 以课题为中心是校本教研最具活力的组织形式，也是校本教研上档次、出成果、出人才的最佳载体。有了课题就有了目标，有了主攻的方向，有了责任心，有了成就感。因此，抓好课题研究是提升校本教研质量，打造名师队伍，提高学校品牌的重要举措。

二、课改＋课题——校本教研起飞的双翼

课改和课题是推进素质教育的切实载体，是促进教师专业成长的最佳途径，是激活教学生命的原创力量，是造就名师队伍的最好熔炉，是提高教育教学质量的快速通道，是校本教研起飞的双翼。

1. 成立课程改革领导小组，将课改作为学校大事来抓。

我们成立一个强有力的课改领导小组。并不惜代价聘请了一位在全国有影响的特级教师作课改顾问，并且形成了三马一驾的课改领导格局（三马即教科室、教务处、政教处；一驾即校长亲自驾驭统筹），使得三个轮子在课改的轨道上和谐运转。

2. 开展“洗脑工程”，更新观念，迎接挑战。

（1）学校不惜工本，耗资一万多元为每位教师购买了课程改革有关方面资料：《课程理念的更新》、《基础教育课程改革纲要（试行）》、《解读〈教学革命〉》、各科《课程标准》，作为洗脑工程的必读之书。以此了解熟悉课程改革的要求，并要求写心得体会，在大会上交流。

（2）学校以新的课程改革为契机，派出了大量的教师参与培训。

（3）请校内外专家作报告。

深圳市教育局副局长唐海海到我校做了《如何适应新课程的变化》报告。他认为这一轮新课程改革将使我国中小学教师队伍发生一场历史性变化，这场变化主要反映在教师在教育观念、教育方式，教育行为的改变上。

深圳市教育局语文教研员程少堂做了《一种新的语文教学审美态度——玩教材》报告。

语文特级教师黄希圣老师做了《由新课程改革引发的几点思考》的报告。

高级教师蓝霜祥做了《走进新课堂：走进学生的心灵》的报告。

3. 以课题促课改，以课题促教研。

我校以课改为载体，开展课题科研。以课题促课改，以课题促教研。强调要在课堂三分地里种好试验田，结出丰硕果实；在教育科研上我们采取了上挂横联下辐射的做法。所谓上挂，就是我们的教育科研课题要挂靠在大专院校一科研院所，使我们的课题有强有力的理论支撑，我们有两大课题属全国“十五”重点课题的子课题。一是《中学生人文素质教育研究》的隶属上海教育学院著名教授徐承博主持的“学校课程改革的实践研究”；二是《构建“以人为本”的民主型班级管理模式的研究》隶属中央教科所的重点课题，由全国著名德育专家詹万生教授主持的“整体构建学校德育体系的研究”。我们还成立了一个强有力的专家指导组，由北京、上海、武汉、深圳的资深专家组成，一方面定期请他们来校做报告，指导教育科研，另一方面又经常参加这些专家主持的全国课题会议，这就为我们提供了更广阔的学习空间和展示自己成果的机会。让中学的教育科研与大专院所专家联姻，不仅提高了我们的科研的含金量，而且大大更新了我们的观念，开拓了我们的视野，广博了我们的见闻。所谓横联，就是走出校门，与深圳市兄弟学校横向联合，开展课题科研。如为了推进语文课程改革，在我校大力倡导下，成立了深圳市六校语文课改合作体研究体，即罗湖外国语学校、福景外国语学校、深南中学、莲花中学、南山荔香中学及华富中学。六校合作体本着“肝胆相照，荣辱与共，资源共享，共同发展”的宗旨，采取轮流坐庄的方式，每月举行一次研讨活动，每次活动采取听课、评课、交流和学术讲座的方式进行，使合作体的老师得到了广泛的学习机会和展示才干的机会，同时也为各校提供一个总结推广学校成果的机会。我校倡导并领衔主持了六校合作体，受到了深圳市有关专家的高度赞扬，认为我们的这一做法是深圳市教育科研的一个创举，是一个很有创意的教育沙龙。所谓辐射，就是把上挂的经验、横联的成果辐射到学校的每一个课题。我校共有课题16个之多，全校2/3以上的老师都参与了课题研究。

4. 处理好课题与教学与德育之间关系，使课题真正为提高教育教学质量服务，决不搞成两张皮，一道墙，要使之水乳交融，浑然一体。为此，学校针对不同年级特点，重点设计了三个子课题。一年级紧密结合新的课程改革，确定以“自主、合作、探究性学习策略研究”为主攻方向；二年级则根据学生容易两极分化的特点开展“主型班级管理”和“特别关爱工程”的课题研究，这个课题已纳入中央教科所整体构建学校德育工作的重点课题；三年级则开展分层教学的研究，教学目标分层，教学内容分层，作业考试分层，成绩评估分层。总之，将教育科研与教学工作，德育工作有机结合，使教育科研从高处落到了实处，从而具有了鲜活的生命力。

三、搭建教育科研的大舞台，给教师充分施展拳脚的机会

1. 成立专家指导组。这些专家由中央教科所德育研究室、上海静安区教育学院、华中师范大学、华南师范大学及深圳市教育科研的资深教授专家组成。

2. 举办新课程开放月研讨活动。我校开展了课堂教学探究课活动。活动指导思想是通过探究，寻求在新课标、新教学思想指导下上如何上好一堂课，探讨课改中共同感到不好处理的问题。如学生主体地位如何放而不乱，老师的主导作用如何既导而又不越位。从而启发全体教师课改积极性，促进课程改革向深层次发展；活动分为三个阶段进行。第一阶段为备课组研讨。在备课组中，每位教师讲授一节课，课后全组研讨，互评、互相取长补短，各备课组对展示的课进行全组研究，提出最佳教学设计和授课方案，经主讲教师试讲后方可定案。第二阶段为全校展示。由各备课组推荐出的教师主讲，全校教师进行听课，并邀请区属兄弟学校教师参加。第三阶段还请市区专家点评。市教研员以及其他学科专家对主讲教师展示课进行重点点评，得出推广之经验并摒弃之缺憾。

通过本次教学活动，达到以下几个效果：一是大大激发了老师参与课改和教研积极性。本次活动，参与面广，所有学科都有展示课备课组人人讲评，多次试讲、修改教案和课件。二是授课质量高。语文组张小娴教师的展示课被市语文教研员评价为“不比重点学校教师课差，不比市级公开课差，不比名师课差”。马玉玲老师的课也受到区教研员陶印宝好评。总之，各位教师授课各有特色，取得较好效果。所有展示课的共同特点是：课堂活动多，一改传统的灌输式教学模式；学生兴趣大，积极参与，积极思维，体现

了以学生为主体，以学生发展为本的新教学思想：教学过程优化，普遍采取了活动、表演、多媒体、讲解等教学手段，各教学手段相辅相成，组合合理有效，优化了课堂结构。三是本次活动影响深远。本次教学活动除本校教师广泛参加外，还有区、市教研员、“六校合作体”成员学校及区属兄弟学校教师近300多人参加。对我校教师的教学水平予以较高评价。

3. 开展案例研究。

案例研究是对课题中某个专项问题的探讨研究，它是课题研究的具体化，但又不像课题那样作全面系统的探讨，案例又有别于论文形式，它是教学经历体验与感受的一种表达方式，老师写起来易于把握。所以我们把案例研究与案例写作，当作课改与课题的突破口，当作校本教研的一种重要形式和成果的检验依据。

案例研究的基本做法，一是培植典型孵化案例，进行全校推广；二是提供范例，宣传案例写作要求，进行写作；三是评选优秀案例，大会上交流，结集出版。

4. 开展校际合作。

在我校大力倡导下，成立了深圳市六校语文课改合作体研究体。合作体研讨活动每月举行一次，采取轮流坐庄的形式，一个月由一所学校做东道主，负责本次活动的组织工作。每次活动确定一个研究中心，以“听课、评课、交流、讲座”等为主要活动方式，各校可发挥各自的独创性开展活动，尽可能使其新颖、活泼、实用。校际合作研讨会每年举行一次规模较大、规格较高的年会，展示合作研究的成果，表彰涌现出来的先进。

这个合作体一成立，便显示了强大的生命，为课程改革的深入开展提供了一种卓有成效研讨的形式，每月六校开展的研讨活动成了各校盛大节日，都争相办出特色、办出水平。

5. 举办“教师论坛”。

每月全校举行一次教师报告会。由教科室组织，在课程改革上取得一定成效的教师主讲。活动的宗旨是：“让课程改革的乐章在这里唱响，让汗水与智慧的结晶在这里闪光，让理论与实践的结合在这里升华，让人生理想的阶梯在这里攀升，让华富的名师队伍在这里结集，让南国的教改之风在这里吹拂。”这种报告会的形式，给教师们在校内提供了一个展示才华，展示课改成果的好机会。报告会成了教师最向往的舞台，也成了教师最乐于分享的精神会餐。

四、对校本教研的几点思考

1. 开展校本教研要以促进每个学生的发展为宗旨，以教师作为研究的主体，以新课程中随时出现的问题为研究对象，重点研究和解决教学实际问题，总结和提升教学经验，努力将学校建立成为学习组织。

2. 开展校本教研要倡导“教师人人都是研究者”，“问题即课题，教学即教研，成长即成果”。大胆实践，深刻反思，形成校本教研网。

3. 校本教研是一种学习、工作和研究三位一体的学校活动和教师行为；校本教研不是一种具体研究方法，而是一种研究的取向；校本研究是促进教师专业成长的最佳途径，是一种经验的理论提升过程，是打造名师队伍的最好途径，是学校可持续发展的动力。

4. 校本教研要交流互助，要通过活动带动校本教研，使校本教研有声有色，使校本教研向深层次迈进。

5. 新的课程改革既带来了挑战．也带来了机遇，在新的课改面前，所有学校、所有教师在同一起跑线上，谁先起步，谁下大力气，谁就成为新课改的排头兵、弄潮人，谁就在办学上创造一个新起点，开创一个新局面。

教育智慧：教师专业化成长的一种新境界

内容提要： 教育智慧来源于对学生的尊重，来源于教师自身积极的心态，来源于教师自身的改变，来源于教师的专业实践。开发和培养教育智慧，对教师的专业化成长是一个提升，对学校的发展是一个跨越。在校本教研中，通过探讨问题、切磋碰撞、反思升华，来发展教育智慧。

关键词： 教育智慧 校本教研 专业成长

发表情况： 此文刊载于《特区教育》2008 年第 4 期。获区第一届校长论坛一等奖。

参加上海校长培训班学习，收获颇丰，让我耳目一新，触动最大的是有关教育智慧的内容。过去把教育智慧看得过于神秘，仿佛雾中花、水中月、五彩云，可望而不可及。通过学习，让我明白，教育智慧并非高不可攀，其实它就存在于我们的教育教学实践中，就在我们的身边和我们的心中。教育智慧来源于对学生的尊重，来源于教师自身积极的心态，来源于教师自身的改变，来源于教师的专业实践。开发和培养教育智慧，对教师的专业化成长是一个提升，对学校的发展也将是一个跨越。作为一个有理想的教师，应该使自己拥有更多的教育智慧，使自己成为研究型、专家型的教师；作为一所有追求的学校，应该开发、提炼出更多的学校群体教育智慧，使学校更有特色，更有魅力。因此，培植教师的个体教育智慧和学校的群体教育智慧，应成为学校孜孜以求的一个办学目标。

一、对教育智慧的粗浅解读

1. 教育智慧的内涵

所谓教育智慧，正如叶澜教授在《教师角色与教师发展新探》一书中所说："教育智慧归结为解决教育教学中的新情况、新问题的能力，转化教育矛盾和冲突的教育机制，及时选择、调节教育行为的魅力，促进学生积极发展和创造的魅力等几个方面。"我认为，教育智慧是教师良好的教学行为体现的一种品质，是教师具有的教育理念、教育意识、教学能力、教学艺术等方面的整合统一，是教师专业化成长的一种新境界。有人说，智慧的最高境界是爱，教育的艺术在很大程度上就是爱的艺术。有人说，我们要给学生三种东西：知识、营养和爱。它们就像空气、阳光和水一样不可缺少。爱是学生的基本需要。"人除了生理需求和安全需求外，更有爱的需求和自尊的需求，获得爱和自尊，人才能达到自我实现。"（马斯洛语）教师的职业就是一种给予爱和享受爱的职业。从爱中获得教育智慧，这是对教育智慧最简洁、最深刻的解读。"因为德性与智慧是不可分的，只有认知智慧与道德智慧在实践中达到统一，才可能产生教育智慧。"

2. 教育智慧的结构成分

从教师专业化的最根本构成来说，是体验教师职业专业化的智慧，也就是常说的教育智慧与教学智慧。教育智慧与教学智慧是教师个人的理论智慧与实践智慧的统一，是在主体体验中成长的智慧。教师的职业专业化主要涉及经验和科学的层次之上，应当还有人性化、人本化、文化化的理想境界。因此，教师职业化、专业化就有了经验、科学、文化的三种结构成分。

体验经验与智慧，它是一种职业智慧而非专业智慧。它可以生成个人的实践智慧和某种个人的理论智慧，而这种理论智慧还只是处于一种萌芽的教育观念和教育思想，它还不能有效的创造出个人理论智慧中介。可以说，我们相当比例的教师依然在凭经验工作，即使在那些创造了骄人的教育和教学业绩的教师们中间，多数人也还是凭着经验智慧。

体验科学智慧，即教育科学纳入教师个人理论与实践成长起来的智慧。职业专业化成长包括基础知识和基本技能两个层次，基础知识是包括心理学在内的一个教育科学知识体系，而基本技能则是包括教育和教学基本功及技艺在内的一个操作训练体系。这两个体系构成了教师职业专业的基础。而体验科学智慧就是以此为基础，在价值取向上实现由外向内的转换，在方法论上实现由认识向体验的转换，这样，教育和教学中就会创造某种智慧境界了。

体验文化智慧，这是教师职业专业化在科学层次之上的智慧。它大致体现以下几个特征：其一它必以科学智慧为基础，而后超越这个基础；其二是文化化和人本化，它关注的是人的尊严体验，也体验人的尊严；其三是充分自由的个性化、独特风格化，是一种创造的境界，理智情感的境界；其四是质朴而无华，有返璞归真，回归自然的韵味。

3. 教育智慧的特征

一是独特性。独特个体性是教师智慧的首要表征。教育智慧是教师个人在教学过程中逐渐生成的，是某个人不断经过实践经验的积累与重组的结果；是教师基本专业的需要，通过发现、修正和内化的过程所建构的。所以，教育智慧个体在日常教学中通过体验、感悟、思考和实践等方式逐步生成的，是受教师个体的思维、个性、知识储备、自我形象、职业动机，以及所处的教育环境影响的结果。

二是情感性。教育的智慧性是一种以儿童为指向的多方面、复杂的关心品质，对教育的责任感与情感是使教育智慧充满真善美的重要条件。规律是求真的结果，价值是求善的追求，教育智慧就是一种求真、求善、求美的体验。

三是生成性。教育智慧可以说是一种行为艺术的结晶，离开了教育教学活动的亲历亲为，是很难产生教育智慧的。教育智慧来源于教育教学的实践，因此，上好每一堂课是我们永恒的追求，给每一个学生一份同样真诚的爱，是我们义不容辞的责任。教育智慧不仅生成于教育教学实践，同时它还生成于我们的职业道德。“德性与智慧是不可分的，智慧的最高境界是爱”，因此，职业道德成为教育智慧生成的深厚沃土。

二、开拓教育智慧的重矿源

教育智慧并不神秘，它植根于我们的教育教学实践，植根于我们的职业道德。每一位教师都会产生自己的教育智慧，只是我们给它蒙上了一层神秘的面纱，对它望而却步，未曾主动去开发埋藏于我们身边和心灵深处的这座富矿。一旦我们明确了这座富矿的所在地，并成为一个自觉的开拓者，教育智慧的闸门就会向我们打开，喷射出令人目眩的智慧光华。

教育智慧的重矿源在哪儿？

教育智慧来源于教师的专业实践，实践出真知说的就是这个道理，这一点显而易见，毋庸作过多的阐释。教育智慧还来源于教师自身积极的心志，心态不同，对待工作的态度、情感就不同。心态取决于价值取向。对教师这个职业，有人把它分为四种心态：一是把教育当作谋生的手段；二是把教育看作出于责任的活动；三是把教育当作一种职业良心；四是把教育当作一种幸福的体验。前两者为“他律”取向，后两者为“自律”取向。教师的最高境界是把教育当作幸福的活动，而幸福才是主体的内在体验。只有与人的内心体验相联系的活动才具有坚实的基础与永恒的活力。一个充满幸福感的人，才会在自己的工作中激发出创造的热情，释放自己的智慧与力量。每位教师就要有想过一种幸福完整的教育生活追求，所以，教师的职业心态也是产生教育智慧的一个源泉。对这一点也好理解，我也不想多费笔墨。我想着重阐述的是，教育智慧还有一个更广阔、更深厚的源泉，那就是来自教师对学生的尊重，对学生的爱。我们一谈到智慧往往只想到认知智慧，其实还有一种道德智慧，尊重与爱就属于道德智慧的范畴。而教师的职业正是一种给予爱和享受爱的职业。有一位教育家说得好：“教师的爱是滴滴甘露，即使枯萎的心灵也能苏醒；教师的爱是融融春风，即使冰冻了的感情也会消融。”可见教师对学生的爱与尊重具有何等的力量，它不仅关系到学生道德品质的成长，同时它也关系到学生认知智慧的培养。而且在新课程改革领域，它也具有举足轻重的地位。例如新课改强调“一切以学生的发展为本”，在实践中我们如何关注学生的个体差异，特别是如何使那些双差生也得到发展？新课标倡导自主学习，我们如何去转变学生的学习方式，培养学生自主学习的习惯与能力？在课堂教学上，新课标主张创设一种师生互动、和谐生动的学习氛围，我们如何在课堂上真正树立起学生的主体地位？等等这一切，都离不开教师对学生的爱与尊重。因此，开发这一领域，我们可以收获无穷无尽的教育智慧宝藏。

下面我想着重从课程改革的角度来谈谈这个问题。新课程改革的一个重要理念，就是一切以学生的发展为本，保障每个学生充分的、自由的、多元的、和谐的发展，要做到这一点，其核心就要尊重、关心、理解和信任每一个受教育者。学生作为发展的人，他们不是知识的容器、不是分数的奴隶，不是被主宰的羔羊。他们应该成为学习主体、思维主体、设计主体和活动主体。这就是“以生为本”的教育思想体现。“以生为本”的教育需要的是教“活生生”的人，把人教“活”，让他们在自我感受，自我调适、自我感悟、自我实现中获得成功的喜悦。

新课程改革在教学上最突出的变化就是强调建立一种平等互动的师生关系，教师不再是主宰，教师角色由传授者转化为促进者，由管理者转化为引导者，由居高临下者转向“平等中的首席”。教师和学生都是具有独立人格的人。师生关系是一种平等、理解、双向的人与人的关系。重建人道的、和谐的、民主的、平等的师生关系是新课程改革的一项重要任务。

学生也不再是被动的接受者，提倡一种全新的“自主、合作、探究”式的学习方法。“自主”即主动地参与到学习的全过程；“合作”就是师生、生生相互切磋学问、砥砺思想；“探究”就是要善于质疑问难，善于搜集处理信息，善于分析解决问题。

新课改的核心思想就是“以生为本”的发展理念，“以生为本”的前提就是尊重学生、热爱学生。而尊重与爱则是教育智慧不竭的源泉。教育家洛克说得好：“儿童一旦懂得尊重与羞辱的意义之后，尊重与羞辱对于他们的心理便是最有力量的一种刺激。”“尊重产生尊重，暴力产生暴力。”“教育成功的秘密在于尊重。”

这些至理名言应成为我们工作的座右铭。我们的课堂之所以缺乏教育智慧，一个重要的原因就是我们对学生缺乏尊重，缺乏信任，即使在课堂上不敢再唱独角戏了，但也是放手不放心，有时尽管也有些双边活动，但总是离不开自己的教案设计，学生的活动也只能在教师的安排下进行，逃不脱如来佛手心，真正的“自主、合作、探究”少，学生还没有真正地成为学习的主体，思维的主体，活动设计的主体。当教师还没有真正地尊重学生，把学生推到主体地位的时候，课堂教学也就只能在传统的框架里修修补补，贴上一些时新的标签，旧瓶装新酒罢了。这样的教育与教学是很难产生智慧的火花的。

这个学期，我带了一门思品课。作为新课标的有心实践者，我把尊重学生，建立一种平等互信、和谐互动的师生关系，作为我教学的一条基本原则，而且我还在教工大会上向老师们提出在尊重、理解学生的基础上，还要有“以生为师”的胸怀，与老师们共勉。在这种思想指导下，使我在课堂上获得了许多意外的惊喜。有一次为了赶教学进度，我讲的时间多了一些，只见有个学生在座位上摇来晃去，一脸的不高兴。我走到他跟前时，发现他在笔记本上写了两个大大的“郁闷”二字，这下引起了我的警觉，我没有批评他，而是亲切地询问他：“有什么不高兴的事，能给我说说？”由于我平时同学生没有距离，他便毫不掩饰地对我说：“校长，你讲这么多没有必要，听起来挺烦的!”“那你说，该怎么讲，该怎么学好?”我又诚恳地征询他的意见。这下他可来劲了，说：“干脆将这课列成几个问题，交给小组讨论解决，然后全班交流。”他的这一提议，让我眼睛一亮，我于是把他的想法告诉全班同学，并让他们对这一意见进行表决，居然全班赞成。我又趁热打铁，要求同学们议出几个问题，然后一组一个问题进行讨论，最后全班交流。按照这种方法学习，大家目标明确，情绪热烈，使一堂“郁闷”的课变成了一堂自主生动学习的课。这一节课让我体会到，了解学生的学习情绪，尊重学生的学习愿望，服务于学生的学习方式，才会形成生动的课堂局面，产生高效的学习效果，这节课不是教育智慧的生动体现吗？再有一次，我在班上布置作业，有意识地说了一句：“有兴趣的同学，什么时候完成了就什么时候交给我。”过了两天，有2/3的学生交来了作业，还有1/3的学生断断续续交了上来，有的最后拖了一个月才完成。我对这次交作业的情况进行了分析，发现按时交作业的2/3的学生，在班上都是成绩较好的学生，而那些拖延时间最长的学生成绩都比较差。这一现象引起了我的深思，这些同学的成绩之所以不好，一个重要的原因就是他们没有养成良好的学习习惯敷衍塞责，马马虎虎，拖拖拉拉，得过且过，久而久之，成绩就垮下来了。可见打倒自己的不是别人，而是自己形成的一些坏习惯。难怪英国哲学家培根说：“习惯是一种顽强而巨大的力量，它可以主宰人的一生，因此，人从幼年起就应该通过教育培养一种良好的习惯。”还有人说：“播种行为，可以收获习惯；播种习惯，可以收获性格；播种性格，可以收获命运。”由此，我认识到，对待这些成绩较差的同学，得从最基础的学习习惯、学习品质抓起。我同该班的班主任交流了这一想法，并召集该班的各科员老师一齐会诊，商量提高这一部分差生的策略。第一，确定了几项最关键的学习习惯：上课必须做笔记，以督促听讲；作业必须按时完成，以检查学习效果；做错了的题目必须改正，以不留知识的后患；一个单元结束，必须保证一定复习时间，以巩固所学知识。对这四条，所有老师必须齐抓共管，形成合力。第二，确定了每个老师分管包干对象，一般分管2～3名学生，后来我们把它称为分管导师。第三，确定了分管对象的考核评价办法，如一月一次的汇报交流会，期中、期末成绩分析表彰会等。这些措施的实施，对这些后进生良好习惯的形成，成绩的提高确实起到了立竿见影的作用。

后来，我将这个班级的做法与经验在行政会上进行了认真的总结分析，并结合江苏省洋思中学转变后进生的经验，形成了我们华富中学关爱后进生的一些进本做法，其要点有：

1. 学校提出："转变一个后进生比培养一个优等生更光荣。"转变后进生的关键是"爱心＋尊重"。

2. 学校特别强调尊重以下六种学生：（1）尊重智力发展迟缓的学生；（2）尊重学业成绩不良的学生；（3）尊重性格特异的学生；（4）尊重有过错的学生；（5）尊重有严重缺点和缺陷的学生；（6）尊重和自己意见不一致的学生。对上述学生学校实施了"特别关爱工程"。

3. 学校专门建立了"导师帮教制度"，并纳入到教师的评优晋级的考评。

4. 不放弃一个差生，从最后一名学生抓起。各班均制定了最后十名学生的帮教计划与措施。学校也制订了对各班前十名和后十名的提高率、班级均分的评估考核办法。

5. 在教学上提出了"抓基础、强训练、重巩固"的原则，课堂上则采取"先学后教，当堂训练"的办法，通过强化训练，实行"日日清、周周清、月月清"。

以上措施的实施，使我校由一所生源基础较差的三类学校，一跃成为全省的一级学校和国家级绿色学校。学校的教学质量有了显著提高，2007 年中考，有一名学生成为福田区的中考状元，均分也超了市均分 20 多分等。

这就是我校在尊重学生，关爱学生上所形成的一种群体教育智慧。

三、在校本教研中，发展教育智慧

教育智慧与校本教研是一种什么关系？

我们先看看教育智慧的内涵吧。教育智慧就是解决教育教学中的新情况、新问题的一种能力，是教师教学行为表现出来的一种良好品质，是促进学生积极发展和教师专业化成长的一种魅力。而这些内涵正是校本教研中要解决的内容。

校本教研是以解决课程实施中的具体问题为对象，以教师为研究的主体，以促进学生的发展和教师专业化成长为目的的一种教研制度。能够被称为校本教研的，得具备以下内涵：

第一，其研究对象或研究课题应该主要来自新课程教育教学实际中所面临的突出问题，从文献资料寻找出来的问题和从校外专业研究者引进来的问题都不能称之为校本教研。

第二，其研究的主体应该是学校中的教师，如果研究是校外专业研究者进行的，学校教师只是扮演“配角”，也不是校本教研。

第三，研究的结果应直接用于学校新课程教育教学实践的改进，以促进学生、教师和学校的发展。

教师个人、教师集体、专业研究人员是校本教研的三个核心要素，他们构成研究的三位一体的关系。教师个人的自我反思，教师集体的同伴互助，专业人员的专业引领是开展校本教研和促进教师专业成长的三种基本力量。校本教研是一种开放的制度框架，它要求全体教师都参加，成为教学研究的主体；校本教研为我们营造了一个学习型的学校文化氛围，通过教师集体的同伴互助切磋，来提高教师的素养；校本教研也为教师构建了一个专业发展的自我反思平台，从而不断更新教育观念，改善教学行为，提升教学水平。

无论从校本教研的内涵看，还是从校本教研的特点来看，它都是发展教育智慧的最好温床。

在校本教研中，如何去发展教育智慧呢?

1. 教育智慧来自对问题的探讨

校本教研的核心价值就是它必须是本校课改中所面临的突出问题，通过发现问题、研究问题、解决问题来促进学生，教师和学校的发展。有了问题才能进行研究，有了问题才能促进思考，有了问题才有了针对性和指导性，有了问题也才有了创新的方向。问题是产生智慧的导火索，是发展创新的起点。所以开展对教育教学实践中的问题探讨，就显得十分重要。

在新课程改革中我们对大家感到疑惑不解的一些问题进行了探讨，其突出问题有：

(1) 自主学习是否就是自己学习？学生争先恐后发言，小组讨论热热闹闹，这样的课是否就是体现了自主学习精神？这个问题曾一度使我们很难把握，后来通过多次的探讨、争论，我们初步认识到，自主学习不等于自己学习，主体参与也不等于学生都发言，都活动。自主学习不能停留在表面的活跃，而应该从深层次上激发学生思维，让学生的思维处于活跃状态。主动参与的关键是在思维的参与。

(2) 强调学生的自主权，教师在课堂上应不应该有控制权与支配权？应不应该有自己设定的教学思路与步骤？学生的自主权地位与老师的主导地位二者怎样才算是有机的结合？这个问题更让老师拿捏不准。而且争论分歧很大。后来我们通过好多课例的探讨，形成了一个趋向型的认识：一是教学必须有目标、有思路、有步骤，否则就是放羊。有老师打了个形象比喻：教师手中应有一根牧羊的鞭子，一根牧马的竹竿，而不是羊圈，不是缰绳。二是教师的主导作用在于善于设疑，激疑、解疑，善于察言观色，相机行事，操纵控制局面，驾驭课堂。既放手让学生动起来，活起来，又能让学生静下来，沉下去。

(3) 新课改倡导“自主、合作、探究”的学习方式，是否每堂课都要有这三种形式，使之成为课堂教学三部曲的一种形式化的模式？曾有一度我们把它作为课堂评价的一个标准。后来我们发现探究性的学习，它不是一堂课所能完成的。它比较适合综合实践活动，培养学生搜集信息、整理信息，筛选信息的能力，形成小论文、小报告、小实验的写作表达能力。如果硬性要求每堂课都按照三部曲进行，就变成一种形式主义，又回到了过去的一种固定模式上去了。

除了这样一些普遍性的问题，我们还在教师中开展了问题课题的研究，我们称之为项目课题研究。我们的问题课题研究来自于学科中的实际，一人一个，或三五人一个，基本上人人参与，它是一种短、频、快的课题，从开题到结题，一个学期为限。结题时我们都要评选一批优秀的问题课题，结集成册，这对于激发老师的教育智慧起到了催生作用。

2. 教育智慧在同伴切磋碰撞中引爆火花

校本教研必须是教师集体的研究，唯有教师集体参与的研究，才能形成一种研究的氛围，一种研究的文化，一种共同生活的方式。这样的研究才能真正提升学校的教育能力和解决问题的能力。加强教师之间以及在课程实施等教学行动上的专业切磋，协调合作，形成一个民主的，开放的讨论领域，开展专业争论。在一个教师群体中，能够有不同的思想，观念、教学模式、教学方法的交流与冲突，是非常宝贵的，也是非常重要的。智慧的火花，闪光的思想，往往是在交流、争论、碰撞中闪现的。可以说，教师集体的同伴合作与交流，是校本研究的标志与灵魂。

交流与切磋需要一定的形式与氛围，为了形成一种争鸣的风气，我们采用了几种有效的活动方式。

其一是“一课多教”。同一篇课文，由几个老师分别执教，由于各人对教材的理解不同，所采用的教学方法不同，运用的教学手段不同，往往异彩各呈，优劣迥异。对这种课我们采用执教者说课，听课者评课，公说公理，婆说婆由，往往意见相左，各执一端，甚至脸红脖子粗。正是这种各抒己见的争论，开拓了思路，激发了思考，增长了见识，深为教师所钟爱。

其二是创办“教育沙龙”。“沙龙”是由志同道合的同仁组成的一个集体，以读书、研讨、课例等为主要活动方式，本着“自由切磋、相互探讨、成果分享、共同发展”的原则。每个学期每人确定一个自己感兴趣的问题课题。每人打造1～2个课堂教学品牌，使之成为自己教学亮点的传统“折子戏”，对内对外开放；每学期共同学习一本教育理论的书籍，并交流在实践中运用理论的感受；每学期撰写一篇有一定理论色彩的论文，以“笔会”形式，以文会友。为了给“沙龙”营造一个良好的学习、研讨、交流的环境，学校特地装修了一间优雅、宽敞、舒适的房子，每次活动时都提供饮料、咖啡、功夫茶。因此，“教育沙龙”成了教师们趋之若鹜的场所，成为教师们的“精神乐园”。

其三是“教师论坛”。每月举办一次，全校教师参加，每次由3～4位教师主讲。主讲的内容丰富多彩，有的是课改经验介绍，有的是育人的先进事迹，有的是阐述教育理念，有的是专家课堂点评，还有的是“音乐欣赏”、“书法讲座”、“心理健康”等各种内容。由于主讲的教师都是有备而来，呈现在教师面前的都是拿手好戏，所以深受教师的欢迎。“教师论坛”的开辟，成了我校一道独特的人文风景，它是一个助产婆，它是一个催生剂，它是一个亮相台，它是一道精神餐。教书育人的乐章在这里唱响，汗水与智慧的结晶在这里闪光。实践与理论的结合在这里升华，南国的教改之风在这里吹拂。“教师论坛”抒写了华富中学教育智慧的篇章！

3. 教育智慧在教师的反思中得以升华

校本教研为教师构建了一个专业发展的自我反思平台。教师参与校本教研可以提升自己的自我反思意识和能力，了解自己行为的意义和作用。自我反思不是一般意义上的“回顾”，而是反省、思考、探索和解决教育教学过程中存在的问题，具有研究性质，教师要以“思考”的目光审视教学，以“探究”姿态从事教学，以“反思”的襟怀总结教学。反思是成为研究者的起点，它可以唤醒教师的问题意识，责任意识和成功意识。

在课程改革中，教师只有对自己在课堂上的行为进行反思和研究，才能了解自己在课堂做了什么，这些行为有什么意义，反映了什么样的教学理念，对学生的学习有什么影响。教师只有通过对自己的学生进行深入观察和探询，才有可能理解学生在做什么，想什么，学到了什么，这种学习对他们的发展有什么作用。只有通过反思，教师才能不断更新教学观念，改善教学，提升教学水平。

按教学的进程，教学反思可分为教学前、教学中、教学后三个阶段。教学前的反思具有前瞻性，可有效地提高教师的教学预测和分析能力。教学中的反思，具有及时性和灵敏性，具有监控作用，有助于提高教师的教学调控与应变能力。教学后的反思具有批判性，能使教学经验理论化，并有助于提高教师的教学总结能力和评论能力。

实践证明，教学与研究结合，教学与反思结合，可以帮助在教学中获得理性的升华和情感上的愉悦，提升自己的精神境界和思维品质，从而改革教师自己的生活方式。使教师体会到自己的生命价值与生命质量，过一种完整的幸福的教育生活。

在教学反思中，我们通过不同的反思形式提升教师的水平，其主要有：

一是开展“一课一得”的反思。这“一得”可以是经验，可以是教训，可以是教法，也可以是学法，内容不限，形式不拘，文字不多，两三百字，搔到痒处，点到要害即可。它类似一种教育随笔，有感即写，随时可为，亦为老师接受。

二是对“邀请课”进行小范围的磋商反思。所谓“邀请课”是老师们通过精心准备后的课，邀请部分领导、学科小组、自己信任的同仁，一起来听课、议课。这种课实际上是老师们展示自己水平的课，同时也希望获得同仁帮助提高的课。由于的多是同行好友，因此，在议课时既有中心的肯定赞扬，也有诚挚的挑剌议短。这是一种不戴面具的真诚反思。对授课人和听课人都会获益匪浅。

三是开展全校性的专题反思。2006 年上学期，我们曾开展过一次“课堂上学生自主学习的形式与能力探讨”的专题课研讨活动，历时一个多月，听了三十多位教师的课。然后在期末放假前我们花了两天时间，对这个问题进行专题研讨反思。先以学科小组为单位，一个一个谈自己的听课感受、启发和问题，然后由小组推举发言人，到全校大会交流，最后我们又请了有关专家进行总结评议。这次活动使老师们对自主学习既有了感性的课堂感知，又有了理性上的深刻认知。后来产生了一批颇有见地的反思文章。

由于在校本研修中我们注重发展教师的教育智慧，近几年产生了一批颇为欣慰的成果。有35位教师在省市全国级的报刊上发表了85篇有影响文章；有18名教师被评为全国、各省市区的优秀教师、学科带头人和骨干教师；有10多位教师参加全国、各省的教学比赛获奖。有52%的教师评为中学高级教师……这些浸透了汗水与智慧的数字，便是我校教育智慧的光辉体现。

倡导幸福教育，打造幸福课堂，创建幸福校园

内容提要：幸福是教育的最终目的。我们实行扁平式、人性化管理，通过读书活动、业务培训、文体活动、名师工程，让教师感受幸福，赢得尊重，自愿付出；我们建立和谐的师生关系，突出学生的主体地位，让学生积极思考，乐于学习，打造幸福课堂。通过共同追求幸福教育，使学校成为师生工作、学习的乐园，最后达到校长无为而治，师生自主管理、自主发展，学校自主创新的美好境界。

关键词：幸福教育　幸福管理　幸福学生　幸福课堂

发表情况：此文刊载于《初中教育研究》2011 年 5 期。

1. 提出“幸福教育”理念的背景

从我们教育的现状看，“幸福教育”严重缺失。

（1）当今学生背上沉重的课业和心理负担，因学业成绩不理想，每年都有触目惊心的少年儿童自杀事件发生。五成中小学生睡眠不足，成绩未提高身体先垮。出现了一大批厌学、逃学、不学的学生。

（2）教师充满了职业倦怠和心理压力。据区教研中心的调研，三分之一的教师存在心理疾病。教师未能体验到教书育人的神圣感、崇高感、快乐感。

（3）家长“零闪失”教育。现在家家基本都是独生子女，家长迫切望女成凤、望子成龙的心态自然影响着学校教育的功利化。

（4）当人们在教育的过程中悄悄地用“成功”代替“幸福”，继而用“成绩”代替了“成功”，我们的教育便在无形中与幸福渐行渐远……教育理念的缺失和偏差，隐藏着人们多少的浮躁、功利、异化和迷失。

由此看来，倡导并追求“幸福教育”，刻不容缓，迫在眉睫。

2. 提出“幸福教育”的理念依据

当前教育的现实让我们不得不思考教育的终极目的是什么。

俄国教育家乌申斯基说：“教育的主要目的在于使学生获得幸福，不能为任何不相干的利益而牺牲这种幸福，这一点是毋庸置疑的。”

英国哲学家休谟曾说：“一切人类努力的伟大目标在于获得幸福。”

追溯教育的产生历史和发展足迹，我们可以得出这样一个结论：教育是以人的生活为目的，探寻人类的生理、心理、社会的发展轨迹；幸福是人生的主题，人的生活以幸福为目的。由此，教育以人的生活为目的，人的生活以幸福为目的，教育最终以人的幸福为目的。教育从根本意义上来说，就是以人为本，关注人的幸福，培养人的幸福能力：感受幸福、创造幸福、享受幸福的能力，指导人们过幸福的生活。

因此可以说，“幸福教育”作为一种教育理念，就是以人的情感培养为目的的教育，通过这种教育培养能够创造幸福、拥有幸福的人。让孩子因享受到良好的教育而拥有较高的学业幸福指数，让教师因此拥有较高的职业幸福指数。打造最具幸福感的教育就是要形成最具幸福感的校园，最具幸福感的学生群体，最具幸福感的干部教师群体，最具幸福感的校园。就是让我们的教育充满着幸福，传递着幸福。

3. 我校“幸福教育”的办学理念

幸福不仅是教育的最终目的，它同时也贯穿于整个教育过程。在当今“以人为本”的社会，幸福是人的追求，也是人的需要。然而人的幸福的获得需要教育来实现。教学过程中要有幸福，接受教育之后的人更要有幸福。

可见，教育的终极目标：本着“以人为本”的理念，以人的本性，人的尊严，人的潜能在教育过程中得到最大的实现和发展，最后达到人人拥有幸福人生的终极目标的。

我校总体发展目标：以“教育是为了人的幸福，教育过程是师生体验幸福的过程”为教育理念，以“人文见长、人格健全、和谐发展”为育人目标，以创建“和谐+特色”幸福校园为纲，提供各种机会，搭建各种舞台，为师生张扬个性、发挥特长和发展潜能创造条件，为师生幸福人生奠基。通过共同追求幸福教育，使学校成为教师与学生工作、学习的乐园，最后达到校长无为而治，师生自主管理、自主发展，学校自主创新的美好境界。

4.“幸福管理”是“幸福校园”的前提

要创建“幸福校园”，就必须在学校管理中推行“幸福管理”，努力探索具有校本特色的管理制度。

学校管理以人为本，讲求人性化；民主管理，追求科学化。为教师造就一个宽松平等的工作环境，通过构建扁平式管理模式，来优化学校管理效能。要重视民意，改善民生，发扬民主，营造和谐、优雅、适性的教育环境，唤醒教师对生活的幸福感和责任心。尽最大可能将决策权向下层分解、转移，让教研组、教师拥有充分的自主权，并对产生的结果负责。为老师提供机会，让他们带着挑战感、自信感和自由感工作，保证上下层能及时、有效地进行沟通，强调教师的集体合作、对话与分享，增进教师对教育的投入效能，教师彼此成为专业发展伙伴。形成互相理解、互相学习、整体互动思考、协调合作的校园文化。树立“教育即服务”的思想，调动教师的积极性，让他们乐意多去关注学生，了解学生，走入学生的心灵。

师资队伍建设以“名师工程”为主题，不断追求卓越，不断提升品质，鼓励教师建功立业，成名成家，努力培养和造就一大批具有先进教育理念和独特教育风格的创新型教师。

建设“生态校园”“绿色校园”，满足师生愉悦生活、学习需求。提升教师工作品质，改善学生学习环境，提高学校办学品位。科学规划校园环境，合理布置校园格局，建设现代化功能场室，加强校园绿化美化建设，依据校园园林景观规划蓝图，并将笔架山纳入生态校园的规划，充分利用这份“人无我有”独享资源，使笔架山成为我校生态教育的资源库，师生强身健体的健身房，生态环境的后花园。

5.“幸福老师”是“幸福教育”的保证

当一个教师是幸福的，他就会创造幸福，幸福催生责任，责任自愿付出，付出赢得尊重，尊重带来幸福。教师能够不断体验到幸福，创造出幸福，在幸福中循环往复，必将收获自己幸福的教育人生，并可能引领学生走向幸福人生。只有幸福的教师才能有优质的教育，才能培养出幸福的学生，教育应该成为与学生共享幸福的时刻。因此，只要有利于提高教师工作的幸福指数，只要有利于调动教师的积极性，只要有利于增强学校的凝聚力，我们都要想方设法办好。

（1）作为教育管理者，必须为幸福教师营造一种环境，让教师的生命在学校的人文关怀中浪漫地栖息，要关注教师的三大幸福指数：物质幸福指数、精神幸福指数、心态幸福指数。为改良教师心态找一个理由——工作着是幸福的，让教师把工作当成享受而不是劳役。要让老师明白，一个人最大的幸福是从事他喜欢的工作，实现他一生的理想，我从学生的脸上，看到他们对我的讲课是满意的，我就感到很高兴。生气的人是最大的傻瓜：别人的行为无意或有意地让你十分生气，你如一笑置之，别人损害不了你，你也不会损害别人。假如你生气了，你就受到很大伤害，这是你自己惩罚自己。

(2) 通过读书活动，丰富教师的精神世界。我们经常为老师开出好书的书单，或者购买好书发给教师，或者将好文章放在学校网站，与老师一起分享。校园网上经常有“校长推荐好文”、“校长推荐好书”，鼓励老师去读书，享受新知识、新理念给他们带来的愉悦。

(3) 建立健全教师业务培训的良好机制（交流、教研、讲座）。苏霍姆林斯基说过一句话：“如果你想让教师的劳动能够给教师带来乐趣，使之上课不至于变成一种单调乏味的任务，那你就应当引领教师走上研究这条道路上来。”我们让教师在工作中研究，在教学中教研，带着问题教学、科研，“问题”即“课题”，从而享受教育、科研工作的成就感。

(4) 重视教工身心健康，开展丰富多彩的文体活动。鼓励教师参加体育锻炼，达到愉悦身心、强健体魄的目的，使全体教工能够精力充沛投身教学、教研和本职工作。工会利用笔架山公园的资源，组织教职工每周三爬山、打球等健身运动，并提供免费晚餐，受到老师的欢迎。

(5) 实施名师工程，鼓励教师建功立业。我们开设“教研沙龙”“青年教师论坛”，造就一批师德与业务都过硬的、有成就、有知名度的名教师。但凡全国、省级培训、研讨的机会，学校都会争取更多名额，鼓励教师参加。我校刘红艳老师有意进行“教与学方式转变”的试验，我们积极扶持，让她在开设全区公开课，并让她参加国家级的培训。总之，让老师获得教师职业的尊重、成就和幸福。

6. “幸福校园”培育“幸福学生”

(1) 让学校成为学习型的组织，成为一座探索求知的学园。我们开设阅读课，评“阅读之星”；我们打造“书香校园”，倡导“会读书的女孩最美”。我们调动一切资源，开设“校本课程”，营造浓郁的学习、思考、探究、展示、创造氛围，使学校成为拥有丰富的智力背景和日渐深厚的文化底蕴。

（2）组织丰富多彩的活动，让学生的才华得到挖掘，情感能源得到释放，个性特征得到健康发展。学校有了歌声和笑声，学生才会有成长的真正快乐。我校举办节庆活动和课外活动，开设选修课超市课堂，开展合唱、朗诵、演讲、书法、二胡、乒乓球活动，举办淑女节、君子节、国学节（吟诗诵贤文）、科技节、体育节，英语、数学周等，让学校成为生动活泼的乐园。

（3）让学校成为家庭的延伸，成为充满亲情的家园。教育应慈悲为怀，没有差异心，要有平等心，倡导幸福教育快乐学园的学校，就应传播爱，传送爱，使学生在感受教师无私的爱后，去学会爱他人，同时也使学生在充满亲情的氛围里自由发展。重视心理健康教育，使学生倾诉、释放有去处。重视班主任队伍建设，班级建设，使学生有成长的良好的土壤。每个老师对学生像对待自己的孩子一样，充满仁爱，有足够的耐心，让学生感受到“爱”的甘霖，沐浴在“爱”的长河中幸福成长。比如运动会、艺术节时，我们了解到学生想穿自己能展示个性的衣服，我们就允许学生这一天可以不穿校服，充分尊重学生的意愿和个性。

（4）培养学生的良好心态和学生的幸福观，让学生获得感受幸福的能力，主动体验、品味幸福。我们开设“情商教育”校本课程，让学生快乐地走进学校，自信地走出校门。对待犯了错误的学生，我们也不主张老师训斥和指责，而用同理心去耐心地真诚地帮助他，并给他改正错误的时间和机会。我们加强家校合作，培训家长，提醒家长给孩子以温暖、爱心，使每个家庭都能成为和睦、互敬、互爱的家庭。

（5）实施主体性德育，以弘扬人道主体精神为基本特征，顺应学生的天性，把学生当做一个独特的生命个体去唤醒他们的道德生命，激活生命力量，彰显德育更多的灵性与个性。

7.“幸福课堂”是“幸福学生”的平台、阵地

（1）“幸福课堂”就是以学生为本，尊重生命的独特性，理解生命的生成性，善待生命的自主性，关照生命的整体性。课堂中的幸福是师生之间完美、积极、乐观的人生态度的体现。教学过程是师生共同成长的过程，其本身应该是师生双方体验幸福、享受幸福的过程。教学的终极目标，课堂的动态建构是建立在师生之间能以更幸福的生活的人生追求上。实现“幸福教育”理念，“幸福课堂”是主阵地。

（2）“幸福课堂”需要建立和谐的师生关系。教师不仅传授学生相关知

识，更重要的是给他们以思想的启迪，教他们如何做人，形成他们良好的心理品质，尊重每个学生的人格。课堂教学中师生是学生式的教师与教师式的学生，应是师生之间的平等对话与分享。对话是多向的，师与生，生与生。对话需要聆听，教师在聆听中感受学生的心跳，沟通学生的体验；学生在聆听中分享教师的情感。对话更是一种人与人之间平等的精神交流，打造和谐的师生关系，使师生都能感受到幸福课堂的温馨与甜蜜。

(3)“幸福课堂”需要教师转变角色，突出学生的自主地位，实施自主合作探究的教学模式。把学习时间还给学生，给学生更多的自由，关注学生的实际需要，提高课堂教学效益。不仅形成学生的知识能力，更要促使学生乐于学习、热爱思考，勤于创造。我校的课堂模式是：“预习生成”——学生独立学习、组内交流；“交流展示”——学生在课堂上展示自己的学习成果；“拓展延伸”——听课学生提出自己的疑问，必要时老师进行点拨，或进行知识的补充；“检测反馈”——对学生学习达标情况进行诊断和考核，并利用其结果修正后期教学工作。在课堂上解放学生的手、嘴和脑，学习自然也就成了快乐而幸福的事。

(4)“幸福课堂”是建立在“幸福比成功更重要”的理念基础上。成功只是手段，幸福才是目的。学生的幸福，是在课堂中各种成长的正当意愿、需求得到合理满足的基础上产生的，只有那些有利于实现他们满足感的课堂，才是真正成功的课堂。课堂应该是独特的，每一个个体在体验中成长，在探索中形成积极、稳定的思想情操与价值取向。师生用独特而鲜活的体验共同构成课堂生命，师生之间的活动建立在对人的身心健康和谐人格充盈完满状态的追求。师生之间生命构建使课堂成为培养形成一种生活得更好的能力的载体。课堂是师生体验生命、实现生命的幸福场所。

(5)课堂上，我们绝不能简单地把教学方案机械地灌输给学生，而要敢于突破预期的目标，走向开放的广阔天地，从而使教师的教育智慧和学生的创新人格趋向得到充分的表现并达到极致。这样的课堂，才能真正发挥师生的创造活力。这样的课堂才是流动的，是用生命与激情去生成的。让孩子们快乐地、充实地、自主地、舒展地、诗意地生活在课堂上，让孩子们经历温暖而百感交集的心灵旅行，让他们在诗意盎然的生命里收获美丽的错误——这是每一个老师所追求的课堂境界。

一个课题提升了学校整体办学水平

——整体构建学校德育体系深入研究与推广实验子课题工作总结

内容提要： 树立“以人为本”的管理理念，创设宽松和谐的人际关系，注重人文关怀，让学校有家的感觉。民主决策，让老师成为治校的主人。竞争上岗，让领导的“相马”变成群众的“赛马”。以心育人，以情育人，以人育人，以人促人，用人文精神铸魂，锻造精美的“校园文化”，形成巨大的教育磁场，撑起学校德育的一片蓝天。

关键词： 人文关怀　人文铸魂　校园文化　德育蓝天

我校地处深圳中心区，周围名校林立，我校生源多是被他们筛选后分流进来的。学生厌学、逃学、打架闹事在福田区是出了名的，有个班级因对班主任的不满而公开罢课。学生学习成绩差，表现特别不好的学生占了相当比例。在福田区军训和劳技中心的训练中总是排名最后，这两个训练场地最能反映一所学校的校风校纪。在每年的中考中，成绩也大都垫底。2001 年我被调到华富中学任校长，这一局面让我焦虑忧心。正当我寻求解决的办法时，我校参加了中央教科所“十五”德育重点课题，我们确定的一个子课题是构建“以人为本的民主型班级管理模式的深化研究”。我们想通过这个课题重点解决学困生和后进生的问题。通过几年的摸索实践，逐渐形成了我校以人为本的德育工作的做法。并且从这个课题实践中形成了我校的一个办学理念，这就是“人文见长、人格健全、和谐发展”。这一理念被渗透到学校工作的方方面面，从而使学校面貌发生了根本变化。我们通过三年奋斗，于 2004 年一举成为广东省一级学校，2005 年被授予“全国百所德育科研名校提名奖”学校，我本人也被授予“全国百位德育科研专家提名奖”。可以说，我校所发生的变化始于德育课题，我校所取得的一些重大成绩也源于德育课题，我校所形成的办学特色，办学亮点也应归功于德育课题。的确，因为一个课题，使我校整体办学水平大大得以提升。

下面，我想就这个课题的一些做法及由此而形成学校的一些办学特色汇报如下：

人文管理——使学校成为和谐共振的强大磁场

人文管理就是树立“以人为本”的管理理念，它核心是在实现社会主义民主的基础上建立一种平等、尊重、和谐的人际环境。学校将“人文管理”作为发展的原动力，把尊重、发展师生的个性，实现师生的生命价值作为管理的核心任务。我校在“人文管理”有以下几个特点：

（一）人文关怀，让学校有家的感觉

学校领导班子鲜明提出：创设宽松和谐的人际关系，让学校有家的感觉。学校把关心人、尊重人放在首位，引导教师以敬业为本，以精业为朵，以爱生为怀，以奉献为乐。由于学校领导平等待人，真诚关心人，真正尊重人，把教师的暖冷放在心上，为教师解决后顾之虑，所以人家工作起来是休戚与共的同事，娱乐起来是志趣相投的朋友，从而形成了一个十分融洽、友善的人际环境。一位返聘的特级教师曾说：“华富中学是一个能把人心留住的地方。”人文关怀使这位特级教师拒绝了外校的高薪聘请，心甘情愿在华富如牛负重。学校领导除了关心人、尊重人外，还特别具有宽容心。李小婉校长总是要求干部“从心灵上去感受别人的优点和长处。”要“给人一个台阶，给人一个改正的机会”，她有一句名言：“宽容是最大道德力量”，正是这种“宽容”，化解了不少尖锐的矛盾，消融了不少对立。尊重产生尊重，真心换得真心。华富的人文关怀，让领导者赢得了人心，形成一个强大和谐的共振磁场。

（二）决策民主，让教师成为治校的主人

在民主管理上，学校做了以下几件事：一是决策民主化。凡属涉及学校发展的重大决策，必须交教代会通过，教代会不认可的，学校不能一意孤行，如学校关于岗位津贴的议案就曾被教代会否决。二是一把手只有一票的权力，在领导班子进行决策表决时，少数服从多数，校长从不把个人意见凌驾于集体之上。二是经常召开“学校发展策略讨论会”，邀请校内知名教师与校外专家研讨学校办学策略，为学校领导决策提供有价值的东西。四是在学生管理上，实行“民主型班级管理模式”，班干部和学生会干部竞争上岗，经常召开“学生干部恳谈会”。民主化管理加强主人翁意识，增强了对学校决策的认同感和责任感

（三）竞争上岗，让领导的“相马”变成群众的“赛马”

我校在用人制度上进行了大胆的改革。把“相马”变成“赛马”，竞争上岗，能者上、平者让、庸者下，使身无一职的教师走上了学校的管理岗位。新上任的干部不仅工作主动，而且创造性地开展工作。现在政教处、教务处、教科处的工作一改过去平庸局面，大胆创新，在学校建设中做了大量开创性工作。竞争上岗不仅在中层干部上运用，还推广到年级和班级教师的组合上，让年级组长选聘班主任，让班主任选聘教师，这样不仅增强了竞争意识，更增强了教师忧患意识。从干部到教师出现了“万马奔腾”的大好形势。

绿色人文——打造“校园文化”的精美品牌

学校是青少年成长的绿洲，校园文化是土壤，人文关怀是雨露，科学精神是阳光。我们把创建“绿色人文校园”作为学校的特色品牌重抓，在校园文化的建设上着力彰显它的文化价值、教育价值，使校园文化成为一个潜移默化的巨大教育磁场。

（一）景观文化：创设“校园文化”美的环境

在环境文化的设计建设上，学校以“文化品味，现代气息，人文精神”为理念，以“美观、简洁、素雅、实用”为思路，精心设计了学校的“八人景区文化”，一是修身养性的“德馨园”；二是切磋交流的“启智园”；三是引人遐思的“科技大厅”；四是弘扬历史的“困学长廊”：五是楼宇叠翠的“天井花园”：六是曲径通幽的“地理生物园”；七是美轮美奂的“运动景区”；八是如霞似火的“簕杜鹃花坞”。这“八大景区文化”不仅扮靓了一个秀美的现代化校园，而大大提升了学校的文化品味，张扬了人文精神，真正做到了让每一块墙壁都说话，让每一个景点都育人。优美的校园文化以无声的语言，流动的乐章，把“爱我华富”的思想渗透到每一位师生的心田。

（二）精神文化：熔铸“校园文化”美的灵魂

校园文化的表层环境文化，浅层是行为文化，深层则是精神文化。我校

除了营造一个优美的“八大景区”的环境文化外，还从深层次上设计了具有浓厚文化内涵的精神文化。其主要内容有：

一是体现办学理念的教育文化。我们在两堵六层高的墙体上以醒目的大字镶嵌了学校的办学宗旨、校风、教风、学风，在两栋教学楼上，无论你站在哪一个地方，它都会映入你的眼界，提醒你、警示你，成为一种无声的鞭策。

二是昭示人性化意义的哲理文化。我们在每层楼的墙壁都镶嵌了62幅木刻艺术作品，每幅木刻一个主题，每个主题下面选用一段名人语录作为解读。这62幅木刻艺术作品，不仅美化了校园，而且让学生时时与古今中外的名人对话，聆听他们的教诲，从中受到人生的启迪。木刻艺术作品成为我校活生生的校本教材，发挥了不可替代的教育功能。

三是陶冶性情的诗艺文化。我们从《诗经》、《离骚》及唐诗宋词等名人清歌中，选录了上百句传诵千古的名诗，制成绿色条幅，悬挂在“国学长廊”的上空，它不仅给人以书法的美感，更给人以精神的享受。我们还在每层楼都设计了一幅巨大而精美的绘画，一幅画一个主题。如二楼是环保，三楼是德育，四楼是科学等，每幅画都突出一个教育目标。我们将校园的教育文化、哲理文化、诗艺文化编成了一本精美的《校园文化解读》，成为学校的一张名片。

（三）生态文化：提升“校园文化”美的品位

我校明确提出“借笔架山之地灵，创华富生态文化之特色”。生态文化是世界先进文化的代表，它的价值观、道德观、审美观已成为世界公民应具有的基本素质。所以“生态文化”是“校园文化”，是具有更高品味的文化。我校充分利用笔架山的地理优势开展环保生态教育，让笔架山成为华富中学取之水尽，用之不竭的独有的教育资源。学校确立了《环境教育中实施人文素质培养的实验的研究》、《语文课文中山水诗文绿色价值的研究》、《深圳市水质污染的研究》以及联合国教科文组织开展的“环境、人口与可持续发展(EPD)项目”课题作为开展生态文化教育的载体，与笔架山公园管理处、华山居委会、华山社区警务室等单位联合成立了“共建绿色社区协作体”，让学生定期走向笔架山，走向社区开展护绿爱心活动。语文课外活动，生物兴趣小组活动、团队班级主题活动，绿色环保活动等，都把笔架山作为最好的课堂。学我们还成立了“环保协会”“爱鸟协会”“爱心俱乐部”“绿色卫士服务队”等环保组织，通过开展“绿色志愿者”活动、开展“环保专题教育月”活动、开展认养国家一级保护动物捐款活动、组织到红树林自然保护区调查活动、组织学生收集废旧电池，到华富社区开展献爱心活动来不断引导学生形成绿色生态观念。绿色环保教育已成为华富中学推进素质教育的一种新的育人模式，成为华富中学一道独特的人文景观。

几点体会

1. 学校的教育科研只有与学校的发展，与学校迫切需要解决的问题，无缝连接，水乳交融，成为一体，学校的教育科研才能真正变成学校发展的第一生产力，成为“科研兴校”的不竭源泉。我校从一所三类学校变成广东省一级学校的事实，便是生动证明。

2. 学校的教育科研只有变成老师教学的需要、班级工作的需要和自身发展的需要，学校的教育科研才能获得不绝的创新源泉和旺盛的生命力。我校实践也证明教育科研是最能提高老师水平的一种校本教研形式，也是打造名师的最好熔炉，是形成学习型校园的最好载体。

3. 学校的教育科研要真正搞起来，还得有一批带头羊。我校将那些热心于教育科研的老师组成了一个科研小分队，以一种沙龙的形式，经常在一起交流碰撞，研讨，并定期举行成果展示汇报活动，对全校教育科研起到了先行推动作用。

4. 学校的教育科研要获得发展，必须形成一个开放的格局，要有一个广阔的活动舞台。其一是引进全国重点课题，与中央教科所和大专院校联姻，是提高课题档次和水平的关键；其二是组成一个高智商的课题专家指导组，定期进行指导，获得智力的支撑，是深入进行课题研究的重要保障；其三是开展校际合作，我校在深圳成立了六校合作研究体，采取轮流坐庄的形式，一次一个专题开展研究活动，使教育科研开展得生机勃勃，成效显著；其四是学校的教育科研要与媒体紧密结合，我校与《中国教育报》、《中国德育》、《语文教学与研究》及深圳市的有关报刊关系十分密切，通过这些媒体将学校和老师们的研究成果及时推出，极大地激发了老师们参与教育科研的热情。以上四点是我校教育科研形成气候的重要原因。

展望我校教育科研，我们充满信心。我们已经被中央科所全国“十五”重点德育课题组评为“全国德育科研百所名校提名奖”，我也被评为“全国德育科研百位专家提名奖”，这是对我校极大鼓励。现在我们正着手认真研究“整体构建校本德育体系实施细则”，使之科学化、具体化、特色化。此细则将成为指导我校德育工作的可操作的活动准则。我们争取“十一五”期间使学校成为全国一流的德育名校，成为广东省素质教育示范校。

第四部分　让每个鲜活的生命都绽放出精彩

——丰富多彩的“节文化”发展学生个性特长

1. 发展兴趣特长，让每个生命都闪光
2. 丰富多彩的“节文化”，展学生魅力，奏生命乐章
3. 在华富中学经典诗文咏诵会上的讲话
4. 想对男同学说的话
   ——在华富中学首届“君子节”开幕式上的讲话
5. 在第二届“淑女节”来临之际给女生们的成长建议
6. 在华富中学第三届“淑女节”到来时的讲话
7. 在华富中学第八届文化艺术节闭幕式上的讲话

发展兴趣特长，让每个生命都闪光

人文精神有一个重要的内涵，就是让人在自由的环境里充分发展自己的潜能特长。把学生从千篇一律的机器人，变成一个具有个性特征的自由人。应该说，这是从应试教育向素质教育的一个转变，也是提高学生在校生活质量与生命质量的一个体现。对此，我怀有极大的兴趣。我总觉得，一个学生在校几年，老是过着那种刻板、单调、枯燥乏味的三点一线生活，是对青春的一种扼杀，是对学生的将来和生命不负责任的一种表现。我们应当让学生活泼起来，应当在他们的中学时代留下一些终身怀念的亮点。因此，我大力倡导个性文化，把发展学生的兴趣特长当作校园文化品牌来抓。

1. 成立各种兴趣小组，如小记者、天文环保小组。爱鸟协会、书法组、美术组、二胡队、合唱队、科技组以及各学科的兴趣小组活动，全校80%以上学生都参加到各种兴趣小组。

2. 根据“因材施教”的原则，开办了各种特长班，如美术特长班、英语实验班、分层施教试验班等等，使快者快学，慢者慢学，特长者特学。

3. 开设各种选修课，本学期我们大刀阔斧进行课程改革，调整课时，我们将每节课由 45 分钟改为 40 分钟，每天 8 节课改为 9 节课，将每天多出的一节课，集中到周二、周三下午，专门开设校本课程的选修课。为此．学校组织骨干教师，精心编写了三十多种选修课，如情商教育、影视欣赏、网络作文、网页制作、空气监测、科技小制作、编织艺术、书法篆刻、生物考察等等，每周星期三下午两节课，由学生选择课程学习。这些门类众多的课程，贴近实际，好学管用，极大地满足了学生的兴趣，他们把这种课称为“超市课程”，成为学生最受欢迎的课程。

4. 举办“艺术节”“体育节”“科技节”“数学节”“英语节”“吟诗诵贤文”等活动。同学们都怀着极大的兴趣投身于每个“节”的活动。而且每一个“节”，一般都安排了专家或教师的报告会、知识抢答赛、学生的演讲会、趣味游戏、脑筋急转弯竞猜，还有文艺表演等等，而科技节除了上述形式外，最抢眼最吸引人的就是各班布置的科技制作大展台，仿佛让人置身于科技的大会堂，同学们用一些废旧的塑料制品制造出了许多科技含量很高的小巧而又精致的模型，特别是操场上航模和火箭表演，让你大饱眼福。至于艺术节，体育节更是全体学生的盛会，特别是去年在福田区委礼堂举行的艺术节闭幕式演出，使前来参加的领导、兄弟学校的代表如痴如醉，赞扬不已，一个个惊叹地说：“想不到华富中学有如此出色的学生!”这些“节”既是学生最开心的日子，也是学生尽情展示自己才能的日子。平时那些不哼不哈、一点也不起眼的学生，也一鸣惊人，让人刮目相看。正是这些“节”的开展，造就了一批人才，他们为学校争得了殊荣。如我校的合唱队连续五届获得深圳市中小学合唱比赛冠军，在 2002 年全市艺术教育展示月中，我校二胡获得一等奖；在 2002 年的科技比赛中，我校一举夺得市区一、二、三等奖达 39 人之多；在全市英语主持人大赛中，我校荣获团体总分第一名，马辰同学荣获一等奖第一名，在 2002 年全国奥林匹克英语大赛中 1 人获一等奖，6 人获二等奖，1 人获三等奖，在今年全国大都市英语艺术大赛中黄智成同学获得银奖；在全国 20 多万学生参加的“新世纪杯”作文大赛中，我校更是取得了骄人成绩，50 多人获一、二、三等奖。因此作文大赛组委会让我校在全国颁奖大会上介绍了经验。上述成绩充分显示了我校在发展个性特长上迈出了可喜步伐。

丰富多彩的“节文化”，展学生魅力，奏生命乐章

生活在华富中学的学生是有幸的。在升学考试压得透不过气的今天，在大多数学校都在升学的独木桥上疲于挣扎的时候，华富中学的学生却拥有自己的一方蓝天，一片自由的绿洲。

我们要对学生的一生负责，我们要在学生最美好的年华，给他们留下最美好的记忆。

我们不能因追求升学率而使学校变成荒芜的沙漠，我们要摸索出一条全面发展的路，让每个学生都成人，让每一个生命都闪光。

学校响亮地提出一个口号：“从德育里要质量，从活动中求发展。”人格人品的教育激励了情商与智商的发展，各种“节文化”活动的兴起，则又为学生的个性发展提供了一个广阔的空间。

在切切实实抓好课堂教学效率的基础上，学校又大力开展课外活动，他们以各种“节”文化为载体，让学生在多姿多彩的生活中找到自己的闪光点。从2001年开始学校陆续举办了英语节、科技节、数学节、艺术节、体育节、吟诗诵贤文及国学节等活动。一般每学期安排1—2个“节”文化活动。这些“节文化”活动具有以下几个特点：

一是它的广泛性。基本上所有学生都要参与，为了保证每一个同学都投身“节”文化活动，学校将其纳入到学生的期终考评内容。

二是它的层递性。每个“节文化”都有三个层面的活动。第一层是班级，第二层是年级，第三层是学校。班级评学生，年级评班级，学校评年级，这三层的考核评定既保证了参与的广泛性，又保证了参与的水平。

三是它的知识性。每个“节文化”，班级、年级、学校都安排有知识讲

座、专家报告、知识竞赛、趣味游戏等等，各班各年级和学校还分别办了各种知识小报、墙报及图片展览，校园内散发浓郁的文化氛围。从每个“节文化”活动中，学生都会吮吸到丰富的课外知识，这是课堂教学中难以收到的效果。

四是它的独创性。独创性表现在每个“节文化”一定要办出自己的个性特征，每个班，每个年级一定要有自己的主打节目，为此，学校设立了“创新奖”，这一点大大激发了各班的创造性。有些平时较差的班级为了争取一个“创新奖”，煞费苦心，充分挖掘学生资源和社会资源，常常在全校展示活动中，出现黑马，大爆冷门。有些平时不显眼的学生，成绩不好的学生，他们在科技制作、艺术体育活动中，常常有惊人之举。如杨露同学天文摄影《太阳黑子》便荣获市深圳市一等奖；毛振江同学表演的街舞令全场观众喝彩。

在这诸多的“节文化”中特别值得一提的是“国学节”。可以说这是华富中学在深圳乃至广东全省首创的一个“节文化”，它以培植民族精神、弘扬国学文化为宗旨，开展“读千古美文，做少年君子”的系列活动。学校组织骨干教师，历时一年多编写了一本《少年君子》读本，该书按着“仁爱、励志、节操、礼义、廉耻、诚信、孝悌、勤奋”八大内容组成单元，精选了千古流传的美德格言150条，经典美德故事50篇，传诵不衰的美德诗词30首及历代相关名画60幅。该书内容精美，设计新颖，图文并茂，被专家们誉为是一本不可多得的精品校本教材。学校以《少年君子》为抓手，开展“背格言，诵诗文，讲故事，做君子”的系列活动。在今年举办的第一届“国学节”展示会上，初一（5）举行的“仁爱”主题班会和初一（8）班举办的“孝悌”主题班会，他们将古今内容有机结合，编成生动有趣的话剧和歌舞，赢得了校内外专家老师的喝彩。全校举办的以歌颂民族节操为主题的大型才艺展示活动，更是以其磅礴的浩然之气和新颖精彩的表演，让校内外一千多名观众赞叹不绝。每一个参加了“国学节”的人，都被那洋溢着“民族魂”“中国心”的内容所深深感染。学校还精心设计了一道“国学文化走廊”和楼层主题文化，通过儒雅的国学文化，把“爱我中华”的思想渗透到每一位师生的心田。国学教育大大增强了学生对民族优秀文化的认同感和自信心，激发了学生强烈的民族感情和民族精神，培养和修炼了学生的传统美德。国学教育及“国学节”已成为华富中学办学的一大亮点，一大特色。

华富中学各种“节文化”的开展，不仅丰富和提升了校园文化的品位，而且大大张扬了学生的个性，激活了学生的创造力，增长了学生的才干，使校园充满了勃勃生机。特别值得一提的是这些“节文化”的开展使学校的教育教学质量也上了一个台阶。在2004年的中考中，取得了历史性的突破，800分学生一人，700分学生12人，600分以上60多人，这些高分是前所未有的。均分比去年提高了40多分，在福田区位列前茅。在各种竞赛中，华富中学获得的全国一、二、三等奖就有100多人，创下了华富办学史上前所未有的成绩。

在华富中学经典诗文咏诵会上的讲话

各位领导，各位来宾，老师们，同学们：

首先我要感谢领导们在百忙之中能前来观看我们这场并不成熟的节目；我还要感谢我们的同学和老师对这台节目所付出的艰辛的劳动。

“咏诗诵贤文”的构想，是因为几方面的原因促成的。第一，江总书记“三个代表”有“代表先进文化的发展方向”，就要求我们继承我们中华民族的优秀文化传统，中国是诗歌大国，我们今天更要发扬光大。第二，我校是把“人文见长”作为办学理念的。我们通过前人的名言警句来熏陶学生，让学生做文明人，文化人，一定会有事半功倍的效果。第三，现在正是深圳市一年一度的“读书月”活动，我们通过“咏诗诵贤文”大型文化周活动，就是为了让学生去读圣贤书，去汲取前人书中的精华。

在这次活动中，我们进行了“古诗文名句欣赏”广播，古诗词知识讲座，“读诵古诗文”主题班会，设置了“古诗文名句长廊”，“古诗名句书法展览”等，校园里看到的是诗，听到的是诗，说出来的也是诗。我们的祖先给我们留下的这份宝贵而丰富的文化遗产，我们一定要去欣赏它，运用它，并按照其中的道理去做人，去做事。

预祝演出圆满成功。

想对男同学说的话

——在华富中学首届“君子节”开幕式上的讲话

亲爱的男同学们：

去年，我们学校在“三八”妇女节期间成功地举办了“淑女节”后，就决定在今年的“五四”青年节给我们的男同学也设立一个节日，我把它取名为“君子节”。“淑女节”我们倡导的主题是“读书的女孩最美丽”，“君子节”我们倡导“会健体的男生最帅气”。在你们努力成为“谦谦”帅男生之时，我将送给男生们一份真切的礼物。

这份礼物是我们男生们从现在起一辈子要思考去做的事：

1. 要学会用明确的语言，表达自己的想法

一个人长大了，开始有自己的主张了。既然有主张，你就应该学会把自己的主张清楚地传达给别人。要会表达就要学会说话，要学会说话，就要多看好书，背下好句子。

2. 要成为有幽默感的男生

有幽默感的男生，身边总会有许多朋友，他们聚在一起，总是欢声笑语，健康活泼，给生命带来活力。

3. 要学会在公平竞争中获胜的本领

社会充满着竞争，你要在竞争中获胜，就要通过自身的努力，用公平竞争的方法去获胜，才是真正的胜者。

4. 要学会控制自己的情绪

人生活在这个世界上，没有远虑，就会有近忧，不如意的事，有时常八九。一定要牢记，不要轻易表露自己的不满情绪，要学会在别人的立场上考虑问题，换位思考。

5. 学会取长补短

再优秀的人，身上也有缺点，再平凡的人，身上也有优点，要想成为佼佼者，就要学会从每个人身上学习他们的优点。

6. 要学会理解别人

如果你想得到快乐、赞美、关爱，那你首先要学会理解别人。发现某人的优点时，你可以诚挚地把它告诉周围的朋友。发现某人的缺点时，你应该选择悄悄地告诉他本人，以便他改正。这才是真正做好朋友的办法。

7. 无论做什么都要专心致志

无论做什么，都要集中精力专心去做，要不然就很难获得进步和成果。学习时应把注意力集中在书上，与人谈话时应把注意力集中在倾听对方的谈话上，玩的时候应把注意力集中在玩上。

8. 要充分发挥自己的优势

一个优秀的人，假如不具有显示自己优势的能力，他就不可能让人明白自己是什么样的人。要想得到别人的认可，首先要给人留下好印象。要做到讲礼貌，举止端庄，语言表达清楚，而且态度要诚恳、积极。

9. 世上最难的事就是战胜自己

一想到要竞争，就感到很烦恼，其实有一种方法可以帮助自己，这方法就是在与自己竞争中战胜自己，信守对自己许下的承诺，认真做好自己该做的事情，这种做法比追赶别人更重要。战胜自己的人，都有可能战胜别人。人生最大的敌人是自己。

10. 勤奋者必将成功

人不怕穷，就怕懒。即使人再穷，只要勤奋努力，就能创造财富，所以说，世界上最大的财富是“勤奋”。世界上最没有出息的人就是懒人。

11. 好奇心和毅力缺一不可

只要能用强烈的好奇心，顽强的毅力去集中精力做事，那么，就算是一件很困难的事也能做得很理想。

12. 谦虚的人受人尊重

再聪明的人、再有学问的人假如没有完美的人格，那他肯定也得不到人们的尊重。真正了不起的人不仅知道自己的优点，而且也知道自己身上存在的缺点。这样的人对别人很宽容，很温和，对自己却很严格、很讲原则。

13. 正直是最高贵的品质

说谎是骗人的行为，骗人意味着破坏人与人之间最为重要的“信任”；骗人的人容易变得越来越不可救药，有可能说更大的谎话，最终成为犯罪的根源。

14. 要成为意志坚定的人

俗话说得好：上苍喜欢帮助那些自强不息的人。无论做什么事，都要有不达目的不罢休的坚忍不拔的意志，在达到目标之前要全力以赴。假如想读哪本书，就一定要把这本书读完。

15. 要有积极向上的心态

心态决定一切，积极心态与消极心态会产生不同的结果。有积极想法的人常常会说积极向上的话，想法决定行动，行动导致结果。

即便现状不太理想，只要抱有积极想法去行动，就会得到好结果。

16. 在心目中设定榜样人物

心中有榜样人物，每当遇到难题时，就试着想：“假如是他，会怎么办呢?”

心中有榜样的人和没有榜样的人，他们的人生会完全不一样，榜样的力量是无穷。

17. 尊重老师，学习他人的优点

“教师是再生父母”“一日为师，终身为父”，老师身上肯定有值得学习的地方，有的可能是热情，有的可能是和蔼，有的则可能是丰富的知识。

尊重老师的人，人生不会走向失败。

18. 一定要结交优秀的朋友

结交优秀的朋友就好比为自己的人生建造“钢铁长城”，有了他们，你的人生就会快乐而充实。即便你遇到困难，朋友会伸出友谊之手帮助你。

优秀的朋友，就像帮助我们瞄准人生某一目标时所需要的安全“发射台”。

给朋友好的影响力的人，才是值得结交的朋友。

19. 不关心别人的人没有魅力

朋友说话时要洗耳恭听，因为它意味着你很在乎朋友，朋友会感到你的真诚，这样对方肯定会很喜欢你，而你呢，也会成为一个充满魅力的人。

20. 一举一动都能说明你的为人

大人们只看孩子的一举一动，就能知道他们的人品和习惯。

人们说的每句话、做的每件事都能说明他们的为人，比如说，上课时你很少发生不带教科书或笔记本的失误，这样的学生做事一定又认真又仔细。在学校是好学生，在家里也一定是好孩子。

21. 要成为尊敬老人的好孩子

如果不懂得尊重老人，甚至轻视老人，再成功的人也都不值得敬佩！

22. 竭尽全力去做好每一件小事

连小事都做不好的人，大事更干不了。希望男生们要学会竭尽全力去做好每件小事。如做作业，打扫卫生，对朋友信守诺言等等。要是能做好这些小事，肩负重任的机会早晚会来到你的身边。

23. 做一个不推卸自己责任的男子汉

学校的校训就是“学会负责”。

美国杜鲁门先生当总统时，就在白宫办公室墙壁上挂着一条横幅“一切责任由我承担”。真正的男子汉，要敢于承担责任，为了培养责任感，我们必须养成一种习惯——做某一件事情前，首先要想想自己能否坚持到底。

24. 要忠实履行自己许下的诺言

不履行诺言的人，必将失约于人，人生最宝贵的财富之一就是别人对你的信任。一旦失约于人，你的声誉就会受到很大的损害，而你也会因此在与人的交往中蒙受巨大的损失。

要履行诺言，最重要的是增强履行承诺的意志。

25. 要为达到目标尽心尽力

“尽心尽力”就是指为了达到目标不惜舍弃许多东西。所有成功的人都有一个共同的特点，那就是：为达到目标，对自己进行严格、彻底的管理。

26. 要有培养学习兴趣的方法

人活在世上，各有各的分工，农民种地，工人在工厂干活，教师教书育人，学生就是学习。要领会学习的必要性，还要有自觉学习的心理准备，要争做知识经济时代的“知识英雄”。

27. 要多阅读好书

“书是无言的导师”，一本好书，能造就一个优秀的人，只有多接触好书，你才能拥有美好的梦想。

28. 要处理好与异性同学的关系

在结交异性朋友的问题上，不要急着模仿大人，应该努力地维护自己和女同学之间的纯真的友谊，这样，你的学习生活才会更快乐、更丰富多彩。

作为男孩，要抛弃男性比女性强的偏见，注意学习女同学的优点和长处。

29. 要安排好每一天的学习生活

浪费时间等于“谋财害命”。要好好利用时间，从早晨起床，到晚上睡觉，要把一天内活动安排好。如果没有计划，随心所欲，马马虎虎过日子，以后就不可能有好的发展。

30. 要珍惜自己的身体

一个人哪怕拥有再多的财产和荣誉，一旦身体出了毛病，也就等于什么都没有了，世上再没有比忽视健康更愚蠢的事了，健康是用任何东西都换不来的无价之宝。

为了健康就要运动，这就是我们为什么在“君子节”倡导“会健体的男生最帅”的原因。

2006 年 4 月 25 日

在第二届"淑女节"来临之际给女生们的成长建议

亲爱的女生们：

在2009年三八妇女节来临之际，我校第二届"现代淑女节"拉开了帷幕。第一届淑女节举办时我们提倡的口号是"会读书的女孩最美"，这届我给大家的建议是"有修养的女生最可爱"。为了配合这次活动的开展，继"写给男生30句话"后，我给我们女生也写了下面30句话，希望对你们将来的人生，对你现在的成长有所启迪。

1. 你人生的关键是现在

人生的基础是从小学开始，人生第一次选择在初中阶段（中考），正因为这样，我想对你们说：好好利用宝贵的时间，每天积累一点知识，为考上理想高中而努力。只有接受良好的教育，才有美好的人生，将来才能担当母亲的责任。因为教育不是在学校由教师开始，而是在家庭由母亲开始的。

2. 你想过将来要成为什么样的人吗？

有梦想的人才能实现自己的理想，梦想有多远，就能走多远，不同的梦想形成了人们千差万别的人生。优秀的人物，大多从小就有了梦想，并为之不懈努力而梦想成真。

3. 诚实自信地与他人对话

在现代社会要学会与人交往，在社会上立足，首先要学会表达，学会诚实、自信、平等与他人对话，将是你获得他人认可的重要法宝。

4. 别忘了妈妈是世上最无私的老师

无论遇到什么困难，妈妈始终是你最无私、最亲切的老师，妈妈和你一样是女人，与爸爸相比，她更能理解你，与你有共同语言，能给予你很多的帮助，所以要尊重妈妈，体谅妈妈。

5. 要成为有良好习惯的人

人人都有自己的习惯。习惯就是重复一种行动所形成的行为，习惯决定性格，性格决定命运，要分清什么是好习惯，尽可能改掉坏习惯，养成好习惯。这样不仅会提升你的品格，而且也会让人对你产生好印象。

6. 有计划的生活，会使你走在别人的前面

假如你希望自己赶在别人的前面，生活就一定要有计划，并肯为达到计划中的目标努力，付出才行

7. 要做一个言而有信的人

诚实就是对自己的话负责任，说大话的人最大损失就是不会再得到他人的信任。

8. 用最单纯的眼光看待这个世界

不要为了当第一名而只顾向前跑，要慢慢学会观察周围、兼顾别人，学会关心他人，使自己成为一个能理解别人、帮助别人的人。

9. 学会控制自己的情绪，有益身心的健康

每个人都有发脾气的时候，发脾气也许是动物的本能，作为人，如果不懂得控制自己的情绪，又怎么能称得上是万物之灵呢？又怎么可能成为优雅、可爱的女生呢？从现在起，该学会调整心情，控制好自己的情绪，这样你就会感到周围的一切是多么的美好，自己的心境是多么宁静。

10. 做一个优雅、可爱的女生

有这么两个人，一个学习一般，但总是面带微笑，很乐观，而且富有幽默感，另外一个学习特别好，但自私而且冷漠，不爱理别人，可以肯定，前者更受欢迎。出众的人，假如她不能给人留下好印象，就不可能得到别人的认可。因此要讲礼貌，言行一致，举止优雅，积极乐观，才能成长为有修养的优秀人才。

11. 做一个懂礼貌的人

见面打招呼看起来是很简单的事情，但是从某种意义上讲，它是你人生中非常重要的事情，人生有些机会就是留给懂礼的人。成功的人并不远在天边，其实成功就是从做好每一件小事开始的。

12. 要学会选择朋友

物以类聚，人以群分，近朱者赤，近墨者黑，要学会选择朋友。好朋友

不仅能玩到一起，更应该互教互学，共同进步。当你做错事时，愿意指出并帮助你改正的朋友才是真正的好朋友。

13. 要勇于承认自己的错误

人没有完善无缺的，因此，有时难免会犯错误，要敢于面对错误，承认错误，改正错误。只有真正做到这一点，你就会成为一个正直的人，并得到大家的信任，从而担负起重任。

14. 不要在背后说朋友的缺点

不要为了引起别人的注意，刻薄地夸大朋友的弱点或缺点，那是不道德的行为。发现别人有缺点应该当面指出来，尽量帮助她改正或引导她克服缺点。人不能自命不凡，应以谦虚的态度对待朋友。

15. 充满自信地应付一切

人生不如意事常八九，生活中有快乐也有烦恼，人生道路不可能一帆风顺。越是遇到挫折，越要保持积极的心态。一切想法来自心态。要充满自信心地挑战种种挫折，培养适应新时代的能力。假如逃避困难，对自己失去信心的话，即使是很简单的问题，你也可能解决不了，要学会面对困难，接受它，战胜它。

16. 爱自己才能爱他人

每个人都是这个世界上独一无二的人，为了使自己成为众人喜爱的人，你要更加爱自己，善待自己，还要关爱他人。

17. 付出爱才能得到爱

施比受更有福，要拥有对别人施爱的善良之心，帮助那些真正需要帮助的人。只要付出爱，终有一天爱会回到施爱者身上，多关爱他人，终将得到好报。“爱人者人恒爱之。”（孟子语）

18. 要懂得感恩

古人说：滴水之恩，须当涌泉相报。感恩，是我们中华民族的优良传统，也是一个正直人的起码品德，是学会做人的支点。你感恩生活，生活将赐予你灿烂的阳光，你不懂感恩，只知一味地怨天尤人，最终可能一无所有！所以要学会感恩。

19. 学会向别人顷诉

乐观、阳光女孩总是让人觉得可爱。生活中会有许多的不如意，封闭自己可能会让事情变得更糟糕。走出人生中的阴影还需要别人的帮助，所以要学会与人交流，告诉别人你遇到的问题，学会倾诉，也许周围的人会帮你找到克服困难的钥匙。

20. 正确结交异性朋友

这个世界是由男人和女人组成的，在人际交往中，必然会与男生们打交道，要掌握好与男生交往的分寸，与男生交往应仔细听一听他在说什么，认真观察他的一举一动，学会正确判断对方。男生女生各有所长，要学会互相理解、互相尊重，建立平等的关系。与之交往要做到大大方方，共同进步，又要保持一定的距离，不要在果子不熟时把它摘下来。

21. 你有义务使自己幸福

幸福是一种感觉，当你想到幸福时，幸福的愿望会成为信念，有了信念，你就会找到幸福，最适合你的不是悲惨、不是悲伤，而是快乐和幸福。但是你要记住，幸福是由自己创造的，为了达到幸福的目的，我们都需要付出不懈的努力。

22. 珍惜自己，远离快餐食品

吃过多的快餐食品，会导致营养不良，身体得不到均衡的营养。快餐不能使你的骨骼和肌肉健壮，却会使你成为肥妹，为了你的体形，远离快餐食品。

23. 阅读能改变命运

书是精神食粮，博览群书很重要，但是把书上的知识变成自己的知识，再运用到实际生活当中更重要。要培养博览群书的习惯，阅读丰富人生，知识改变命运。

24. 要养成自觉学习的习惯

被别人监督学习并不见得效果好，只有明白学习的重要性，养成自觉学习的习惯，才能真正提高学习的效率，取得好成绩。

25. 寻找比学习还有趣的爱好

人生除了学习外还要有一些乐趣，要有自己的爱好。只会学习并不是理想的学生生活，在学生时代，除了学习，还应培养一两个比学习更有意思的兴趣爱好。

26. 善解人意会让你更具人格魅力

要与人为善，善待他人，尝试去理解人、谅解人。要懂得尊重他人的优势和才华，宽容他人的脾气和个性。对别人，不能理解的时候，就试着去谅解；不能谅解，就平静地去接受。用温馨、慰藉来沟通心灵。记住，能体谅人，能体贴人、学会换位思考的人会让别人觉得你更具有女性的魅力。

27. 常常保持微笑

真诚的微笑如春风化雨，润人心扉，微笑给人的印象是热情，富于同情心和善解人意。一个人的面部表情，比穿着更重要。如果你要别人喜欢你，请遵守这一条规则“微笑”，用你的微笑去欢迎每一个人，那么你就成为最受欢迎的人。

28. 要学会赞美

发现别人的长处并且告诉他，你会有意外的收获。马克·吐温说：“一句美妙的赞语，可以使我多活两个月，一句赞美的话能当我十天的口粮”。学会用赞美的语言，因为它是最强有力的交际手段。

29. 要学会宽容

宽容和快乐联系最为密切，它是所有美德之王，也是最难能可贵的。你应培养这样一种心态，他对我好，我感谢他；他对我不好，我原谅他。

30. 做一个有品位的人

品位和生活格调是可以培养和学习的，怎样穿戴，怎么说话，喜欢什么运动，阅读什么书，看什么电视节目，这些都在自觉不自觉中呈现出你的品位。如果你想成为一个受人尊重、欣赏的人，那么就要注意提升你的修养、品位。

在华富中学第三届“淑女节”到来时的讲话

亲爱的女生们：

这个月迎来了我校第三届“淑女节”，因为学校教学楼正在进行加固改造，无法给同学们提供活动的场所，在此，我向同学们表示深深的歉意。但我们会举办一些讲座、小型座谈会，让我们的老师（你们心目中认为的好老师）和你们交流，同时会开展征文、女红比赛等各项活动，让我们女生们过一个能留给自己一生深刻印象的节日。

女生同学们，第一届的“淑女节”，我们提出的口号是“会读书的女孩最美”，在此号召下，我们许多女同学与书结下了不解之缘，被评为“阅读之星”，为学校创建书香校园做出了贡献。第二届“淑女节”，我们倡导“做一个有修养的优雅女生”，许多女生们都在学会文明说话，在举止上注意得体，为创建文明校园不遗余力，谢谢这些可爱的女生们。

今年是第三届“淑女节”，我们提出的号召是“做一个善良的女生”。

《改变孩子一生的18种品格》一书讲到，第一种品格就是善良。人的一个重要的特征就是有理性、有同情心。一个根本不知道关心人、同情人的人会受到朋友冷眼、亲人的疏远、他人的不尊重。这说明人们是喜欢善良的，向往善良的，只有善良才会有幸福，只有心存善良才能与人和平、愉快地相处。我们学校的育人目标“人文见长”说的就是这个意思。我们要培养懂得尊重、理解人、有同理心、有修养的善良的人。

善良能传递温暖打动人心，善良的最大价值在于带给人无限希望与温暖。善良的爱是人们前进的动力，是人们奉献社会的基石，是人们创造奇迹的力量，它感动你我，也鼓舞了大家。每年评选的“感动中国”的先进事迹，不论小到彼此关心照顾还是大到全国人民齐心协力共援汶川，无不体现出人们善良的共性。

有善心的人懂得报恩，懂得为人处世，易成就一番事业。

有这样一个真实故事：在一个风雨交加的夜晚，各旅店都已经满员，一对中年夫妇来到一个旅店，正在值班的服务员并没有急着赶他们走，而是请他们住在自己的小房间内，以免受凉，这对夫妇付钱给他，他说："这是我应该做的，且这不是旅店需付钱的客房"。正是这一善良的举动，使他后来成为一家五星级酒店的管理者。或许是一个小小的善良的举动，却能发现你的不同凡响，或许只是一片小善心，却能让你闪出你的光彩。做一个善良的人，点亮你的五彩人生，能有意想不到的福报。

女生们，我们的性别决定我们将来要承担的责任与男性不一样，而做一个善良的人是我们未来承担责任的重要前提，因为这个世界没有女性就少了五分的真、六分的善、七分的美。让我们做一个善良的人，学会付出，学会爱他人，将自己的温暖和快乐传递给他人。让世界印上我们这一美德的记号吧！

在华富中学第八届文化艺术节闭幕式上的讲话

各位领导，各位来宾，老师们，同学们：下午好！

首先，我代表全校1200多位师生，对各位领导在百忙之中亲临指导表示万分的感谢，对这届文化艺术节圆满胜利地举行表示诚挚的祝贺，对积极参加文化艺术节各项活动的教师和同学们所付出的辛勤劳动表示衷心的感谢。

历时近一个月的华富中学第八届文化艺术节今天胜利闭幕了。在这届艺术节活动中，我们举行了咏诗诵贤文文化周活动，其中有“中国古诗文名句长廊”、“读贤文，做贤人”主题班会、古诗文名句书法展览、经典诗文咏诵会等。我们还举办了集邮集币收藏展览、美术工艺摄影展览、器乐声乐专场演出、舞蹈曲艺专场演出等，给学生们提供了一个展示个性、特长、能力的空间。今天的文艺汇演是这次文化艺术节的最后节目。在这次活动中，课余时间里，我们随时可以看见同学们练舞的优美身姿，听到练唱的美妙歌声，听到钢琴、古筝、二胡、萨克斯、琵琶等奏出的动人悦耳的乐声。一系列的活动，充分展示了同学们的艺术才华，使同学们得到了美好的艺术享受，活跃了校园文化生活。我们深深知道，艺术，它比梦更美，比幻想更动人，它能使人得到心灵的荡涤，美的熏陶，当我们与美无数次碰撞时，我们心灵就会美，人就会变得更灵秀。

举办文化艺术节，我们是将它作为一种文化来认识，作为我校的办学特色来看待的。我校一直非常重视艺术教育。我们不仅认真开设了美术欣赏、音乐欣赏等艺术课程，我们也重视艺术人才的发掘和培养，并试图通过艺术素质的提高来带动智力、情商、人格等素质的发展。艺术教育的良好发展，使学校获得了多种荣誉，连续两年被评为艺术教育先进单位，我校合唱队连续三届获深圳市合唱比赛一等奖，二胡队多次获市器乐比赛一等奖，在今年福田申报教育强区的文艺汇报演出，我校是选节目最多的中学。学生美术作品多人次获全国中小学生绘画书法比赛一等奖。今年我们还在初一开设了艺术特长班，还与清华美院附中合作开办了美术专业班。我们所做的一切努力，都是为了提高学生的艺术修养和素质，为学生的终身发展奠定良好的基础。

我校奉行“人文见长，人格健全，和谐发展”的办学理念。文化艺术节活动就是让同学在自己喜欢的活动中锻炼提高，给有艺术特长的同学一个表现自己的机会和平台，培养同学们的自信心、审美的能力。艺术重要的是感情，表演者用歌声、用乐器、用技艺传送的是一种感情，欣赏同样需要感情。如果没有感情的投入，就不会引起共鸣，就不会产生和谐。我们正是通过文化艺术节的活动来培养学生的人文精神，给学生以人文关怀，促进学生人格的健全及和谐。这是我们之所以把这次活动称作文化艺术节的缘由，也是这次活动时间之长、内容之多、参与面广的原因所在。

在此，我希望全体师生们再接再厉，永不满足，把今后的文化艺术节办得更好，让艺术教育成为华富中学一道亮丽的风景线。让我们华富人成为有文化品位的懂得审美的人，让艺术之花在华富校园常开。

最后，预祝演出圆满成功！借此机会，向各位领导来宾拜个早年，祝各位领导来宾新年吉祥、健康。希望各位领导来宾与我们一起享受美带给我们的快乐。谢谢！

第五部分　让学校成为教育生态的绿洲

——打造天地人和的绿色幸福校园

1. 绿色校园、人文校园、幸福校园
2. “绿色人文幸福校园”的思考和实践
3. “绿色人文校园”的发展理念与经营策略
4. 对学校“生态环境教育”的思考
5. 提升校园文化“美”的境界
6. 绿色人文　溢满校园

   ——华富中学校园文化解读

绿色校园、人文校园、幸福校园

内容提要：坐落在美丽的笔架山麓的华富中学，致力追求人性、扁平、和谐的管理文化，绿色、人文、幸福的育人文化，个性、优雅、激智的节庆文化，优美、诗意、陶怡的景观文化，形成了鲜明的校园文化特色。

关 键 词：管理文化　育人文化　节庆文化　景观文化

发表情况：此文刊登于《教育科学与研究》2012年第5期。

华富中学坐落在福田中心区风景秀丽的笔架山南麓。学校拥有一支由全国优秀教师、全国骨干教师、南粤教坛新秀、深圳市、区骨干教师、学科带头人等组成的高素质教师队伍，相继成为福田区科技特色学校、广东省绿色学校、广东省一级学校、广东省民乐学校、广东省书法名校、广东省国学教育实验基地学校、中央教科所德育实验先进学校、全国德育科研先进单位、国家“十五”重点课题“教学课程改革实践研究”先进学校、联合国“环境、人口与可持续发展EPD教育项目”实验学校、国家级绿色学校。

管理文化特色——人性、扁平、和谐

华富中学总体发展目标是：以“人文见长、人格健全、和谐发展”为办学理念，创建“和谐+特色”幸福校园；提供各种机会，搭建各种舞台，为师生张扬个性、发挥特长、发展潜能创造条件，为师生幸福人生奠基；追求幸福教育，使学校成为教师与学生工作、学习的乐园，达到校长无为而治，师生自主管理、自主发展，学校自主创新的美好境界。

学校管理人性化，科学化。通过扁平式管理模式，优化学校管理效能，营造和谐、优雅、适性的教育环境，唤醒教师对生活的幸福感和责任心。尽最大可能将决策权向下分解、转移，让教研组、教师拥有充分的自主权。树立“教育即服务”的思想，调动教师的积极性，让他们乐意多去关注学生，了解学生，走入学生的心灵。

通过读书活动，丰富教师的精神世界；通过交流、教研、讲座建立健全教师业务培训的良好机制；重视教工身心健康，开展丰富多彩的文体活动；实施名师工程，鼓励教师建功立业；开设“教研沙龙”、“青年教师论坛”，造就一批师德与业务过硬的、有成就、有知名度的名教师。形成互相理解、互相学习、互动思考、协调合作的校园管理文化。

《教育研究》《中国教育》等刊物上发表的《创设和谐的人际环境，让人文精神弥满校园》《以人文精神治校——关于办学理念的思考与实践》《树立以人为本的办学理念》《提升校园文化“美”的境界》《高扬主体可持续发展旗帜，建设高品味的绿色人文校园》等文章，介绍了华富中学的办学管理理念。

育人文化特色——绿色、人文、幸福

“绿色人文幸福校园”，就是树立师生的主体地位，发挥师生的主体潜能，提高师生的生活质量和生命质量，从而实现师生的人生价值和幸福人生。华富中学探索了一套班级管理模式，建立“以人育人，以人促人”的机制场——民主型班级管理模式；建立“以人育人，以情育人”的爱心场——对后进生、学困生实施“特别关爱工程”；建立“以表彰树自信，以成功促发展”的激励场——让每一个学生都获得成功；建立“以兴趣促发展，以特长促特色”的人才场——让每一个生命都闪光。这种“绿色人文幸福”理念，使学校充满活力，使师生有了家的感觉，学校充满浓浓爱意，洋溢暖暖温情，成为家长放心的学校，学生开心的乐园，教师舒心的场所。

教学过程是师生共同成长的过程，其本身应该是师生双方体验幸福、享受幸福的过程。“幸福课堂”需要建立和谐的师生关系，需要教师转变角色，突出学生的自主地位，实施自主合作探究的教学模式，促使学生乐于学习、热爱思考，勤于创造。让孩子们快乐地、充实地、自主地、舒展地、诗意地生活在课堂上，经历温暖而百感交集的心灵旅行。

《“人文、人本、人格”教育模式》《注重人文素质培养，全面提高学生质量》《构建“以人为本”的教育磁场》《“绿色人文校园”的发展理念与经营策略》《让人文情怀溢满校园》等对学校教育思考的文章在《中国德育》《深圳教育科研》等刊物发表。

节庆文化特色——个性、优雅、激智

在节庆活动中，通过展演、展览、征文、比赛等形式，弘扬民族优秀文化，丰富学生课余生活，展示学生青春风采，张扬学生独特个性，挖掘学生艺术才华，释放学生情感能源，开启学生生命智慧，形成学生优雅气质。

学校举办艺术节、体育节、数学节、科技节、英语节、吟诗诵贤文等各种“节”，发展学生特长，仅近两年全校就有近百人在全国各种竞赛中获得大奖，学生书法美术多人次获得全国、省、市一等奖，学校获得深圳市合唱比赛五连冠。特长＋特色，把学生引入富有创意的七彩生活中，把学生变成具有个性特征的人，从而大大提高了学生在校的生活质量与生命质量，唱响了一曲生命的歌。

学校每学年间隔一次于 3 月和 5 月举办一次“淑女节”和“君子节”活动，围绕培养健康、好学、文雅、有爱心的淑女目标和阳光、正直、勤奋、有责任感的男子汉目标，具有传统意义又有现代气息的两“节”，最受学生欢迎，产生了广泛影响。学校编写出版《少年君子读本》《国学精粹读本》，举行大型“古诗词咏诵会”，弘扬传统文化，光大民族精神。

景观文化特色——优美、诗意、陶怡

温馨美丽的菁菁校园，是一支默默无语又无时不在的教育力量，陶冶着优良的情操，塑造出美好的心灵。走进华富，随处可见的是婆娑的绿树，如茵的芳草，似锦的鲜花。漫步在这赏心悦目的环境之中，就仿佛置身于一个大花园里。在校园文化建设中，华富中学以“文化品味，现代气息，人文精神”为理念，以“美观、简洁、素雅、实用”为思路，着眼于环境文化对师生的熏陶感染，让每一块墙壁都说话，让每一个景点都育人。

学校精心设计打造十大文化景观：修身养性的“德馨园”、切磋交流的“启智园”、引人遐思的“科技大厅”、弘扬历史的“国学长廊”、楼宇叠翠天的“天井花园”、美轮美奂的“运动场区”、树高叶茂的“榕树林区”、四季常青的“热带雨林”、如霞似火的“簕杜鹃花坞”、富有深厚文化内涵的“德之铭”“智之光”“体之魂”壁画群。

学校依托笔架山得天独厚的地理条件，充分开发笔架山教育资源，笔架山成为学校天然的后花园，开展生物活动的实验园，强身健体的健身房，第二课堂的活动场，教育科研的实验地，校本教材的资源库。

华富中学鲜明的校园文化特色，被《中国教育报》《中国德育》《特区教育》等全国十多家媒体，以大量的篇幅做了介绍，《深圳特区报》还以《笔架下升起的一颗教育新星》为题整版做了报道。

“绿色人文幸福校园”的思考和实践

内容提要：教育要为每个学生的终身发展负责，把快乐还给孩子，让学生更多地体验到自主探索与成功的快乐与自豪，感受到合作与和谐的力量。正确对待成功与挫折，通过自我体验、自我表达，形成良好的品质。让每个孩子充满自信，让每个孩子都享受到公平教育的幸福。因此，我们的教育要更多地引进“绿色校园”“人文教育”“幸福教育”的理念，使学校成为师生学习、成长、生活、发展的乐园。

关键词：绿色校园　人文教育　幸福教育

发表及获奖情况：此文发表于《教育科学与研究》2012年第4期，并在深圳市2012年中小学素质教育特色学校创建论文（经验）征文评比中获一等奖。

教育是我的终生职业，教育是我的一生追求。我1978年考入华南师大历史系，1982年毕业后来到深圳这片热土，至今近30年。我先后在深圳4所中学从教，当过班主任、团委书记、政教主任、副校长。2001年担任深圳市华富中学校长。华富中学位于福田中心区，但周围名校林立，生源多为打工子女，家庭教育缺失，导致学生的精神面貌和升学成绩均不甚理想。

从到这所学校起，我就思考：用什么来改变学校的面貌？靠抓升学率吗？升学率不是这所学校的强项，这更不符合教育规律。我马上否定了这种想法。学生一个星期在学校五天，这五天，他们快乐吗？我们的学校教育能否给予他们想要的快乐？我们学校教育能否让学生从中收获自己的快乐？我们的孩子成长的过程中始终被考试、分数束缚，绝大多数孩子在成长过程中体验不到快乐，不懂得学习的真正快乐。孩子的个性、天性难于在目前的教育体制中得到施展，获得发展，孩子的快乐难以在目前的教育里得以实现。

“对每个学生的终身发展负责。”“让每一个孩子都成功!”“把快乐还给孩子!”这些警言时时回响在我耳边。学校教育，不仅仅对学生当下学习、升学负责，更重要的是对他今后的成长、发展负责。

为此，我提出了“绿色人文”的办学理念，把学校的办学目标定为“人文见长，人格健全，和谐发展”。怎样成就孩子幸福的一生？后来，我又提出了“幸福教育”理念。10年来，在课程改革、素质教育、创建绿色学校、省一级学校等活动中，我对“绿色人文幸福校园”进行了深入的探索和实践。

“绿色校园”的内容包括三个方面：一是绿色理念，指在学校发展过程中，以可持续发展思想为指导，实现现代文化与生态环境的有机结合；二是绿色文化，指营造一个“人人具有绿色意识、诚信达礼、遵守公德、互助互爱”的健康向上的精神文化氛围；三是绿色环境，指实施绿色环保措施，建设一个优美的教学环境和生活环境，打造具有“人文内涵”的校园景观，给师生以美的享受和积极向上的进取心。

“人文教育”“幸福教育”就是要注重学生的品质教育，从学生发展的角度，让学生更多地体验到自主探索与成功的快乐与自豪，感受到合作与和谐的力量，让学生在成长中能正确对待成功和挫折，通过自我体验、自我表达，形成良好的品质。为学生创设一个宽松、愉悦的成长环境。尊重、理解，关注、赏识，帮助、支持孩子。以人为尊，以人为重，以人为先。对孩子的成长负责，对孩子一生负责。让每个孩子充满自信，让每个孩子都享受到成功的快乐，让每个孩子都享受到公平教育的幸福。

我对华富中学的定位是：创建“和谐+特色”的幸福校园，提供各种机会，搭建各种舞台，为师生张扬个性、发挥特长、发展潜能创造条件，为师生幸福人生奠基；追求幸福教育，使学校成为教师与学生工作、学习的乐园，达到校长无为而治，师生自主管理、自主发展，学校自主创新的美好境界。

10年来，华富中学以其崭新的办学理念，全新的办学策略，和谐奋进的人气，取得了令人欣喜的成绩。先后被评为广东省一级学校；国家级绿色学校；全国“十五”重点课题“教学改革实践研究”优秀基地学校；联合国教科文组织“环境、人口、可持续发展EPD项目”实验学校；全国德育科研先进单位；全国百所德育科研名校；联合国教科文组织中国委员会 EPD 教育创新奖；深圳市合唱节“五连冠”；劳技课连续 8 年优秀奖；福田区“书香校园”；深圳市“书香校园”；2010 在深圳市和福田区科技、艺术、体育等比赛中 300 多人次获奖；最近通过初评、复评，成为福田区校园文化特色学校。与此同时，我校的中考成绩也逐年上升，多次名列区前茅，并有学生中考取得市第 4 名，区第 1 名的好成绩。

我的有关校园文化方面的论文有《“人文、人本、人格”教育模式》发表于《教育研究》；《创设和谐的人际环境，让人文精神弥满校园》发表于《中国德育》；《以人文精神治校——关于办学理念的思考与实践》发表于《深圳教学研究》；《“绿色人文校园”的发展理念与经营策略》发表于《江西师范大学报》；《“绿色人文校园”的理念探索与经营》发表于《深圳教育》；《树立以人为本的办学理念》发表于《现代教育》；《提升校园文化“美”的境界》发表于《中国教育》；《高扬主体可持续发展旗帜，建设高品味的绿色人文校园》收进《2006 年广东省中小学校长办学思想精粹》一书：《倡导幸福教育，打造幸福课堂，创建幸福校园》发表在《初中教育研究》。我校鲜明的校园文化特色，被《中国教育报》《中国德育》《特区教育》等全国十多家媒体，以大量的篇幅做了报道，《深圳特区报》还以《笔架下升起的一颗教育新星》为题整版做了宣传。

经过十年的探索和实践，具有华富中学特色的校园文化已经初步形成，“最具幸福感”的华富文化在这里应运而生。如今，享受学习，健康成长，幸福生活是华富学子的真实写照。

一、人文管理，幸福管理

学校管理要立足于教师自律、自觉、自主，充分注意人性要素，充分开掘人的潜能，体现对人的尊重，给人提供各种成长与发展机会。只要有利于提高教师工作的幸福指数，只要有利于调动教师的积极性，只要有利于增强学校的凝聚力，都要想方设法办好。打造幸福校园，就要建立合理的管理制度，和谐管理，良性竞争，互相尊重、关心、包容，和谐相处，让笑声充满校园。

我们在建章立制的前提下，为教师造就一个宽松平等的工作环境，通过构建扁平式管理模式，来优化学校管理效能。本着“教师第一”的观念，唤醒教师的主体意识，确立教师的主体地位，尽最大可能将决策权向下层分解、转移，让教研组、教师拥有充分的自主权，并对产生的结果负责。为老师提供机会，让他们带着挑战感、自信感和自由感工作，保证上下层能及时、有效地进行沟通，强调教师的集体合作、对话与分享，减少教师职业的孤独感，增进教师对教育的投入效能，教师彼此成为专业发展伙伴。形成互相理解、互相学习、整体互动思考、协调合作的校园文化。

让每一位教师发现自己、挖掘自己的潜力，提高自身的素质，在事业上有成就感。我们通过校本教研，铺就教师成长的幸福路。我们坚信：人是靠精神站立的，又是靠业务行走的。一个教不好书、当不好班主任的老师在学校里无论如何是不会幸福的。在教学管理中，为教师的专业发展提供服务，为教师的学习与研究创造良好的环境，才是真正意义上的教学管理。因此，学校关怀教师，就要帮助教师专业成长，从而使教师享受专业成长和事业发展的幸福，对教师而言，最好的福利就是培训学习。我们的做法是：(1) 以发展目标激励教师幸福成长。学校制定了五年发展规划，也要求教师制定个人成长五年规划。为青年教师请师傅，一带一，帮助青年教师尽快成长。(2) 校内赛课提供教师成长平台。每学期学校组织校内名师展示课、青年教师基本功大赛；举办教育沙龙、教研论坛，促进有效课堂教学研究。(3) 外出学习开阔教师视野。我们组织到江苏洋思中学、山东杜郎口中学、杭州、长沙、香港等地听课，外出人员在90%以上。业务培训给予教师更多锻炼机会，真诚的努力使教师感到为人师表的尊严和地位。(4) 通过读书活动，丰富教师的精神世界。我看了好书好文章，就在校园网上及时向老师推荐。我要求科组长每学期必须向科组老师推荐本学科前沿文章和信息。(5) 重视教工身心健康，开展丰富多彩的文体活动。我校有市一流的羽毛球馆、乒乓球室；我们借助背靠笔架山的天然环境，组织登山活动。我们设教师午休室、工会活动室、心理松弛室。人文关怀增强了学校的凝聚力、教师的归属感和幸福度，实现了创造人生、教育人生、幸福人生。

二、自信自律，爱心育人

我们把促进学生健康成长作为学校一切工作的出发点和落脚点。实施渠道多元化、方法科学化全员参与的以活动为特色的学校德育。促进学生德育、智育、体育、美育等方面的和谐发展，为学生张扬个性、发挥特长和发展潜能创造条件。努力培养基础扎实、人格健全、体魄强健、兴趣广泛、勇于创新、热爱学习、善待生活、善于合作、敢于竞争、拥有爱心的能够适应现代社会的一代新人。

我们把德育工作落实在教学、管理、后勤服务的各个环节上。以政教处为核心，年级组、团委、学生会、班主任、教师为主要力量，争取家长、社区合作，形成全员参与的德育网络。建立校外教育网络，完善家校联系制度。整合学校、社区和家庭教育资源，办好家长学校，拓宽警民共建、社民共建文明学校工作新渠道；通过家长委员会、家长学校、家长接待日、家长会、家访（电访）、“校讯通”等形式，加强与家长的沟通与联系，相互理解和密切配合。构建学校、家庭和社会有机结合的德育实施体系。

根据不同年级学生身心发展的特点，抓住各阶段重点，按年级、分层次、有侧重地对学生开展健全人格的人文教育。突出班会课及学科教学实施德育教育的主渠道作用；积极开发文明礼仪、人文教育的校本课程；认真开展行之有效的主题教育活动和丰富多彩的学生社团活动。建立“自主管理、自主发展”的教育模式，形成积极向上的校园氛围。成立一系列自我管理的组织；班级实行学生自治，自主管理班级事务；班级干部、团队干部实行轮岗制、竞选制；社团、兴趣小组、社会实践小组等学生自主发展社团组织，学生自己安排活动内容、自己选择活动形式、自己确定活动目标，全程参与，自主评价。开展以“养成教育、自信教育、感恩教育”为主题的特色德育活动，切实提高学生的综合素质；开展“文明之星”、“班级之星”、“公益之星”等评选活动，促进学生养成良好的生活习惯。

在实现“成就幸福人生”的终极目标中，我们有四个追求：追求尊严、追求价值、追求人格、追求个性。在四个追求中，有四种意识：全责意识、平等意识、合作意识、开放意识。在教育教学过程中，渗透四个教育：爱国教育、感恩教育、求真教育、生命教育。落实四个教育，通过四个途径：关爱，即尊重、热爱学生，体现关爱；展示，让每个人都有展示的机会，增加自信心与成功感；体验，让每个学生参加体验活动，提供平等成长的机会；积淀，即通过关爱、展示、体验等途径形成人文教育的校园环境，成就学生幸福的一生。

如上学期我们举行“做一个文明的中学生”演讲活动。先每人写演讲稿，班级讲，再选拔人到年级讲，最后全校讲，全校学生听。希冀借此活动，形成学生懂文明、讲礼貌、守礼仪、明规范的合格中学生。通过自我教育，养成文明习惯。一片空地，你不去种庄稼，那么就会长野草。近期我们又开展做文明中学生、创“十无”班级专题活动，召开主题班会，出专题板报，授“十无”班级荣誉匾牌，借此规范统一全班同学的言行举止。我们倡导全面德育，全员德育，全程德育，活动德育，通过尊重、激励、养成等形式，培养优秀现代人。

三、民主课堂，幸福课堂

以学生为本，尊重生命的独特性，理解生命的生成性，善待生命的自主性，关照生命的整体性。课堂中的幸福是师生之间完美、积极、乐观的人生态度的体现。教学过程是师生共同成长的过程，其本身应该是师生双方体验幸福、享受幸福的过程。教学的终极目标，课堂的动态建构是建立在师生之间能以更幸福的生活的人生追求上。

轻负、乐学、高效的课堂正在成为培养成功学习者的殿堂。我校长期推行“导学案”，课堂以培养创新型人才，培养学生的学习能力、学习习惯、学习兴趣，促进学生发散思维为目标，切合当前基础教育教学改革的要求和实际，受到了学生和家长的赞同和认可。

良好的自主学习习惯——幸福课堂的先遣队。我们从初一新生开始就制定学习习惯培养措施，如新生入学训练、预习课本方法指导、作业规范训练等。不同学科、不同老师在学习方面对学生提出一致的要求，并坚持三年，一如既往。考试学科每个备课组编写一份学习方法指导材料，并安排时间由科任教师对学生进行解读指导。

制度化的导学教案——幸福课堂的保险箱。我们集体备课制度化，每个主备人提前一周准备学案，每周一次集中讨论，先由主备人解析讲学稿上每个环节的编写目的，然后每人发表不同意见，集体讨论，完后定稿。课堂上留一定时间给学生当堂练习，实行小组化学习。让学生互助学习，帮教解决问题，最终实现学生自主学习的目标。作业布置制度化、分层化，当堂作业当堂批改。建立作业监控制度，控制学生课外作业量。

正确的老师工作评价机制——幸福课堂的厚盾牌。实施学案教学以来，全校形成了无形约束、有效劳动的氛围，真正让老师静心教书，潜心育人，也让老师时刻存在无形约束和责任，其工作质量的优劣高下受到相应评判。

评价一位老师不但看分数，更看其课堂教学，看其学生观和团队意识。

和谐温馨的师生关系——幸福课堂的润滑剂。教师不仅传授学生知识，更重要的是给他们以思想的启迪，教他们如何做人，帮助他们形成良好的心理品质，尊重每个学生的人格。师生平等对话与分享。对话是多向的，师与生，生与生。教师在聆听中感受学生的心跳，沟通学生的体验；学生在聆听中分享教师的情感。对话更是一种人与人之间平等的精神交流，打造和谐的师生关系，使师生都能感受到幸福课堂的温馨与甜蜜。

让孩子们快乐地、充实地、自主地、舒展地、诗意地生活在课堂上，让孩子们经历温暖而百感交集的心灵旅行，让他们在诗意盎然的生命里收获美丽的错误——这是每一个老师所追求的课堂境界。

四、享受运动，身心健康

我校严格控制学生在校集中教学活动时间，每天不超 7 小时，严格按照国家课程计划开齐开足全部课程，不随意增减课程和课时，从严控制考试次数，每学期大考不超过两次，保证每天体育锻炼一小时，坚持“健康第一”，把时间空间还给学生，把健康快乐还给学生，把兴趣爱好还给学生。鼓励全体学生走进阳光、走向操场、走入大自然，积极参加形式多样、生动活泼、健康向上的体育运动，营造“我运动、我快乐、我阳光”校园氛围。当孩子们从禁锢已久的考试牢笼中释放出来，轻松学习，自由成长，师生真正感受到教育规范带来的幸福。我们每个学期均举办运动会，上半年是趣味运动会，下半年是田径运动会，充分让学生享受运动带来的身心愉悦。我们重视竞技体育，学校田径队、篮球队在市、区运动会上取得过一、二名的好名次，让成功的快乐带给学生好心情。

现代人的健康应该包括：心理健康、社会健康、道德健康。我校安排专职心理老师，设立心理辅导室、心理松弛室。经常开展行之有效的心理辅导活动，注意总结心理健康教育的经验和个别群体心理辅导案例，并对资料进行整理归档，还结合本校学生心理健康的实际，开展富有特色的心理健康教育活动。学校还建立心理危机干预应急预案，并实施心理危机干预。

“积极的力量让幸福可以永恒。”懂得快乐、善于快乐是一种智慧、一种气度、一种气魄，积极心理就是获得这一快乐的基础、动力与保障。因此，我校心理健康教育非常重视学生的心理幸福感受，积极开展校园谈心和家访活动。学校建立"一帮一"制度，每位任课教师在所教班级至少帮扶一名学生。每个领导和教师都有长期跟踪谈心的任务，并要求教师主动联系学生，做好每次谈话后记录。通过谈话了解学生心理状态，排除学生心理障碍，鼓舞学生学习信心。学校努力构建学校、家庭、社区三位一体教育体系，规定了教师校信通的使用要求。成立家长学校，注重家庭教育对学生的疏导，让家长与学校、老师沟通与交流，共同指导、教育学生。我们还要求家长配合学校学案教学模式，指导学生自主学习的方法，使对知识和学习感兴趣。从而使学生产生愉悦感、荣誉感和价值感。

学校历来注重人文关怀，把提高教师们的工作、生活品质排在首位。组织在职和离退休教师进行健康体检，对教师实行生日慰问祝贺，节日为老师们发放米、油、纸等生活用品，竭尽全力为教职工排忧解难，办实事、办好事，努力营造民主和谐的工作环境。每年元旦联欢晚会各工会小组表演风趣搞笑的节目，娱乐大家身心。区教育局举行的教工篮球赛、乒乓球赛、羽毛球赛，我们都积极组织教工积极参加。我校教工篮球队、乒乓球队在区教工比赛中均取得好名次。通过关心教职工的生活与健康，开展多种形式的文体活动，提高教职工的幸福度，为构建文明和谐校园推波助力。只有身心健康、家庭幸福、工作稳定，教师才能把主要精力投入教育教学。

五、个性特长，艺术氛围

艺术教育是发挥学生特长、蕴含艺术气质、丰富精神世界、体味幸福人生的重要手段。比如合唱和器乐，不仅需要发音技巧、演奏技巧、听从指挥、团队精神，更能愉悦身心，享受音乐的美感。

我们重视学生审美情趣和艺术情操培养，提高学生艺术欣赏能力，积极开展高雅艺术进校园活动，我们请深圳交响乐团、深圳京剧团等来学校演出。经常开展音乐讲座、书法欣赏、朗诵艺术、美术摄影展等艺术活动。

在这里，每个孩子都有一个自己喜欢的兴趣班，每一个孩子都有一项特长。在这里，校园文化艺术异彩纷呈，不仅展示着学子的才华，促进着多元的发展，更传递着一种时代精神，传承着一种传统文化。

每周五下午第三节课后，全校30多个讲座、长训等超市课堂同时开放，在校园的每一个角落，活跃着孩子们快乐的身影。

学校合唱连续五届获得深圳市合唱一等奖（五连冠）；学生美术书法作

品多人次获国家、省、市级绘画、书法比赛一、二等奖；学校获得广东省书法名校称号；学生诗朗诵多人次获市、区一等奖。歌声琴声，笔歌墨舞，华富中学笼罩在一片浓浓的艺术氛围之中，孩子们享受着艺术带来的快乐。

六、节庆文化，终身奠基

节庆活动是文化现象的载体。在节庆活动中，学校通过展演、展播、展览、巡游等形式，弘扬中华民族优秀文化，丰富学生课余生活，展示学生青春风采。

我校举办各种“节”，如艺术节、体育节、数学节、科技节、英语节、吟诗诵贤文等各种活动，从而使学生得以生动活泼的发展，造就了一批人才，仅近两年全校就有近百人在全国各种竞赛中获得大奖。特长＋特色，把学生从单调乏味的应试生活中，引入到富有创意的七彩生活中，把学生从千篇一律的“机器人”变成具有个性特征的活鲜的人。从而大大提高了学生在校的生活质量与生命质量，唱响了一曲生命的歌。

“君子节”和“淑女节”可以说是我校的一大创意。我校每学年间隔一次于3月和5月举办一次“淑女节”和“君子节”活动。活动围绕培养健康、好学、文雅、有爱心的现代淑女目标和阳光、正直、勤奋、有责任感的男子汉目标，开展丰富多彩、有益身心健康的活动。2006年“淑女节”主题——会读书的女生最美；2008年“淑女节”主题——做有修养的、优雅的女生；2010年“淑女节”主题——做善良的女生；2007年“君子节”主题——会健体的男生最帅；2009年“君子节”主题——做真的汉子；2011年“君子节”主题——做阳光男生。

七、书香校园，快乐阅读

学校，应该成为学习型的组织，成为探索求知的学园。阅读是快乐的、幸福的。我们开设阅读课，安排专门的老师上课；我们在校园网上专设“读书乐”网站，定期评选“阅读之星”；我们打造“书香校园”，倡导“会读书的女孩最美”；我们调动一切资源，开设“校本课程”，营造浓郁的学习、思考、探究、展示、创造氛围，使学校拥有丰富的智力背景和日渐深厚的文化底蕴。

我们设立“班级图书角”“班级图书漂流站”。如斯温馨的教室文化氛围既美化了教室环境，又记录了孩子们成长的足迹，让他们相互品味童年的精彩。

让学校的理念通过标语、书画、橱窗等尽可能地在校园的每一个角落里表达出来。走廊名人名像高挂，努力让墙壁说话、树木吐情。充分发挥学校宣传媒体的作用。在广播、橱窗、校园网站与报刊中不断宣传、渗透理念，让人文的理念像空气一样弥漫在校园里。

我们积极开展“书香校园读书工程”，添置教育书籍，把它放置在年级组，在教师中传阅，开展阅读文学和教育经典名著活动，办公室和每个教室设立图书角，要求每位教师每年制定读书计划，读书做到“五个一”：阅读一部经典名著、一部教育专著、一种期刊，进行一次读书交流，每学期撰写一篇高质量的教育教学论文和读后感。通过精读原著、读后感评比、网上读书论坛等形式，引导教师把读书学习作为促进个人专业成长的重要途径，增强读书学习的主动性。

为了使国学教育更深入开展，我们成立“李清照诗社”“笔锋文学社”，创办《华富中学淑女报》，启动“淑女读书月活动”，并开展评选“十大书香淑女”。《淑女报》曾获全国校报评选一等奖。我们在每层楼的墙壁上镶嵌了62幅木刻艺术作品，每幅木刻一个主题，每个主题下面选用一段名人语录作为解读。这62幅木刻艺术作品，不仅美化了校园，而且让学生时时与古今中外的名人对话，聆听他们的教诲，从中受到人生的启迪。使学校处处飘荡着书卷之香气。学校先后被评为“福田区书香校园”“深圳市书香校园”。

八、绿色校园，温馨校园

温馨美丽的菁菁校园，是一支默默无语又无时不在的教育力量，陶冶着优良的情操，塑造出美好的心灵。在校园文化建设中，华富中学以“文化品味，现代气息，人文精神”为理念，以“美观、简洁、素雅、实用”为思路，着力打造“让每一个角落都会说话，让每一处环境都育人”的景观文化，让师生在亲身营造的文化环境中熏陶和滋养自己。一进校门，琳琅满目的“德之魂”“智之光”“体之魄”三幅浮雕文化艺术墙令人应接不暇。清晨，当老师们略带着一份凉意来到学校，楼道内、办公室一角株株清新的植物、抹抹新鲜的绿意抢入眼帘。惊喜之余，这份绿色的问候更让人顿觉心神愉悦，暖意融融，为一天忙碌的工作导演了一个温馨美好的开始。这是学校从注重教师们身心健康出发，不断提升教师幸福度的又一人性化举措。走进办公室，你可以欣赏到橡皮树、绿萝、散尾葵、爪叶菊、大叶兰……这些看似不经意间点缀在办公一角的风景，在净化空气美化环境的同时，更给老师们忙碌劳神的工作营造了温馨的气氛和亲切的感觉。

学校精心设计打造的十大文化景观是：修身养性的“德馨园”、切磋交流的“启智园”、引人遐思的“科技大厅”、弘扬历史的“国学长廊”、楼宇叠翠天的“天井花园”、美轮美奂的“运动场区”、树高叶茂的“榕树林区”、四季常青的“热带雨林”、如霞似火的“簕杜鹃花坞”、富有深厚文化内涵的“德智体”壁画群。

学校依托笔架山得天独厚的地理条件，充分开发笔架山的教育资源，笔架山不仅成为学校天然的后花园，而且还成为我校开展生物活动的实验园，强身健体的健身房，第二课堂的活动场，教育科研的实验地，校本教材的资源库。每天中午、下午放学后时间，你就会看到三三两两在笔架山公园散步的老师，你能说他们不幸福吗?

总之，一所学校的文化底蕴越厚，学校发展的基石就越牢，潜移默化的影响就越大。所以，培植自己的校园文化传统，就是在培植一个巨大的教育磁场。可以说，华富中学今天的成功，是我们10年来致力追求高雅、高尚、卓越的校园文化的结果，是我们实践“绿色、人文、幸福校园”的理念的结果。“绿色、人文、幸福”，这几个沉甸甸的字将永远刻入华富中学的办学历程。

“绿色人文校园”的发展理念与经营策略

内容摘要：“绿色人文校园”的办学理念就是树立师生的主体地位，发挥师生的主体潜能，实现师生的人生价值。“绿色人文校园”在管理上就是推进民主管理和营造和谐人际关系；在学校的发展上就是树立“教师发展第一”的观念，营造学校的师资质量，就是“打造学校的核心竞争力”；在校园文化的建设上，最核心的就是形成学校的价值观念，培植校园文化传统，就是在培植一个巨大的教育磁场。

关键词：绿色人文　管理理念　发展理念　文化理念　经营策略

发表情况：此文2004年获得联合国教科文组织“环境人口可持续发展教育项目”征文一等奖，并发表于《深圳教育科研》2004年第5期。

环境问题已成为世界各国人民共同关注的热点问题，它关系到人类的生存，关系到国家民族的安危，关系到经济的可持续发展，关系到政治文明和精神文明。而世界正在兴起的环境文化已成为人类的新文化运动，成为当今世界的先进文化。它是人类思想观念领域的一场深刻变革，是对传统工业文明的反思和超越，是在更高层次上对自然法则的尊重。可以预见，未来生态工业文明领先的国家，将主导世界的格局。谁的环境日趋恶化，谁就在国际关系上日趋被动，在生存的空间上就会日趋缩小。基于这样一种认识，环境、人口、可持续发展的教育就成为学校素质教育中的一项最重要内容，它不仅是一种国民的素质，而且已成为世界公民的一种基本素质。学校是青少年茁壮成长的生命绿洲，校园文化是土壤，人文关怀是雨露，科学精神是阳光。一所学校如果缺少了人文关怀，将会导致教育的水土流失，校园趋向沙漠化。而现在一些功利的教育只会把学校变成追求升学率的机器，从而窒息教师的创造激情，扼杀学生的个性特长。因此，我们崇尚人文精神，倡导绿色教育。我们把“绿色人文校园”作为一种办学理念，以此推进学校的发展，把创建“绿色人文学校”作为学校的特色品牌来对待。

所谓“绿色人文校园”，最本质的就是树立师生的主体地位，发挥师生的主体潜能，提高师生在校的生活质量和生命质量，从而实现师生的人生价值。这一理念便成为学校工作的灵魂与支柱。

一、“绿色人文校园”的管理理念

宇宙自然的秩序，建立在万物平等互动，对立平衡，相互约束，和谐发展的自然法则之上。这一自然法则，也是人类社会生存发展的法则，人类是自然生命系统的一部分，它不可能独立于生态网络之外。这一法则体现在政治上就是实现社会主义的民主，体现在人际关系上就是建立一种平等、尊重、和谐的人际环境。“绿色人文校园”的管理理念就是在学校推进民主管理和营造一种和谐的人际关系。

我们对学生的管理必须树立“以生为本”的思想，我们要真心实意地欣赏每一个学生，服务于每一个学生，尊重学生人格，重视学生道德品质的培养，开发学生的创造潜能，并且在开发生命潜能的同时，又注意保护生命资源，形成教育生态意识。在这一思想指导下，我们探索了一套“民主型班级管理模式”和“构建以人为本的德育磁场”的做法。“以人为本”的教育是把学生当作学习主体、思维主体、设计主体和活动主体，让学生在自我感受、自我调适、自我感悟、自我实现中获得成功的喜悦。为此，我们抓了四大建设：一是建立“以人育人，以人促人”的机制场——民主型班级管理模式。这种模式是以培养学生的自我管理能力，增强学生的民主意识、合作精神和社会责任心为目标，采取学生干部民主竞选上岗的办法，实现“常务班长”和“值周班长”制，将班级事务细分成若干项，让学生根据自己的特长，自主选择管理角色，从而使全班“人人有事做、事事有人管”。进一步促使了全体学生的主体性充分发展。二是建立“以人育人，以情育人”的爱心场——对后进生、学困生实施“特别关爱工程”。为此，我们鲜明地提出“转变一个后进生比培养一个优等生更光荣”的口号。在对学生管理时，特别强调对学生人格的尊重，尤其要尊重以下六种学生：①尊重智力发育迟缓的学生；②尊重学业成绩不良的学生；③尊重被孤立和拒绝的学生；④尊重有过错的学生；⑤尊重有严重缺点和缺陷的学生；⑥尊重和自己意见不一致的学生。我们强调对学生要多一点爱，多一点尊重，多一点宽容，多一点鼓励，多一点自主。学校专门成立了后进生的“导师帮教制”，建立了导师帮教的考核制度、汇报制度和奖励制度。三是建立“以表彰树自信，以成功促发展”的激励场——让每一个学生都获得成功。同时学校大力开展表彰活动，在评选“三好生”“优秀学生干部”的基础上，开展了评选“单项标兵”的活动，如文明礼貌标兵、清洁卫生标兵、孝敬父母标兵、绿色环保标兵、学习进步标兵等几十项，一个学期表彰两次，每次上百人，戴红花、挂照片、进橱窗、上广播、登校报，从而，形成了一个声势浩大的学先进赶标兵的热潮，把激励机制变成了催人上进的动力。四是建立“以兴趣促发展，以特长促特色”的人才场——让每一个生命都闪光。我们成立了各种兴趣组，开办了各种特长班，开设了各种选修课，举办了各种“节”，如艺术节、体育节、数学节、科技节、英语节、吟诗诵贤文等各种活动，从而使学生得以生动活泼的发展，造就了一批人才，仅近两年全校就有近百人在全国各种竞赛中获得大奖。特长+特色，把学校从单调乏味的应试生活中，引入到富有创意的七彩生活中，把学生从千篇一律的“机器人”变成了一个具有个性特征的活鲜的人。从而大大提高了学生在校的生活质量与生命质量，唱响了一曲生命的歌。这种“绿色人文”的管理理念，使学校充满了活力，使师生有了家的感觉，学校处处充满浓浓的爱意，时时洋溢着暖暖温情。华富中学成了家长最放心的学校，学生最开心的乐园，教师最舒心的场所。从而使学校形成了一种巨大的亲和力，凝聚力和战斗力。

二、“绿色人文校园”的发展理念

“绿色人文校园”理念的最本质的东西就是实现人与自然的和谐发展，提高人的生命质量，实现人的生命价值。因此，一个学校的发展水平，取决于师生发展的水平，而教师的发展的水平，又决定着学生和学校发展的水平。学校的发展最根本的是教师的发展。因此，树立“教师发展第一”的观念，就是“打造学校的核心竞争力”。我们不能把“对人的管理”当作对人的管束。现代学校管理的核心，一是看每个人的积极性创造力能否最大限度地发挥出来，二是看一个人在这种管理制度下是否活得有尊严和有价值。管理的最大价值，不在于做了什么事，而在于发现了多少人和培养了多少人。所以我们要满足教师的发展需要、声誉需要、成就需要、自尊需要，为教师的成才、成名、成家提供最有力的支撑。我们认为这才是提高教师的生活质量与生命质量，实现教师人生价值最根本的东西。

在教师的发展上我们做了以下工作：

1. 开展“教师增值活动”，即每个教师要在原有的学历、职称、成果上提档晋级，制订出切实可行的增值计划和实施策略。

2. 本着“优秀教师优先发展”的策略，着力打造一批名师。为此，学校设立“首席教师制”。首席教师采取竞聘方式产生，一旦认可，便赋予相应的权利义务，给予相应的待遇。

3. 开展教育科研，为教师的成才、成名提供最广阔的舞台。我校参与国家级课题有 3 个，市区级课题 5 个，校级课题 15 个，全校将近三分之二的教师都有课题，其中有关环保的课题就有：《环境教育中实施人文素质培养的实践研究》《语文课文中山水诗文的绿色价值观的研究》《笔架山生态环境的价值研究》《不同地点空气监测对比分析研究》《深圳市水质污染的研究》等等。在开展课题研究中我们与课程改革紧密结合，并以教学案例为突破口，以校本教研为主要形式，不仅大大活跃了校园的学术空气，而且使一大批教师脱颖而出。其中李小婉、罗泽斌、武东风、柴穗蓉、李景林、吴建民、陈思益等教师分别获得两项国家级课题的一、二、三等奖，伍建中、马玉玲、曾坚梅三位老师荣获中央教科所德育实验课题的先进个人，学校也评为全国德育实验先进学校，还有 10 多位老师在全国权威报刊如《中国教育报》《中国德育》《教育研究》《语文教学与研究》及深圳市多家报刊上发表了 20 多篇文章。这么多人获奖和发表文章在华富中学的办学史上是仅有的，在深圳市也是不多见的。课题+课改，为教师的成才提供了一个最好的发展机遇。

4. 开展校际合作，为教师的脱颖而出开辟又一个渠道。当深圳市课程改革的序幕刚刚拉开的时候，我校倡导成立了“六校语文课改合作研究体”，六校合作体每月轮流举行一次课改研讨活动，每次活动采取听课、评课、交流和学术讲座方式进行，为六校的教师提供了一个展示才干，交流研讨的极好机会。这一合作体活动在深圳市产生了很大影响，并被专家们喻为很有创意的教育沙龙。

5. 成立专家指导组，专家指导组成员有国家环保局的负责人、有中央教科所、北京教科院、上海教育学院、广州现代教育研究中心及深圳市的有关专家组成。专家指导组一是指导我们的课题，二是来校作学术报告，三是参加专家们组织的全国课题研讨活动。这大大开阔了老师的视野，广博了老师的见闻。对课题与课改起到了极大推动作用。

6. 举办“教师论坛”会。每个月学校拿出两节课，专门用来展示教师的成果与风采。“论坛会”可以是“读书心得报告会”，可以是“教师专题讲座会”，可以是“课改热点问题辩论会”，也可以是“教学成果推介会”。每次“论坛会”都成为教师的一次精神会餐，也成为激励教师的加油站。它已成为华富中学一道靓丽的人文风景线。

7. 鼎力支持教师写书、出书、成名成家。如唐劲松教师编写的《教育机智漫谈》，李小婉、江传国、卢耀华、李景林等人编写的《少年君子》，隆艺编写的《民乐二胡教程》，美术组编写的《华富中学美术作品集》，语文组编写的《芳草地》等，都是在学校的大力支持下出版发行的，并产生了较好的社会效果。

三、“绿色人文校园”的文化理念

一所好学校，一定沉淀了深厚的文化底蕴。所谓学校的文化，是指经过长期发展，历史积淀而形成共识的价值观念、价值判断、价值取向和行为规范。校园文化的核心就是学校的价值观念，它是学校发展取之不尽的源泉。校园文化有不同的层面，它的表层是校园物资文化，如校园环境；它的浅层是行为文化，如行为习惯；它的内层是制度文化，如规章制度；它的深层是精神文化，如办学理念等等。在这诸多校园文化中，我们着重培植三种文化，一是校园精神文化，如乐于奉献的敬业精神，勇于攀登的拼搏精神，负重前进的坚韧精神，开拓进取的创新精神等等；二是校园的教育文化，如崭新的教育理念，开放的课堂教学，强烈的求知欲望，严谨务实作风等等；三是校园的环境文化，如优美的校园景观，和谐的人际关系，高雅的艺术氛围，多彩的文化生活等等。总之，一所学校的文化底蕴越厚，学校发展的基石就越牢，潜移默化的影响就越大。我们认为一种制度的、行政的、物质的东西，只能提供程序、规矩、命令、信息，它无法净化心灵，修炼德性，丰富感情，提升精神；更无法激发智慧的灵感，思想的火花，创造的激情。而这一切则可从厚积的校园文化中获得。所以，培植自己的校园文化传统，就是在培植一个巨大的教育磁场。

在创建绿色校园文化中，我们充分开发笔架山的教育资源，创设学校特有的景观文化与教育文化。我校有一得天独厚的地理条件，我们依托笔架山优越的地理条件，精心设计校园景观文化，使之成为笔架山下一颗耀眼的明珠。在校园文化的建设中我们以“文化品味、现代气息、人文精神”为理念，以“美观、简洁、素雅、实用”为思路，着眼于环境文化对师生的熏陶感染，让每一块墙壁都说话，让每一个景点都育人。当你走进华富中学时，那富有深厚文化内涵的“德之铭”“智之光”“体之魂”的壁画群，会让你肃然起敬；那曲折回廊的名人塑像，哲理名言，会让你心驰神往；那层层叠叠从楼顶直泄而下的绿色瀑布及繁花丽朵，会让你赏心悦目；那小巧玲珑的花坛假山及品种繁多的生物园，会让你流连忘返；那琳琅满目悬挂于大厅上的百幅古典诗文名句，会让你目不暇接；那展示学生聪明才智的百米文化墙报，会让你赞叹不已。至于校门前竖起的每周警言牌，楼阁间悬挂的名画，墙脚及厕所摆放的鲜花，无不散发着浓郁的文化内涵。当你置身华富中学，都市的烦嚣便荡然无存，一股清鲜淡雅的气息会使你的五脏六腑特别的滋润。优美的校园文化以无声的语言，流动的乐意把“爱我华富”的思想注入到每一位师生的心田。

笔架山不仅成为我校天然的后花园，而且它还成为我校开展生物活动的实验园，强身健体的健身房，第二课堂的活动场，教育科研的实验地，校本教材的资源库。笔架山是一座极为丰富的教育资源，充分利用和开发笔架山的教育资源，对办出我校特色具在举足轻重的地位。为此，我们倡导与笔架山公园管理处、华山居委会、华山社区警务室等单位联合成立“共建绿色社区协作体”，并制订了协作体章程，定期开展各种活动。我校成立了笔架山文学社，开展了笔架山景点征文活动，为每一个景点撰写精美的导游文章；我校与中央工艺美院附中联合创办的美术特长班，每个星期都到笔架山写生，笔架山成了学生天然的写生画廊，并将编写一本《笔架山景点画册》；我校还开展了千里登山活动，师生们利用早晚或午休时间去攀登秀美的山峰，成了一天学习工作的最大享受；我们在笔架山开展了一系列的教科研活动，如生物组开展的“笔架山生物种类及对周围环境的影响”“笔架山大气监测”“笔架山鸟类的种类与习性”等等。学校还成立了“环保协会”“爱鸟协会”“爱心俱乐部”、“环境监测小组”等环保组织，定期开展“绿色志愿者”活动和“爱心活动”，学生走向笔架山，走向华富社区，开展植绿、护绿、兴绿等活动。

本学期我们还大刀阔斧调整课时，进行课程改革，我们将每节课由45分钟改为40分钟，每天8节课改为9节课，将这每天多出的一节课，集中到周二、周三专门开设校本课程的选修课，全校共开设了30多门选修课，学生根据自己的兴趣爱好选修相关课程，这种超市课程成为学生发展个性特长的极好场所，受到了学生青睐。在这些超市课程中，环保课程就是一门颇受欢迎的选修课，我们将环境文化、环境道德、环境的价值观念、生态经济、生态文明、中国传统文化中的环保理念等内容纳入选修内容。在环保选修课内，除了我们的教师授课，我们还邀请有关的环保专家讲课；除了学习环保的专业知识，我们还对深圳市的环保热点问题，如水污染、水资源短缺、汽车尾气污染等问题开展调查，作为探究性学习的一项任务来进行。语文组还开设了“古代山水诗文的绿色价值观”的选修课，他们将语文课文中描写山水的古诗文及课外的山水诗文，分成了四大类：一类是山水诗文的审美情趣，二类是山水诗文的人生感悟，三类是山水诗文的人生哲理，四类是山水诗文的心灵陶怡。他们充分运用古代山水诗文，既让学生了解我国古代传统文化中的环保理念，绿色价值观，又对学生进行审美教育，人生教育，受到学生热烈欢迎。现在他们正在编写一本《古代绿色诗文赏读》的校本教材，并把它作为精品校本教材来打造。总之，让绿色教育渗透到学校的方方面面，使绿色人文的理念逐步变成学校的鲜明办学特色。

参考文献

1. 潘岳：《环境文化与民族复兴》（《深圳商报》2003.12.5）
2. 李建平：《EPD教育在中国》（《中国教育报》2003.4.17）
3. 《新课程背景下的现代学校管理策略》（《安南教育信息网》2003.5.5）

对学校"生态环境教育"的思考

内容摘要：人应该与自然同生共存，要建立人与自然和谐发展的绿色新文明。要开展"生态环境教育"，促进资源的可持续利用和生态环境的协调平衡。将生态伦理纳入学校德育，提升生态伦理教育在素质教育中的地位，帮助学生学会判断人与自然关系中的是非善恶，正确选择、调节自己的行为。要将生态环境教育与德育教育、学科教学、研究性课程、校园环境等相结合。

关键词：人与自然　生态伦理　环境教育

发表情况：此文发表于《环境教育》2006 年第 2 期。

一、"生态环境教育"的由来

1. 对中国传统文化精神的发掘和提炼

儒家提倡"仁者爱人"，孔子后学将仁的概念进一步扩充，从"推己及人"发展到"推己及物"，就是不仅要"爱人"，而且要"爱物"。孟子说："亲亲而仁民，仁民而爱物。"（《孟子·尽心上》）荀子认为君子应当"无不爱也，无不敬也，无与人争也，恢然如天地之苞万物。"（《荀子·非相》）董仲舒也主张要"质子爱民，以下至于鸟兽昆虫莫不爱。不爱，奚足谓仁?"（《春秋繁仁义法》）荀子认为，要想使自然界为人类贡献更多的财富，必须将管理社会的群道原则推广到自然中去，对自然万物施以仁的精神，在人与物、物与物之间建立起既相互制约，又相互协同良好秩序。依照荀子的理论，在仁的努力下，应当使自然界的万物都处于分与和的统一之中，通生物和环境之间的合理生态结构，达到“昆虫万物生其间”，“相食养者不可胜数”的整体效应，人应该而且能够与自然同生共存，达到人欲与物产“两者相持而长”。（《荀子·礼论》）这些都有了儒家泛爱生灵的博大情怀。

2. 顺应了世界发达国家对生态环境的认识发展趋势

上世纪60—70年代第一次环保运动的基调是建立在环境与发展分裂的思想基础上，也就是所说的绿色环境观念。90年代以来第二次环境革命运动则要求将环境与发展进行整合性思考。这场以绿色为特征的环境革命，与20世纪60—70年代所说的绿色环境运动具有质的区别，它不是对传统发展模式的简单修补，而是要与严重牺牲环境的旧文明进行决裂，建立一个在人与自然和谐基础上的人类发展的绿色新文明。

环境革命要求对人类文明从物质层面、体制层面、价值层面实行全方位的变革。在物质层面上，现革命呼吁对现有的物质生存方式以及相应的技术手段进行变革；在体制层面上，环境问题需要进入法治结构、法律结构和经济结构之中，使得环境保护制度化；在价值层面，环境革命要求人类的观念在对待自然、对待后代、对待贫穷的关系上发生革命性的变化。“只要道德地对待自然界的规范一旦成为人的内在需要，它就会在解决生态问题中起到根本性的作用。”基于对传统经济概念的批判，“理性生态人”是生态伦理学家提出的一种新的人类行为模式，它要求在社会生活中，人们除了成为某一行业的专家外，还应具备与其职业活动及生活方式相关的自觉环境保护意识。

3. 进一步丰富了我校环境保护教育特色的内涵，体现了与时俱进的精神

我校是广东省绿色学校，在环保教育与实践中做出了一些成绩。随着时代的前进和观念的变化，传统的环保教育也要与时俱进。我校把原来的“环保教育”提升到“生态环境教育”的层面，这是时代发展对我们提出的全新要求。将“生态环境教育”作为我们的办学特色有以下几个意义：

（1）可持续发展

可持续发展是我国的一项基本国策。可持续发展可分为生态、经济、社会等三个方面，具体表现为“以资源的可持续利用和生态环境为基础”，“以经济可持续发展为前提”，“以谋求社会的全进步为目标”。

实施可持续发展战略，首先要求人们具有可持续发展的思想、意识、观念、能力等，即素质。教育是素质培养的关键。只有开展以“可持续发展”

为本的教育，才会有推动可持续发展的人，进而国家、社会、人类的可持续发展。

在可持续发展的众多因素中，资源的可持续利用和生态环境的协调平衡是最重要的基础，它是人可持续发展的根本。人类社会的可持续发展，必须以培养现代人的生态伦理意识为前提。将生态伦理纳入学校德育，提升生态伦理教育在素质教育中的地位，帮助学生学会判断人与自然关系中的是非善恶，正确选择、调节自己的行为，从而最终通过人的发展来促进社会的持续发展。

(2) 人文精神和科学精神的结合

美国著名科学史家科恩说："新科学的一个革命性的特点是增加了一个实用的目的，即通过科学改善当时的日常生活。寻求科学真理的一个真正目的必然对人类的物质生活条件起作用。这种信念 16 世纪和 17 世纪一直在发展，以后越来越强烈而广泛地传播，构成了新科学本身及其特点。"弗兰西斯·培根是这一科学的代言人，他强烈的主张科学应该增进人类的物质福利，否则就是些空洞的论证和言词游戏。

科学的这种对待自然的深刻的"功利化""权力化"意识，超越功利的不计后果的"无禁区"探索，以及为达目的不择手段的做法，在事实上可能造成恶劣的后果。"让科学成为我们的生活方式"，这句广告词彰显的就是这种科学主义的理想。"科技以人为本"表述的就是人与自然之间功利性关系。

现代的科技教育是以征服和改造自然、促进物质财富增长和社会发展为目的，向人们传授自然和技术知识、开发人的智力的教育。它体现的主要是以社会发展需要为标准的教育价值观。现代技教育过分注重教育的直接社会功用，而在一定程度上忽视了教育更为深刻的促进人的全面发展的责任。中国传统的人文教育虽注重人性的陶冶和完善，但却有脱离客观物质世界和漠视人对现实价值追求的倾向。现代的人文教育则提倡以个体的心性完善为最高目标，体现的主要是以人的发展需要为标准的教育价值观。

人文教育和科学教育本来是教育发展中相辅相成、不可分割的两个侧面，只是由于人类知识体系发展的不平衡性，才导致了这两种教育的不平衡发展、彼此割裂和矛盾冲突。因此，从教育发展规律和社会发展要求来看，教育必须改变非此即彼的状况，实现科学教育与人文教育的有机结合。

从人的发展和社会进步的要求来看，更需要科学教育与人文教育的结合。现代科学技术突飞猛进发展，大大解放了生产力，为人类创造出日新月异的经济奇迹，但同时也带来了一系列的社会问题和科学伦理问题。另外，随着生产力发展物质财富增多，被一些人的享乐主义和极端个人主义思想诱发了。当今一些工业化国家普遍存在的道德危机、享乐至上，对金钱的极度追求等现象，使人内在精神世界严重失衡，并由此引发出诸如吸毒、淫乱、诈骗、科技犯罪、艾滋病流行、人与人之间关系冷漠等各种各样的社会问题。当前我国在发展市场经济的过程中，此类现象亦出现滋长蔓延的趋势。这一切都印证着这样一个真理：科学技术是一把“双刃剑”，它既可造于人类，也可能给人类带来灾难。科学技术本身是“中性”的，它的发展只服从自己的逻辑，而不懂得人的伦理。它的作用完全取决于人类在某种精神支配下的运用目的。

人文精神及其教育既体现着人类对真善美的追求，又具有超越当下而展示未来的韵味。通过对教育理念的思考和实践，最大限度地完善人的生命，使人性的光华在教育中得以闪现。促进人类整体个体全面、自由、健康地发展。

提高全人类所有成员的人文素质，以消除世界范围的人文精神危机。这就要求通过教育改革，促进科学教育与人文教育的融合，使培养出的人才既掌握了现代科学知识与技能，又具有高尚思想品德情操，能够做到“不仅控制自然力和生产力，而且也控制社会力，从而控制他自己、他的抉择和他的行动”。使人类的可持续发展的愿望与自然的可持续发展的潜力达到有机的统一，使人自然达到完美的和谐与平衡。只有这种具有高度社会责任感的人才，才能为人类进步和社会发展做出应有的贡献。

⑶ 道德教育的与时俱进

与时俱进是时代发展的主旋律。道德教育的与时俱进体现了人文精神的苏醒，体现了素质教育，更代表着科技教育的发展方向。

当前，世界生态环境问题日益严峻，严重威胁着人类的健康，制约着经济社会的发展。越来越多的人开始认识到人与自然的和谐共进，才是人类作为一个物种持续发展的关键所在，作为地球上一个具有理性的自然存在物。人类有权利利用自然，满足自身的生存发展，但也有义务和责任尊重自然，保持生态的稳定性，保护后代人生存的权利。

长期以来，我国学校德育内容主要围绕如何处理人与他人、集体和社会的关系组织的，而相对忽略如何处理人与自然，包括人与其他生命体的关系的教育内容。虽然从20世纪80年代起我国的环境教育就已经起步，但也基本上停留在知识的传授上，而没有自觉地把其纳入到德育内容中、渗透进学校的各个环节里，更谈不上对塑造“理性生态人”最为重要的情感体验、习惯养成及价值观的培养。仅靠现行的科技教育在实践环节上与社会、自然的有限接触，还不足以唤醒人们对生态道德重要性的意识，更难以把道德地对待自然界的规范内化为人类的本质需要。要体现道德建设的与时俱进，就必须对原有的价值观进行重建，使道德对象从人与人扩展到人与自然。从地球生态系统的整体性出发，教育当代人要自觉维护后代人的发展权利，尊重并维护自然的权利。在学校德育中，要使学生形成既要对他人和社会承担责任，也要对后代、其他生命形式乃至整个自然界承担责任的道德观。牢固地树立用现代科学技术去协调、服务于自然的观念，并形成自觉的行动。

科学技术的发展是人类自身发展的必然，是人类文明进步的标志。科技要以人为本，但科技更要以自然为本，因为人类的生存之本在于自然，在于我们赖以生存的地球。科技发展的目的是为了更好地协调、平衡、完善和发展人与自然的关系，使人类与自然能和谐的、健康地发展，这才是“可持续发展”的真正含义，才是科学技术要依赖的真正的“本”。这也是道德教育与时俱进的真正体现。

二、我们的做法

生态环境教育包括三个层面：观念、知识和实践。我校在实施“生态环境教育”上强调四个结合，即与德育教育相结合，与学科教学相结合，与研究性课程相结合，与校园环境的建设相结合。

1. 以“责任”为支柱，将“生态环境教育”有机渗透到德育中，强调人类发展对自然环境可持续发展的责任，人类今天的发展对明天后代生存环境的责任，人类科技进步对平衡人与自然关系的责任。并将这种责任内化为每个人日常的行为规范。

2. 以学科知识的传授为载体，有机地融合进环境保护的知识。在学科教学过程中，潜移默化地传授环境保护的知识，以增强师生对环境保护的意识。

3. 以研究性课程的开设为实践的重要渠道之一。通过实地考察、分析、研究等实践环节，既培养学生分析问题、解决问题的能力，又让学生实在地感受到环境保护的重要与迫切。

4. 以校园景观和环保设施的建设为契机，与学校校园文化的建设相结合，营造良好的学习环境校园环境，给师生以美的愉悦享受。

三、具体措施

1. 以责任教育为统领，将“生态环境教育”有机地纳入学校德育工作中，以学生行为规范养成为载体，落实到学生的日常行为中。

2. 从教师的备课阶段入手，要求每个学科的教师每学期至少有一篇渗透环保知识的教案，并付诸课堂教学。

3. 发挥学校在环保教育方面的优势，加大以环保为内容的研究性课程，组织学生进行实地考察分析、研究，组织学生参加各种类型的环保活动和竞赛。

4. 通过上述活动，强化教师员工的环保意识，规范他们的日常行为。

提升校园文化“美”的境界

内容摘要：校园文化的核心是学校的价值观念。一所学校的文化底蕴越厚，学校发展的基石就越牢。培植自己的校园文化传统，就是在培植一个巨大的教育磁场。在校园文化建设上，我们主抓景观文化、精神文化、生态文化三种文化建设，让绿色校园文化成为流淌在学校的生命乐章。

关键词：景观文化　精神文化　生态文化

发表情况：此文发表于2005年9月20日《中国教育报》。

一所好学校，一定沉淀了深厚的文化底蕴。所谓学校文化，是指经过长期发展、历史积淀而形成共识的价值观念、价值判断、价值取向和行为规范。校园文化的核心就是学校的价值观念，它是学校发展取之不尽的源泉。

一所学校的文化底蕴越厚，学校发展的基石就越牢，潜移默化的影响就越大。我们认为一种制度的、行政的、物质的东西，只能提供程序、规矩、命令、信息，它无法净化心灵、修炼德性、丰富感情、提升精神，更无法激发智慧的灵感、思想的火花、创造的激情。而这一切则可从厚积的校园文化中获得。所以，培植自己的校园文化传统，就是在培植一个巨大的教育磁场。在校园文化的建设上，我校着重抓了三种文化的建设。

景观文化——创设校园文化“美”的环境

在环境文化的设计建设上，我校以“文化品味、现代气息、人文精神”为理念，以“美观、简洁、素雅、实用”为思路，精心设计了学校的“八大景区文化”。一是修身养性的“德馨园”，二是切磋交流的“启智园”，三是引人遐思的“科技大厅”，四是弘扬历史的“国学长廊”，五是楼宇叠翠的“天井花园”，六是曲径通幽的“地理生物园”，七是美轮美奂的“运动景区”，八是如霞似火的“簕杜鹃花坞”。这“八大景区文化”不仅扮靓了一个秀美的现代化校园，而且大大提升了学校的文化品味，张扬了人文精神，真正做到了让每一堵墙壁都说话，让每一个景点都育人。优美的校园环境以无声的语言、流动的乐章，把“爱我华富”的思想渗透到每一位师生的心田。

精神文化——熔铸校园文化“美”的灵魂

我校除了营造一个优美的“八大景区文化”的环境外，还从深层次上设计了具有浓厚文化内涵的精神文化。其主要内容有：

一是体现办学理念的教育文化。我们在两堵六层高的墙体上以醒目的大字镶嵌了学校的办学宗旨、校风、教风、学风、员工价值观等。在两栋教学楼上，无论站在哪一个地方，它都会映入你的眼帘，提醒你、警示你，成为一种无声的鞭策。

二是昭示人生意义的哲理文化。我们在每层楼的墙壁上镶嵌了62幅木刻艺术作品，一幅木刻一个主题，每个主题下面选用一段名人语录作为解读。例如“理想”主题下面的一段名言是：“生活好比旅行，理想是旅行的路线，失去了路线，只好停止前进。——雨果”这62幅木刻艺术作品，不仅美化了校园，而且让学生时时与古今中外的名人对话，聆听他们的教诲，从中受到人生的启迪。木刻艺术作品成为我校活生生的校本教材，发挥了不可替代的教育功能。

三是陶冶性情的艺术文化。我们从《诗经》、《离骚》及唐宋诗词等优秀诗歌中，选录了上百句传诵千古的名诗，制成绿色条幅，悬挂在“国学长廊”的上空，它不仅给人以书法的美感，更给人以精神的享受。我们还在每层楼都设计了一幅巨大而精美的绘画，一幅画一个主题。如二楼是环保，三楼是德育，四楼是科学等，每幅画都突出一个教育目标。在每层楼的天桥走廊上，我们还布置了古今中外的名人画像，在楼阁墙壁上悬挂了许多名人名画，这一切都成为陶冶学生情感的艺术享受。

生态文化——提升校园文化“美”的境界

我校明确提出“借笔架山之地灵，创华富生态文化之特色”。生态文化是世界先进文化的代表；它的价值观、道德观、审美观已成为世界公民应具有的基本素质。所以“生态文化”是“校园文化”中具有更高品位的文化。

我校充分利用笔架山的地理优势开展环保生态教育，让笔架山成为华富中学取之不尽、用之不竭的独有的教育资源。我校成立的笔架山文学社团活动、美术特长班的写生活动、生物小组实验活动、无线电监测活动、绿色环保活动及团队活动等都把笔架山作为最好的课堂。学校还与笔架山公园管理处、华山居委会、华山社区警务室等单位联合成立了“共建绿色社区协作体”，让学生定期走向笔架山，走向社区开展护绿爱心活动。我校还成立了“环保协会”“爱鸟协会”“爱心俱乐部”“绿色卫士服务队”等环保组织，通过开展“绿色志愿者”活动、开展“环保专题教育月”活动、开展认养国家一级保护动物捐款活动、组织到红树林自然保护区调查活动、组织学生收集废旧电池活动、到华富社区开展献爱心活动等，来不断引导学生形成绿色生态观念。

学校还开展了环保课题的研究，如《环境教育中实施人文素质的实验与研究》《语文课中山水诗文绿色价值的研究》《深圳市水质污染研究》《笔架山空气质量监测研究》等，去年我校又成为联合国教科文组织开展的“环境、人口与可持续发展EPD教育项目”实验学校，而且我校还创造性地提出了“天地人和”子课题项目。我们将古代儒家的“天人合一”、道家的“道法自然”及佛家的“众生平等”等中国传统的环保文化理念与世界方兴未艾的环境先进文化结合起来，使联合国的课题国学化，这是我校的一大创举，并且成为我校“人文治校，科研兴校”的一大亮点。绿色人文教育已成为华富中学推进素质教育的一种新的育人模式，而绿色校园文化则成为流淌在学校的一首生命乐章。

绿色人文　溢满校园

——华富中学校园文化解读

绿色人文校园解读

优良的校园文化，能以熏陶、感染、凝聚、激励等方式，促进学生的知、意、情、行，向有利于人才成长的方面发展。

一个高层次、高格调、高品位的校园环境，既能对师生起到陶冶情操、完善人格的作用，又能“润物细无声”地内化为师生的襟怀和涵养、外化为师生的言语与行为，同时以其高品位的建筑设施使学校物化为外在的形象与形态。

要构建这样一个“养心冶性、求志思进”的精神家园，就必须有一种和谐、自由的校园氛围，这里不仅有绿化美化的自然环境，诗情画意的文化环境，这里应是在思想上体现进步与创新，行为上体现文明与儒雅，心理上体现健康与愉悦，竞争中体现智慧与合作，评价上体现公正与科学，这样的校园方能体现时代的气韵，现代的风采，诚如是，方能称得上“绿色人文校园”。

绿色，寓意着生命与希望，象征着和平与自然。

绿色，涵盖着和谐与自由，昭示着民主与平等。

绿色，充满着健康与快乐，代表着创新与发展。

以人为本曰人，经天纬地曰文，绿色人文形成华富中学校园文化的崇高境界。

绿色人文——

在生活中是“自由与纯洁”的象征；

在心理上是“和谐与崇德”的别名；

在生理上是“健康与活泼”的标记；

在社会上是“生态与环保”的明证；

在人际关系上是“平等与友好”的体现；

在素质培养上是彰显个性使之“可持续发展”的代名词。

绿色人文——

引导师生选择积极、健康、文明、环保的生活方式，突出环境教育，强化环境道德，体现环境价值，使绿色人文理念走进校园的每一个角落，用良好的环境感化人、陶冶人，达到人与自然的和谐统一。

绿色人文——

实行教师主导性、学生主体性、师生合作性、教学过程民主性、教学内容广泛性，旨在培养学生创造能力并实现具有时代特征的教与学关系的教育。是以民主和谐的互动作用、团结合作的师生关系、大胆求异的创新精神、编织起具有信息时代特征的多重网状关系。

绿色人文——

校园的自然环境美，生活环境乐、人际环境谐、育人环境优、心理环境健，使文明积淀成人格，积淀成传统，文明和谐、德润人心、文化天下。

创建绿色人文校园，就是要——

创设一种自由宽松、健康和谐的校园心理环境。

泰戈尔说：“瀑布因为得到了自由，于是就有了歌声。”

现代科学大师霍金说：“科学创造只能在人们的心灵完全自由的情况下进行，自由是出现巨大成就的保姆。”

教育是走向心灵的艺术，自由、平等、宽松的生活与学习氛围，并提倡和鼓励学生自动、自觉、自治、自立、自创，促进了学生的个性和才干的充分发展。

开发“隐性课程”，将学校的办学精神、理念等纳入教育资源。

学校特有的文化环境是一种“隐性课程”，它对学生的影响，既有渐染性和隐蔽性，也有持久性和积累性，它能在学生不知不觉中作用于他们的心灵深处，积淀下终生难忘的深刻印象，学校的发展定位，办学思想、办学理念，校训、校风、学风，校园环境等，这些隐性课程对学生都将起到潜移默化的教育作用。

适应课程改革，走进研究性学习，让学生自主学习。

课程改革是时代的潮流，校本课程是课改的方向。充分利用校园文化资源，积极开发能满足学生素质发展要求的校本课程，尤其是国家课程计划中规定的研究性学习课程。

提倡自主，就是充分尊重学生，突出学生的主体地位。在教育过程中，多给学生时间，让他们自己去安排；多给学生问题，让他们自己去探索；多给学生挫折，让他们自己去锻炼；多给学生机会，让他们自己发展；多给学生权利，让他们自己去选择……让他们在自主的实践中塑造健康向上的人格，形成独特的学习风格，张扬自己的个性风采。

启动心理教育，提高学生心理素质。

各种不合理的竞争与过重的心理负担形成的“疲劳教育”已成为学生心理健康的主要“杀手”之一。建立一种心理健康教育机制，成立“心理咨询”机构，开设心理课程，让老师与学生进行心灵上的沟通，开导、规劝、说服，以提高他们的心理鉴别力、承受力和免疫力。

建立一种相互尊重、和谐平等的新型师生关系。

新课改的关键是师生关系。民主平等的师生关系，表现为师生心理的积极互感，让学生以主体身份参与教育教学活动。以诚心换真心，以真情建友情，与学生保持情感体验上的一致，师生之间相互沟通，这样学生就易于接受教师的教育。

新型的师生关系是信任与尊重，理解与支持，启发与鼓励。

一个学校良好的人文环境一旦形成，则校园内“一砖一瓦皆是史，一草一木总关情”，它将对全体师生产生巨大的感召力和凝聚力，时时召唤他们、激发他们奋发向上。

理想的“绿色人文学校”，那就是——

愉悦和谐的教育氛围

教师具有开放创新精神，以尊重、信任和平等的态度对待学生，鼓励学生参与教学活动，重视学生的意见和看法，公正评价，是学生学习的设计者和促进者；具有关注环境、保护环境的意识和责任感。

学生信任、尊重教师，主动参与探究并合作学习，积极发表意见，善于交流，重视合作与分享。

领导鼓励教师学生发表意见，认真采纳；形成相互接纳、彼此促进的融洽和谐的人际关系。

民主开放的学校管理

学校鼓励变革，支持创新，追求发展，善于协调，直面挑战，民主管理，集体决策。

学校以可持续发展的思想鼓励师生积极参与学校规划，共同制定校园环境和发展的各项措施，创设宽松、愉悦的人际环境。

开启智慧的课程设计

各学科教学自觉渗透可持续发展的教育观，培养学生可持续发展的伦理价值观。

学校的课程是一个整体，包括必修课程、选修课程以及校园自然环境、人文环境等潜在课程。可持续发展教育不仅要在必修课程的教学活动中广泛渗透，而且要在综合实践活动中普遍实施，并通过潜在课程进行持续的熏陶。

协同共建的社区环境

学校是社区环境的有机组成部分，社区是学校重要的教育资源。社区环境的美化和公众可持续发展意识的提高，需要学校的宣传和配合；学校组织学生参与社区的环保行动，对社区的可持续发展负有责任，并自觉参与，是社区环境保护的榜样。

办学理念解读

人文见长，人格健全，和谐发展。

所谓人文，既包括对知识、科学、真理的重视与求索，又包括对道德信念、道德修养、道德人格的追求与恪守，还包括对自由、平等等重大价值的渴望与呼唤，对人的关注与尊重，对人的主体性的祈盼与高扬。一句话：树立人的主体地位，发挥人的主体潜能，实现人的生命价值，让人活得有尊严，有滋味，有价值。

“人文”是华富中学校园文化的精髓，是华富中学致力追求的最高境界。

教育的根本目的之一是让受教育者获得幸福，而幸福是个体的感受或体验，因此健全的人格是幸福的基础。让受教育者获得终身发展的能力，并使人的发展与社会的发展和谐统一。教育学生关爱自己，关爱他人，关爱社会。培养学生成为乐观而充满爱心的人，成为一个人格健全的人。身心健康、人格健全、和谐发展，这既是少年学生现时学习之必需，也是社会对未来建设者的素质要求。

创设良好的育人环境，就是要提高学生的心灵素质，使他们能修身养心，从而达到厚德载物、自强不息、真善美统一的和谐健全的人格。

“和谐发展”，不仅表现在德智体美劳诸方面的和谐发展上，而且表现在学校教育工作的各个方面的可持续发展上，表现在师生各个领域特别是精神生活的自由发展上，表现在教育活动与学校自然环境以至整个大自然的浑然一体上，也表现在和睦相处的人际关系上。志同道合的创造性友好集体，每个人都为集体做出个人的贡献，又都借助集体的创造精神得到充实。培养学生的互助精神，在孩子幼小的心灵里唤起关心他人的情感，养成团结一致的集体荣誉感和随时准备相助的良好意愿。一切都是那么和谐，“和谐”是学校的标志，“和谐”是学校的内涵。

第六部分 教育随想、读书感悟、考察漫记

1. 教育日记选抄
2. 借他山之石，解心中疑结
   ——读郑杰《给校长的建议》一书的点滴体会
3. 在教育现实中追寻失落的人文教育
   ——北京大学福田教育管理高级研修班学习体会
4. 香港学校的管理文化及其启示
5. 欧洲基础教育的人本化和开放性
   ——欧洲教育考察思考
6. 致华富中学全体老师的公开信

教育日记选抄

写在前面：

从教三十余年，写教育教学日记，是我长年养成的习惯，几乎没有间断过。这种习惯，令我随时记录发生的教育案例，从而激起我思维的火花。这个习惯，让我不断发现，不断反思，不断提高。

2006年4月26日

听初一（9）班数学课，坐在已逃学多次（家庭溺爱）无法安静坐在教室的小杨同学旁。这一堂课是复习“比例的性质”“黄金分割”。教师讲，学生答，或练。小杨同学一点都不懂。我问他，能听懂多少。他答，听懂一点，我鼓励他，人出生是什么都不懂的，但最后有的人成了老总、总统，有的人成了乞丐、罪犯。人的分别重要在于你想不想让自己懂多一些，或者不懂，就像广告词说的：“梦有多远，就能走多远。”

我让他从这一节课开始，多学一点，尝试着做一点有意义的事，他似懂非懂。但这节课他学得很认真，两道练习题也做出来了。

2006年4月28日

今天原本想听一节初一语文试卷讲评课，结果没听成，听了初一（9）班一节心理课。进教室时，学生很热情打招呼，落座后发现课室后门未打开。经提醒，班主任要求班长去办公室取，我拦回班长。我认为，上课了，就尽量不要让学生出课室。打开后门，是因为天气闷热。教室里要保持空气的流通，以免滋生细菌，影响健康。

2006年5月8日

一早，暴雨骤降。初二参加劳技课的学生，裤管全湿透，延迟了半个小时才上车。学生在课室早读后集队出发。我到楼梯口与各班同学见面，当他们排队下楼梯前往坐车时，我站在楼梯用亲切的目光目送他们，并询问他们淋雨的情况。见我站在楼梯口，同学们很自觉地安静地下楼。

校长的存在就是一种教育。

10点钟左右，我听到走廊有喧哗声，出去了解，两个初一男女同学发生口角及过激打闹行为。一女生用手捂着眼睛，眼睛红红的，似哭过。一问，是一男生用书投掷。把男生找到，一问，是女生用不礼貌的语言刺激他后，他动手，女生也接着还击。学生打闹的事情常有发生，劝解并指出各自不对的地方后，两位同学握手言欢。

教育有时不需要用严厉的语气，不问青红皂白地训斥，应该问清缘由，耐心引导，润物细无声。

2006年9月13日

初二（6）班有一叫小颖的男孩，自小父母离异，父亲性格暴躁，动手即打，与继母关系不好，家庭未有温暖。本人很想改变命运，想读书并读好，但自制力极弱，时常被老师投诉，因上课睡觉，作业不交，顶撞老师，成为校领导、老师心目中的“钉子”。如何改变、帮助他走出人生的困境呢？

与其谈话劝其与父母特别是继母处理好关系，使其在家里得到温暖是当务之急，并教他几招：一是尊重继母，二是听从教导不要与其发生摩擦，三是多称呼对方。

该男孩用这些方法，改善了与继母的关系，得到了家庭的温暖。又一次，他与老师发生冲突时，主动提出到校长室找我，我先表扬他对我的信任，接着同他分析与老师冲突的原因、经过，从而让其认识错误。据反映，该生目前有了一定进步。

2007年12月8日

上思品课的第三单元《学会交往》的第二节课“师生情谊”。问了几位同学与老师的情谊，其中钟姓同学的回答让我大吃一惊。他说他与老师没有情意。我问他：“你已上了七年学，难道没有一个老师给你留下深刻印象?”他斩钉截铁地说：“没有!”看到这位瘦瘦的男生冷漠地说出这样的话，我很震惊，我也情不自禁地提高了语气，说：“你怎么可以没有一点感情呢？俗话说，一日为师，终身为父啊!”但该生仍然毫无表情。我想，究竟是什么教育，什么方法，让这个受了七年教育的孩子对老师没有一点感情呢？像他这样的同学还有吗？是教育的错，教师的错，还是社会的错，教育体制的错？

下课后，我找钟姓同学聊天，从他那里我了解到，他从小学起，经常挨批，老师批完后都没有像我这样再找他交流、沟通，让他留下了很深的阴影，教育真是太缺乏情感了。新课标情感教育目标的确该引起重视并加以落实。自从此次谈话后，我观察到钟姓同学上课带着微笑，身板坐得直直的，很认真。我问了其他老师，也发现钟同学变化很大。

钟同学这件案例给我的启示是，教育学生不仅在课堂，还在课外；批评学生不如关爱学生。

2008 年 4 月 19 日

上周四，见到两个初二的男生，因抽烟被老师狠批了一顿并停课。我认为停课不妥，对有不良行为的学生应该要耐心教育而不是动不动就停课。俩学生见我时都低着头，我马上提示他们：抽烟是我们这个年龄不应有的行为，努力克服改掉就好了，不要以为自己犯了多大错误，把自己的高贵的头都低下来，千万记住：有错即改，但不要丧失做人的尊严啊!

2008 年 5 月 9 日

早上，学生们都在做操，有六个同学却在绕操场跑步，很不协调。打听之后，获知是初二某班的学生，因昨天参加火炬传递活动未做作业被罚。

这不好，我赶快叫停。为了消除影响，我对学生这样说：你们以前喜欢跑步吗？跑步多好呀，你们个个汗津津的，锻炼了身体，不过以后跑步可要选择好时间啊!

说这席话，是不想让学生难受。我以为，惩罚学生还是慎重为好。他们参与活动又不是没有意义，人生有几次能看到奥运火炬的传递？

所以，关注学生成长，做一个教育的有心人，不但是教师还是我们管理者，都是要高度重视的问题。

为此，在行政会上，我专门谈了此事，并与大家沟通，对学生做的任何事，先要弄清来龙去脉，了解清楚后再给予评判更好。

2008 年 10 月 20 日

今天，听政教处、初三级长反映，年级有一姓姚的同学去勒索低年级同学。初三了干此事，给大家的打击很大。实际上学生成长的过程是经常反复的，出现这样的问题是正常的。我在与姚姓同学聊天的过程中，深深体会到孩子的心灵是需要关注的，孩子成长的过程需要有信任的人听其倾诉。

那天，在初三办公室，我充当了这样的角色，当时我进办公室本来另有事情，看到姚姓同学坐在那里我脱口而出：哟，怎么有这么帅气的男生不在课堂上课而在办公室啊？就这样，我与他聊了起来。

我问他：你为什么要去做这样的事啊？

他告诉我：小学、初一时被社会青年打过，要挟过，要我干这事，打怕了。

我问：你长这么高大，他为什么敢打你并选择你？

他答：我不学习，懒，又胆小。

这时候，我既惊讶于他的坦诚，更同情他这几年的遭遇。脱口说了一句：多可怜的孩子！这几年一直在干这样一件事，那有多痛苦呀！

此时，在我俩对话的过程中，他的母亲进了办公室，听了儿子的诉说，她非常震惊。她说：儿子，你为什么从来不跟我们说呢？

让孩子找到一个信任的人倾诉，是多么重要啊！作为教育者，要赢得孩子的信任，在于我们对他的理解和尊重。而充当这样的角色，我们的老师、父母都意识到了没有？能不能成为他们成长中的良师益友、心灵的倾诉者、心理的陪伴者？

2009 年 6 月 8 日

三天前，初二（6）班班主任刘老师发了条短信感谢我，内容是这样的：李校长，我代程××同学谢谢你，因为你，她改变了孤僻、高傲、不合作的态度，现在每天都能看到她的笑脸了。

事情原来是这样：

一个月前，我到 6 班听刘老师的课，恰好坐在程同学的边上，并看到她的书桌上除了笔记本、语文课本外，还有王小波的《沉默的大多数》，从学生选择王小波的著作来看，我首先判断该生有思想、有个性，再观察发现她在小组在课堂展示活动、自主探究、合作学习等环节中一言不发，沉默不参与。在老师与学生互动中，提到李白的《将进酒》一诗，我问她喜欢这首诗的哪一句，她说："古来圣贤皆寂寞，惟有饮者留其名。"通过观察和对话，我确信了我的判断：该生是一个孤傲，乃至心理有一定问题的女生（后来经过了解，其性格形成因父母离异所致），要改变她，首先须取得她的信任、信服，才能与之对话，并对其产生影响。

我以借王小波《沉默的大多数》一书为突破口，作为我们交流的“媒”。在几次交流对话中，对其赞扬并提出“学会与同学合作”的好处。再后来，到他们班听了几次课，我也经常坐在她身边注视、关心她，并在一个休息日，在香蜜湖度假村偶遇她时，主动与她打招呼，亲切问候她。

“参差多态，是幸福本源。”不同学生汇合成校园多彩的风景。与学生交流，走进学生的心灵，学会与学生对话，这些都需要我们老师观念的改变以及多读书，积淀智慧。所以，光学会几本教科书，光有经验的积累，已不足以当好一个幸福的、有智慧的教师，而需要我们多思、多读，甚至放下“教师”的架子，有以学生为师的胸怀，和同学做朋友，平视学生，共同学习，共同成长，只有这样，我们的教育生涯才会多姿多彩，幸福快乐。

当我们把研究多态的学生、差异学生当成乐事之时，我们幸福的教师生活就会到来。

2009年9月5日

星期一第6节课，我在初三（10）班上思品课，讲授《富有活力的经济制度》，在讲解与学生互动的过程中，我力求让学生明白社会主义初级阶段的基本经济制度是由基本国情和社会主义性质决定的。正讲得起劲，学生听得入神之时，响起了口哨声，我停了一下，估约口哨声的方位后，我未停止讲解，继续与学生一起讨论。

快下课时，又响起了口哨声。在校长的课堂上，居然有同学敢吹口哨，这太不像话了。这是很多人会有的说法。可我认为：第一，吹口哨者，他不怕校长的权威，说明校长可亲；第二，吹者可能对本节内容不感兴趣，厌烦而吹；第三，听懂了很高兴或此刻他的心情很好，情不自禁吹了。

正当同学们以为我会大发雷霆之际，我却微笑地对吹口哨的李同学说了下面一句话：子木，今天开心啊！我看你面带微笑吹口哨，我都受感染了。开心就好！

其实，子木同学是一个单亲家庭的孩子，母亲把两段不幸婚姻迁怒于他，而他也对生活失去了信心，甚至无法按时上学。

为了拯救他，我与科任老师做了无数努力，并亲自找了他母亲若干次。开学初，我又找他母亲到我办公室长谈了半天，分析了孩子目前状况，希望其母亲不要放弃孩子，积极鼓励孩子与其沟通，让他能分担母亲的忧愁，理解母亲的酸楚。他本人也在母亲面前做了保证，本学期未曾逃过学，有了很大进步。在我的课堂上，他也从不缺勤，尽量认真学习。所以，对他在课堂上吹口哨，我采取的是理解、宽容的态度，对这样特殊的孩子，作为师长要多加关爱、鼓励，有一点进步就要表扬，犯点小错要允许，多给他阳光，这才是正确的教育方法。

借他山之石，解心中疑结

——读郑杰《给校长的建议》一书的点滴体会

写在前面：

读书是我的最大爱好，读后做摘抄、写读后感，也是我坚持的习惯。阅读让我茅塞顿开，阅读使我获益匪浅，阅读令我观照、借鉴、提升，有时甚至给了我开启心智的钥匙、扬帆远航的灯塔。郑杰校长是我崇拜的教育大家、学者智者，我听过他的演讲。他的《给校长的建议》一书，我先通读，后精读，并认真写读书笔记。对照自己做校长所遇到的境况，便有醍醐灌顶之感。点滴心得，说出来与各位分享。

《给校长的建议》一书，是曾任上海市北郊学校校长、上海市优秀教育工作者郑杰写的书。

郑杰，曾因致力于学校重建，大胆尝试现代学校文化改革，引起教育界的广泛关注。著有《给教师的100条建议》《没有办不好的学校》等书，而《给校长的建议》共给校长提供了41条建议。如下：

第1条：为继续当好校长，须找到良好的理由（代序）

该序的第一句是：在我的《给教师100条建议》出版五年之后，再度提笔给校长们提建议是需要勇气的，也是需要理由的。

而原因是：郑杰同一位姓易的校长聊天时，这位他十分敬重的朋友校长由衷感叹说："老郑呀！太难了，现在是我这个校长职权最小的时候。"引起郑杰想说点什么的念头。他（郑杰）写道：我理解我朋友的处境。校长们是需要权力的，如果权力不充分，学校成了各权力部门的婢女，校长成了上级的传声筒，学校就不好办，校长就不那么好当了。

他继续写道：现实是，当校长头破血流的时候，甚至还搞不清楚打的人是谁。

本人有同感：校长不但没权力，还没尊严。绩效工资的改革，岗位设置的实施，上级不给你统一指令，按初级学校、小学、高中不同标准给你定标准下政策。把所谓的政策下放到各所学校，由学校校长根据校情去定夺实施，而同时让你先当裁判员，再让你运动员，让你校长不但要喝自己的血、割自己的肉，还得让老师把你当成射击场上的靶子，任他们向你射箭，而你单枪匹马挡也挡不住时，上级一句话："摆平就是水平！"

郑杰接着说，在一个政府权威大到无边的时代，你不能得罪领导，否则你会被碾成齑粉；在一个"和谐"至上的时代，你不能得罪最差的老师，否则你将会被举报得找不到北；在一个教育整体上只有挨骂的份儿的时代，你不能得罪那些蛮不讲理的家长，否则你会永世不得安宁；在学术腐败相当严重的年代里，你不能得罪所谓的专家，发否则你会失去表达的机会；在一个言论有限的平台里，你不能得罪媒体，否则你会被窒息到失去呼吸。

在学校内部，人们开始习惯性地怀疑，怀疑你的一切动机是出自个人私利，是为了在你自己脸上贴金。你身边的人会提醒你，校长啊，想办法多弄点钱吧，何必折腾大家，何必那么辛苦！如果让老师们进行全校表决，或许他们都能把学校给卖了。

每天，只要你踏进校门，你就会陷入困境中，你心中的宏伟理想渐渐消逝，你不知道到底是什么理想在消磨你的信心、勇气和志向。

本人深有同感啊！为了学校的发展，再苦再累，我认了。因为我有一颗热诚的心，深深的教育情怀。面对未成年的稚嫩的孩子们，我为了能与他们在每周一升旗仪式上见面，曾经在一个星期天晚上从江西共青城狂奔一千多公里赶回深圳（清晨6点30分到家），参加周一早上的升旗仪式，这已成为我朋友圈里的笑谈。为了提高学校的办学水平，改善办学条件，这两年暑假，我和另一位女总务主任牺牲假期休息时间，盖新楼，拆旧楼，不辞辛苦，千方百计地争取上级主管部门的支持，使学校办学条件达到前所未有的改善。教学设备、办公条件、教师编制待遇、幸福指数，经常成为我失眠的原因。生存环境的恶劣，名校的包围，生源质量数量的下滑，成为我忧虑、大把掉头发的缘由。十年来，我殚精竭虑，呕心沥血，夜不能寐。我唯一能

做的是，我有一颗爱孩子、爱教育的真诚的心，我有一颗热诚的想使每个我认识的师生都能平安幸福的善良的心，我想把自己的心掏空献给我所热爱的教育事业。

我委屈过无数次，被打败过无数次，我口头或书面多次辞职，可我回头看看，我的学生，曾经被放弃的学生，跑回学校来看我，对我说："老人家，我们来看你啦！""老人家，我去一所学校，忍不住又跟人打架了，我好内疚啊！""老人家，我们来找过你，你怎么不在啊！"

有一位学生家长到我办公室苦恼地对我说："校长啊，求你陪我儿子吃顿中午饭吧，他老不回家，不听我的话，可他听你的话呵！"面对这样的家长，我安慰他说："不要这样，我会找孩子沟通交流的，我相信他一定会健康成长起来的。"该生后来去了一所中职学校学汽车维修。当他回校看我时，从书包拿出一张"优秀维修工"的奖状，毕恭毕敬地拿给我看，高兴地说："我获奖了，这是我求学以来的第一张奖状。"他们没有先拿给其父母看，居然让我第一个看，我好欣慰，我高兴地握住他的手，说："赶快把奖状拿回家给爸爸妈妈看，让他们也为你高兴。"

当我在跳高场上看到一位跳高选手因没有穿校服被老师批评时，我蹲下来关切地问："那你为什么不穿校服呢？"他告诉我说，校服太宽易碰到竹竿而影响比赛，穿贴身的运动衫更好地发挥。我说："很有道理啊，那你继续放心完成比赛吧，我在这里为你保驾护航。"该选手终于获得了第二名。每次该同学见到我，就跑过来给我打招呼。不久前，年级组长告诉我，这孩子把我对他的关怀转移到学习上来了，现在学习成绩提高得令人惊讶啊！我听了真开心！

当一位学业欠佳的学生在中考体育考试中拿了体育满分时，他跑来告诉坐在旁边看他比赛的我，激动万分地说："校长！你祝贺我吧，我拿了满分！"

有一天，我在街上，突然一辆车上下来一个高大魁梧的人，走到我跟前说："校长，你不认识我吗？我就是那个……我现在在一所体育学院读书，我也想当体育老师！"

又有一次，我在一个大型体育赛事场合，一位男生兴奋地跑过来拥抱我，说："校长是你啊，我现在在一所名校读书，我也来参加比赛！"

考上高中的学生，都纷纷跑回学校告诉我：校长，我们好多考上各所高中的同学都当上了学生会的干部、班干部！谢谢你和老师们的培养！

有一位女生，在她将赴美留学前，回到母校同她的班主任告别时说："我好感谢校长，她向我父母担保，我是一个可以让父母放心自己远离国门到国外求学的好女孩，我很感谢她！"她到美国后，打电话告诉她父母，虽然孤身一人，18岁离开家，离开祖国，碰到很多困难，但一想到校长的担保，就有了前行的动力。

这一切，就是我继续当校长的理由。

第2条：为感受职业的美好，须增强你的影响力。

在你为继续当校长找到良好的理由之后，在你具备了当校长的勇气之后，你必须借着不那么美妙的客观环境来捶打自己、磨砺自己，你须将周围的不如意转化为内心战斗的雄心和力量。毫无疑问，这是上天赐予一个校长成就自己的机会，虽然怯懦者并不认为成就自己是重要的。

成就自己，并非通常意义上的成为一个名校长，或者成为一个万众瞩目的什么大人物，成就自己就是成就自己，使自己圆满并时时被自己感动，时时感动于自己的美好，那就是成就自己了。

说得太好了！说出了我的心里话。

办学十年的历程，我之所以能乐此不疲并坚持下去的理由，就是我经常被自己所感动，接着感动了我的老师，感动了我的学生。

什么是影响力？你要改变别人，说服别人或者让别人的行为随着其思想的改变而改变，这就需要"说一句顶万句"的能力，这就是影响力。

你必须影响他人，你必须让人们努力工作以达成学校目标。

因此，校长必须显示出一种试图支配和统帅他人的心理和行为倾向，否则你就是在放弃对学校的领导权和掌控权。

对那些靠职务以外的影响力来实行领导的人，我却欣赏他们，甚至膜拜他们，与他们在一起，虽然被领导，但是我会拥有美好的感受。

你的美德、睿智、才华和风采，简直就是艺术品。人们打心眼里认同你这个人，从而信你的"道"……他们知道，有你在，学校就有希望；有你在，学校和学校中的每个人都获得了荣耀。

郑杰的话总是讲到我的心坎上，我非常认同他以上的观点，而我在办学的过程中，正是这样去践行的，当然要使自己不是用权力去强制别人，而是用非强制的方式去管理学校。最重要的一点，我认为，就是思想的引领，办

教育最后的思考应落到哲学思考上，要清楚教育的本质是什么——育完整的人，而教育的终极目标是使每一个受教育者都能获得幸福，要使受教育者获得幸福，决定因素是教育者是否幸福，他能否有足够的能量或能认识自己所从事的职业是幸福的。我把我应该追求幸福的教育生活作为自己的追求，从而不断地提升自己，提升自己的专业能力、素养，打造“幸福课堂”，过一种幸福的教育生活。如果这所学校的教师所开展的教育活动是能让师生们有这样一个追求幸福的共识，那么学校就应该是充满活力，内含文化底蕴乃至有特色的学校。

而办一所适合每个学生发展，校长能无为而治，师生能自主管理，自主发展，学校能自主创新的幸福学园，就是我在所剩无几的教育生涯中经常思考并为之而奋斗的目标。

第 7 条：为形成领导风格，须保留一些怪癖

一个没有缺点的人也是一个没有特点的人，他一定不能引人注目和受人欢迎，那与橱窗里的模特儿没有多大区别。

领导者最大的能耐就是解决问题，至于别的方面的品质，只要不那么缺德，在人民群众的眼中其实并不重要。

你甘愿接受并顶住压力，以常人难以企及的智慧和勇气处理和化解一个又一个危机，你是人们心目中的英雄。

在当校长的十年中，经历最大的问题和难题不是上等级评估而是突发事件发生后你如何去处理，而且是智慧的处理。学校间生存竞争日益白热化，学校如何在夹缝中生存？当教育改革浪潮一波又一波涌来时，绩效工资改革、岗位设置等人事制度改革，你如何去处理？而当你面对一群均龄在 40 岁以上、只会教书没有时间或不懂学习的思想有些僵化的群体，如何使她们去适应改革浪潮？如何改变自己的小环境，以良好心态面对改革？这些都非常考量现在校长的智慧和处理问题的能力。

第 18 条：为拯救自己，须承受压力和烦恼

从你当校长第一天起，就应该对这份工作的繁忙程度有所准备……你面临更多的工作节奏，更多的工作量，更沉重的工作负荷，更长的工作时间，更少可利用的资源，更多不确定及更少的工作保障。而你几乎无处可逃。

郑杰用了六个“更”字来说明校长的压力，其实又哪止这六个“更”？更难带领的教师队伍，更难沟通的个别更年期的女教师，更多的人事制度改革方案与政策要落实、执行，让校长既当裁判员又当运动员，现在是更难当校长。

其实，政府职能部门在人事改革进行中，既没有指导性意见，那么能否聘请第三方按政策、方案来学校操作？这样既解决了校长双重角色的尴尬，又因是人事专家熟读政策更理解政策，好操作，而教师也容易接受这种结果，不至于产生严重的干群矛盾及师师矛盾，使学校工作开展不利乃至影响和谐。学校只需提供学校的校情，并将其需要的数据清楚列出。

第 12 条：为远离平庸，须多些时尚感

一个心中有梦想，一个能激发教师新的激情的校长，才有能力将学校带向未来。而这样的校长不是那些墨守成规的校长，不是一个总是向过去看和靠回忆活着的校长，而是能紧跟时代潮流，颇具时尚感的校长。

时尚由两个字构成：一是“时”，就是时间的意思；二是“尚”，是“崇尚”的意思。顾名思义，时尚就是短时间里一些人所崇尚的生活。

一个有品位的人，他的个人品质，他的趣味、情操和教养显然在一般人之上。

我们有理由相信，由一个品位高的人当校长，他生活中的优雅和精致，他的情趣和格调都会带到学校里。他希望赋予生活的意义，这也会带到工作里来，而赋予所有人的工作的意义。

最时尚的生活方式是什么，是过简单的生活……过上灵性、自在、健康的生活。

崇尚简单生活的校长过着超然的生活……也许他心中就是哪一两个简单的目标，他的追求也许并不宏伟：守住小的学校，做好每件小事，守住自己的小小书案，用心读好每一面文字。

一个崇尚简单生活的校长会把他的生活哲学渗入学校，他的工作方式也简单务实和理性。他不会大刀阔斧，不会四处张扬……他只说人话、家常话，可是他的精神气质都充满学校。

这一条无疑就是我校长生活的写照。2006 年 3 月 7 日《中国教育报》“现代校长”专栏，就有一篇记者王珺采访我的大篇幅文章。题目是《享受

生命：一所学校的存在方式——李小婉和她改变的学校》。开篇第一段话就这样描写说：

“在食堂吃完自助餐，二胡老师隆艺、美术老师黄素丹，每人从门口装着苹果的铝篮里拿了个苹果，走出学校后门，向笔架山的方向走去。不一会儿，吃完午饭的老师们也三三两两地走出食堂，漫步在上山的林荫路上。其中，一位身材高挑的中年女子，嘻嘻哈哈地走在老师们中间。‘李校，今天穿得很淑女哦，从后边看起来蛮年轻的。’从她身后蹿过一个女老师亲热地挽起她的胳膊。”

“自从李小婉来到深圳市华富中学当校长后，校园后边的笔架山公园真正成了华富中学的后花园……绿树、鸟鸣、开阔的视野，吸一口便足以透心彻肺的新鲜空气，这一切使你禁不住赞叹并会在心里暗暗地羡慕他们的生活。……”

“看得出，南国女子李小婉是个懂生活、有品位的人。走近这位被老师们称为‘李校’的女校长，发现她说话爱用‘enjoy’（享受）这个词，享受生活，享受生命，享受工作的乐趣，这种源自对生命的真切关怀所形成的理念，使她着力打造的“人文校园”脱离了概念层面而变得真实可感。李小婉用她对人性的理解倡导着一种积极、健康的生活方式，用她对生活的乐观态度感染着他的教师团队，也影响着学校里的孩子们，在一种无形力量的作用下，华富这所曾经的三流学校发生着令人称奇的变化。”

该长篇报道的最后一段写道：

“什么是人文校园？说得直白点，其实就是校园里一切管理工作都从人出发，校园中人与人之间具有相互理解和关爱的习惯。那么，现在的华富中学是一种什么状态？老师们开心地说，对教师来说，我们是工作和生活双赢，对学生来说，则是做人和考试双赢。从一所三流学校一跃成为省一级学校，可以说，华富中学的变化来自‘enjoy’——师生教书、生活、学习、成长都在享受生命的过程中臻于丰盈。”

的确如此，现在在学校第四个五年规划制定过程中，我提出的办学理念就是：打造幸福课堂，创建幸福校园，过一种幸福的、完整的教育生活。

第 24 条：为适应学生，须尊重多样性

建议各位学会欣赏多样性，这个世界因为多样而精彩纷呈。也许那些看

上去“另类”和“离经叛道”的人才是真正值得去爱的。

只有教师们适应了学生的差异，才能使学生的学业成绩获得长足的进步，这将增强学校的竞争力和社会声誉。

对校长来说，你的挑战就在于能否认识相当重要的一条准则——每个人都能为学校的教育带来价值和力量。可是如果漠视教师差异性的存在，以自己的喜好来作为标准，对差异的存在不够宽容，你就不能建立起真正的学校共同体。

的确如此，所以在我的课堂上有这样的案例：

校长的课堂上，学生（一个没有家庭温暖）可以吹口哨。

那是我上初二思品课的一节课上，有一位叫李子木的学生居然吹起口哨。当时，我抬头一看，这个孩子脸上充满了快乐的表情，所以我说了这么一句话：“子木，今天你很高兴啊！”“嗯！”他答。但我接着微笑地说：“但以后上课期间，不要吹口哨，那会影响别的同学听课，懂吗?”他狠狠地点了头。后来我了解到，该孩子的成长过程很不幸，他母亲把自己两次失败的婚姻归咎于自己的儿子，常骂他是“多余的人”“孽子”。

我们有一位语文老师在他所写的对打造幸福校园的征文中，这样写道：在华富教书是幸福的，因为我可以自由地过我的教书育人生活……在背后说校长的坏话，也不会被穿小鞋。

第 32 条：为使学校机体健康，须合理分工

一个组织系统的健康，首先取决于分工。分工才有效率。

按人设岗，……只有各安其位，人尽其才，才能达到较高生产效率和满意度。

学校工作分为决策工作、执行工作，具体操作工作和支持工作等四大类。

一是决策类——高层领导，由校长、书记、工会主席负责；

二是执行类——分派给中层；

三是具体操作类——一线教职员工；

四是支持类——“技术保障”“保障支持”。

三条管理的黄金率：

只有一个权威，只有一个上司。

只可越级检查，不可越级指挥。

只可越级申诉，不可越级汇报。

年级组是一级行政组织，可以认为是学校行政的派出机构，教研组是教师的学术研究机构，不具有行政方面的职能。

岗位职能：教务处和政教处、年级组职能主要是“监督——指挥”；科研室、教研组的职能主要是“指导——服务”；校务办公室和总务处的职能主要是“服务”。

教学处和年级组是行政化的刚性管理，它们可以分派任务，然后检查、评比、考核、奖励、惩罚，而教科室和教研组是学术化的柔性管理，它们不可以指挥和分派任务，它们只能号召、感染、激励、带领，并且在教师最需要的时候给予适当的指导和帮助。

以上的建议，对从事教育管理工作有16年之久的我，颇有启发，帮我梳理了管理思路，更明确了学校管理的分类及职能分工。

这学期在制定学校的第四个五年规划（2011—2016年）中，我明确提出扁平式管理模式。各中层处室要忠诚执行领导的意图，不折不扣地执行行政会、校领导班子所制定的措施，并把事情做对，做细，创造性地开展工作。

郑杰还说道，为确保中层的执行力，学校中层干部由校长聘任，而不是由教师选举，也是天经地义的事。

我非常赞成，在十几年的管理生涯中，我深深体会到，由校长或班子直接聘任德才兼备的教师当中层，有几点好处，一是沟通更顺畅，容易达成共识；二是便于顺利开展工作，少了磨合期，容易实行扁平管理；三是中层执行力更强。

第37条：为化解冲突，须磨炼自己

什么是冲突？

美国社会学家科赛认为，冲突是价值观、信仰以及对稀缺的地位、权利和资源的分配上的争斗。

科赛还认为，弹性比较大、比较灵活的社会结构容易出现冲突。相反，僵硬的社会结构出现冲突的频率则比较低。

因此，我们的教师为了绩效工资而与当局或校方发生冲突恰恰是社会文明和进步的表征。因此，校长们不必惊讶于冲突的频繁加剧，不必刻意地消灭冲突，而要泰然处之。

一些冲突是由人与人的差异决定的。……你无论如何要气沉丹田，耐心倾听，用笔记下来，然后在他气焰消停些之后再与他摆事实，讲道理。

你要准确地评估冲突的实质。……

你无论如何要保持冷静，只有冷静才能做出对问题的准确判断，而后解决冲突才有可能。

对于那些胡闹性质的冲突，你完全可以选择回避，虽然你的回避会被认为是怯懦，可是又有什么关系呢？回避是对你胡闹的最明智的选择。

回避。你选择退出或者推迟冲突发生的时间，当对方情绪激烈或者对方有暴力倾向时，你回避最恰当，"好汉不吃眼前亏"。

迁就。你尽可以满足对方的需求，哪怕自己不那么愿意……比如职称名额只有一个，这个职称对某人太重要了，而评定小组已经决定将这个名额给了另外一个人，那你就迁就一下，让他们公开竞争这个名额，这样你对他也仁至义尽了。这么做你会受到一些人的指责，但别人的指责对你解决方案来说可能并不重要。

郑杰的这些建议，可以说帮我解惑答疑，乃至使我心中放下石头，从而产生了管理智慧。在绩效工资及当前正在实行的岗位设置上，的确使个别到了一定退休年龄但又长期不学习进取，产生了严重倦怠感的老教师来说，打击无疑不小，他们发怒，情绪异常，甚至攻击校长，乃至影响学校正常工作的开展。郑杰以上的建议使我认为到这是一种可能必然发生的问题，而对棘手难题处理方法是回避、迁就。

同时反思政府、职能部门在出台改革措施之前，听取基层意见太少了。执行中出现的政策问题未能给予及时解答和指导，未能真正起到职能部门的作用。

第一，如绩效工资拨款形式，以职称高低为依据进行拨款，容易导致校与校之间的差异，不利于人才流动，容易使老高级教师误解为从他们包里拿工资。容易产生抵触情绪，从而产生心理差异，影响工作的正常开展，影响教师的幸福指数，学校内部产生了干群、师师之间矛盾。

应该出台具体说明拨款方式的不一样原因，或一律根据各校人头来拨款，如现在的生均经费一样。

第二，再如岗位设置，要考虑教育均衡化因素及引进人才和流动人才因素。学校一律不能把校龄作为岗位设置的依据，而重要的依据应该是什么岗、什么位要进行说明。

第三，在操作过程中，职能部门是否能组成一个专家代表团专门研读政策后按不同学校校情设计出一个可供操作的同类校同类指标，来进行指引。

第四，甚至可以请第三方到各学校来进行实际方案的设置及操作，避免校长在改革中尊严丧失，因为在这两次改革中，校长既是运动员，同时又是裁判员，容易使教师误为方案不公平，乃至把所有矛头对准校长。在两次改革中，大多数校长受到严重伤害。有的住进医院，有的未到退休年龄提出辞去校长职务，有的心灰意冷变成当天和尚撞一天钟的消极工作状态，有的放弃职责乃至被动地让个别教师做主修改有利于自己利益的方案。等等，给教育带的后患是无穷的。教育的现代化、国际化都将成为一句空话。因为目前教师幸福指数偏低，校园不和谐因素时有发生，必然影响一些学校的发展，导致最终受影响的是教育对象——学生，这是一种不堪设想的教育悲哀!

第 39 条：为推动学校发展，须发现问题并有效地解决问题

学校发展的动力恰恰来自问题，办学思路来自问题，发展战略的选择也应基于本校所存在的问题。

所以没有问题的解决就不会有学校的发展。

校长就是学校里最能解决问题的那个人，你的工作就是发现问题并妥善解决……你的成功就在于发生问题的时候能做出正确的决断。

学校问题分为三个层面："事业上的问题"、"管理上的问题"和"操作上的问题"。所谓事业上的问题，指缺乏资金，没有设施设备，人才不足及生源下降。管理问题，是指无计划，制度不健全，信息交流差及教育教学无效率。操作方面的问题差错率高，损坏严重，操作方式不正确等。

什么是解决问题？解决问题就是消除实际与理想之间差异的过程。这个过程的第一步是承认问题的存在，第二步是详细说明和分析问题，第三步是选择最优的解决方案。

如果你对问题不敏感或得过且过，你也就不会有什么解决问题的信心。

……要把发现问题看作管理者责任感的体现，要把解决问题看做是自己学习和成长的经历。

对问题的成因进行分析，分析的目的是为了确定问题的根源，比如“学生为什么会厌学”，在详细说明厌学是个什么问题之后，我们接着要做出“假定”。

我们分析学生为什么厌学，就要找到厌学背后的原因，可能因为学习难度太大，可能因为趣味性不够。接着我们就做出假定：假定教师在教学中降低难度，假定教师的课堂教学变得有趣，就会消除学生厌学。

制定解决方案。在做出多种假定之后，你就可以产生若干解决问题的方案。

根本不存在完美无缺的解决方案，你的方案的成功率和负面结果是高度相关的。如果一个备选方案失败的概率很高并且相关成本很大，即就选择放弃。

如何才能拿出有效的解决方案呢？“三个臭皮匠，抵个诸葛亮。”研究表明，决策参与程度决定了决策的有效性，只有那些突发事件，专制的决策可能更有用。

校长要善于将哪些需要创造性解决问题交给干部或教师团队去决策，团队决策要比个人决策费时间，但团队决策通常更具创造性，并且团队参与对于哪些需要成员去执行的决策获得支持是必要的。

这条建议非常有用，我在学校开展的校本教研中，提倡问题即课题，教师就是研究者，但仍然有的教师发现问题后不懂分析，找不出解决问题的方案。本建议所说的关于“学生厌学”的问题研究就很有启发性，可以指导教师在发现问题、分析问题中学会对问题的成因分析，并做出假定，并采取具体的、可实现的互补和符合道德的、可以接受的解决问题的方案。

再如，把解决问题交给干部和教师团队的建议很好！我校进行的绩效工资改革时，我们把方案拿到教工代表大会进行表决，结果34 位代表投了赞成票，2 人投了弃权票。这次进行的岗位设置改革，我们把方案交给全体教师公投，赞成率在 80%。这种团队决策方式，充分体现了民主管理。

第 40 条：为发挥教师才智，须运用激励

有专家提出了激励的八大模式。一是目标激励。也就是设法将学校的需求转为教师的需求，从而产生工作动机。二是物质激励。比如高额的退休金，工作稳定，比较浓郁的文化氛围等因素让教师感受到激励……我们根据

教师学历、资历来发放工资的做法可能降低整体教师的工作质量，而根据绩效工资可能损害教师内在动机和努力。三是情感激励……强调领导者与被领导者之间的情感联系为手段的激励方式……身为管理者，你先要了解学校中的每一个人都有被人重视以及渴望得到赞赏的需求。任何人都渴望引起别人对自己的注意，不管他承认与否，他需要向人倾诉，他需要有人倾听他心中的苦闷，他有着熊熊燃烧的热望，甚至贪得无厌的渴求。四是负激励。负激励就是对教师违背学校非期望行为进行惩罚……为避免冲突，你只能在十分必要的情况下选择十分含蓄的方式进行负激励。五是差别激励。人的需求是有差别的……因此，校长应当针对员工的差异对他们进行个别的奖励。六是公平激励……教师总会把自己的贡献和报酬与一个和自己相等条件的人的贡献和报酬相比较。当这种比值相等时，就会有公平感，就心情舒畅，积极性高涨；反之，就会导致不满，产生怨气和牢骚，甚至出现消极怠工的行为。七是信任激励……放手让下属在其职权范围内能独立处理问题。吸纳谢克对学生学业成绩的147项决定因素逐一进行了研究后发现，教师在课堂上的努力程度，他们的创造性和灵活性比那些可观测的指标对学生的学业成就有更大的作用。……那些给予教师更多的自主权和管理支持的学校，教师工作的满意度更高。八是心智激励。……校长应将下属的潜能进行激发使之变成效能。……一个人工作的满意度高对工作就可能持积极态度；相反，则可能产生消极态度。……说到底，工作自主性是对教师最大的激励。

郑杰的第40条建议非常有道理，我校正是这样实施的。这次在制定学校的第四个五年发展规划里，提出的发展思路就是“校长无为而治，师生自主管理、自主发展，学校自主创新”。

目前在学校教学中提倡教与学方式转变，变学生为主体，一堂课的优劣不是评教师教得如何而是看学生学得怎样，提高学生自学自主能力。

在德育管理中实行民主管理。初三（3）班推行的班长轮值制度，每个月由两位同学轮流执政当班长已试行了一年，效果非常好，学生写了一篇《我班所实行的班长轮值制》称赞了这种管理方式。

在团委工作中也提倡由学生会承包一些活动，甚至在期中、期末考试中我们也主张班级可以申请无人监考诚信班。

管理上，更是实行负责制为主的扁平式管理。

第 41 条：为使学校持续发展，须促进教师专业成长

学校发展归根到底是靠教师，谁都知道，越是熟练的和有能力的教师越能让校长和其他管理者的工作变得轻松。……怎么才能获得一支令人满意的教师队伍呢？……立足学校，自主培训。……大概有六种方式来帮助教师解决他们的工作问题，提高他们胜任工作的专业能力。第一种方式是让他们在实践中自我成长，为了让教师能够独立高效完成工作，把他放到工作岗位上让其自生自灭，由他自己去探索吧……在这个过程中，为了使他们少走弯路，你可以让资深教师在关键时候给予他们指导，……他们感激你让他们自由自在地工作，也感激你在他们需要帮助的时候帮了他们。第二种方式是适时给予指导……帮助他们进行反思，反思为什么业绩不如别人。一问你有没有意识到你的业绩不能令人满意；二问你的业绩不能令人满意，是因为你不清楚学校对你的工作业绩方面的预期吗；三问你业绩不能令人满意，是否因为工作中存在难以控制的障碍；四问在这种情况下，你是否尽了努力；五问你知道这些学生不喜欢学习的根源在哪里吗……如不清楚，你要告诉他该如何针对问题学生差异展开教学；六问一个学生学习不好，他的支持学说、动力学说、调控学说一定出了问题，那你能否评定你的学生到底哪个或哪些系统出了问题了吗，出问题的学生在全体学生中占多大比例……提醒他了解；七问如果你教的班级学业成绩非常突出，你是不是感受到有压力……帮助教师消除哪些因业绩突出反而遭受的压力……无论他的背景如何，无论他给你的印象多么糟糕，你都要把他看成是绝对有自尊的人，让她感觉到你是真心实意在帮助他的。

郑杰老师最后一条建议很有操作性、建议性，帮助老师的七问可以帮教师们解决发现问题、分析解决问题的能力，真正成为一个把问题当课题的研究型教师，这种帮助教师成长的谈话方式是可以培养出一批名师的。因为有的专家就这样讲过，教师反思三年就可成为名师。

这几年我校在制定培训教师制度上是不遗余力的。如：1. 走出去。制定班主任、学科教师每年的培训计划，学校给予每年的培训费达 20 多万元。2. 请进来。请专家到学校讲课，如发现教师在专业发展上存在问题，我们就请某方面专家来举办讲座，做到针对问题实行校本培训。3. 举办教师论坛，分享各自成功与失败的案例，每月 1 次。4. 举办教师读书会，在理论上

提升自己的专业素养。5. 各教研组组织活动开展，谁出去培训后，回来都要在自己科组做报告，并把报告挂在校园网上供全体教师共享。6. 举办中青年教师教与学方式转变的讲课活动，在科组中听课、评课。7. 全校同听一节课或开展邀请式听课活动，在实践中帮助教师提升专业成长，帮助其找出自己发展最佳途径。等等措施，起到了很好的效果，使学校逐步成为学习型的组织。

读郑杰《给校长的建议》后语

整整用了8个月时间，对郑杰的《给校长的建议》先后读了两遍，第一遍是通读，第二遍是研读，并做了这整整一本的读书笔记。掩卷而思仍有余香，这是一位有个性、有追求，充满深深的教育情怀的教育思考者在自己工作实践的心路历程并凝聚成如此宝贵的建议。

这本书对我这个担任校长职务十几年的老校长们有很大的启发和指导性，乃至操作性，不愧是一本货真价实、情真意切、给无数第一线的校长良药良方。它实在是一本好书，既有指导性又有操作性，甚至可以说是校长心理治疗书，值得多读并获取营养。我们要狠狠谢谢郑杰老师。

2011年8月11日

在教育现实中追寻失落的人文教育

——北京大学福田教育管理高级研修班学习体会

内容提要：教育要补人文教育之缺。教育的正确之道在于顺应学生的天性，开发学生的潜在天赋。我校将“人文见长，人格健全，和谐发展”写入办学理念，致力追求人文教育，树立人的主体地位，发挥人的主体潜能，实现人的生命价值。

关键词：人文教育　教育原点　办学理念

发表情况：此文发表于《教育科学与研究》2011 年第 2 期。获区校长论文一等奖。

当下教育现实怎样？它失落了什么？为什么要追寻这些失落？这些问题涉及教育本质的哲学思考。在去北大参加校长高级研修班前，我对这些问题也在不断地思考、探索和实践中。在飞机上，我捧着印度著名哲学家克里希那穆提《一生的学习》一书在读，就是在求证和寻求答案。学习回来后，我对这些教育哲学命题有了更深刻的认识，对办好学校有了更明确和坚定的方向。

教育本质论演变的过程

人们对教育本质的认识随着政治、经济和社会发展条件的不同而不断深入。教育本质是指人们对于教育基本属性的一种认识与把握。探讨和理解我国的教育本质问题，有助于指导人们的教育实践活动。《教育基本理论之研究》（瞿葆奎著）中的数据统计说明，我国学者就教育本质问题提出的不同观点不下 26 种。在众说纷纭中，有一些认识或观点一度产生了较大的反响，有的甚至还在一段时期里成为教育理论界居于主导地位的学术观点。回顾我国建国 60 余年来的教育发展历程，有三种教育本质论主导和影响着我国的教育思潮和教育哲学。一是“文革”结束前的“上层建筑论”。把教育本质看作“无产阶级专政的工具”，在学校的教育实践中，否定智育活动，坚持政治挂帅，学校变成政治运动空间的延伸。二是进入开放改革和以经济发展为中心的时代背景下的“生产力论”。在这种教育思潮影响下，学校被认为是劳动力的再生产地，教育过程中知识教育的地位、作用和功能重新被人们认识，智育放在第一位，并不断被强化。低一级学校向高一级学校输送的仅仅是考试合格的人才，学校的精神失落慢慢显露出来。“上层建筑论”和“生产力论”对教育本质的把握都有失偏颇，因为这两论都将教育具有的政治属性和经济属性充分扩大为教育的全部属性。以这样的理论来指导教育实践，必然会使教育陷入混乱和缺失。随着人们对应试教育狂潮的厌倦，近年来我国教育理论界产生第三种具有广泛影响力的教育哲学思考，认为教育是一种培养人的活动。这种教育本质“育人活动说”，对过去“两论”做了修正和补充，对于指导教育实践，无疑有一定的积极意义。但是，在当前的社会现实条件下，教育领域内部有许多不协调的乱象，这是教育界外和界内人士对教育本质认识有所异化带来的后果。

当下教育本质的异化

人文精神教育缺失。我从教近三十年，亲历我国教育跨越式发展的巨大变迁，从过去简朴的校舍到当今的数字校园，校园设施可谓今非昔比；课程和教材的改进也是不断更新。但是，总感到教育在发展的同时，也在慢慢丢失一些本源性的属性，或者说教育的一些本质在慢慢异化。在社会、政府、学校、学生、家长对教育的种种不同诉求中，科技理性和功利主义始终占据上风。如：“读懂数理化，走遍天下都不怕”；“考、考、考老师的法宝，分、分、分学生的命根。”我们过度地强调教育的传承文化知识功能，热衷于“文化复制”；我们片面提倡适应社会，使教育变成了就业训练场；我们一味推行规范性，使学校变成了“标准化车间”；我们一味强调升学率，忽略人的生命价值，使学生变成了考试机器；我们轻视人文精神，使学生成为数字化的工具，他们能够解析地球和太阳的运行轨迹，却不会欣赏日出的灿烂和落日的余晖；教育理想讲起来挺动听，但提高学生的分数的教育现实更加重要。教育究竟要向什么方向走？学校的工具性和人文教育性应该如何融合起来，才不至于让教育偏离本质？北大的学习经历又让我找到了教育的原点。

《回到原点看人》的启示

教育要补人性教育之缺。这次到北大参加教育管理高级研修班学习，上了许多看似与“教育”关系不大的课，但这些课让我体会到人性会在无为的学习中得到升华。至于直接涉及教育的课，更是让我茅塞顿开。《回到原点看人》——北师大钱志亮教授的讲座，让我更加深刻地理解教育的本质问题。他的基本结论是：教育的根本任务在于，缩小人的生物属性，扩大人的社会属性，彰显人的精神属性；教育的正确之道在于顺应学生的天性，开发学生的潜在天赋。当今社会，转型变化急剧，精神沦丧乱象比比皆是。工业社会追求物质文明导致物质至上，市场经济强调经济发展导致金钱至上，道德失范导致享乐至上，竞争的激烈化低龄化导致不择手段，独生子女“零闪失的教育”使得孩子娇生惯养，产业结构调整人才过剩导致分数至上，男不谦谦君子、女不贤良淑德，程序化流水线教学使得学生死记硬背，市场文化、商业伦理渗透到学校教育的各个方面。这些社会思潮和乱象，冲击和影响着学校，使学校的教育出现急功近利和人文精神缺失的态势，令人担忧。钱教授的“回到五个原点看人和看教育”（人类种群原点、家族原点、生命孕育原点、脱离母体原点、教育原点）的观点让我更加深刻地领会到，教育者不仅自身要有敬畏生命的情怀，要用爱心做教育，而且也要让教育对象在学校学习中成长为远离生物属性的人——一个有爱心、有道德感和社会责任感、有情趣的社会人。这正是学校人文教育和生命教育所能做到的事情，也是当前社会和学校普遍缺失的教育。

在教育现实中追寻失落的人文教育

教育者在办学校过程中，不得不面对学校的生存竞争这样一个教育现实问题。在当前生存竞争环境和功利主义思想主导下，社会和家长用一个容易而简单的升学率指标，对学校进行评价和排队。这样的社会认识必然会牵引着学校的教育工作。所以，升学课程必开（甚至必加），升学课程必抓、必保，成为学校普遍的教育现实。这是一个可以理解的教育行为，因为“教学质量”为学校的生命线是生存现实。华富中学在这近十年办学过程中，重视学校有形的课堂教学，抓课堂教学效率，不遗余力，并得到优良业绩的回报，也得到家长的认可。但是，这仅仅是学校教育的有用之为，并不代表学校教育作为的全部。也许社会和家长对人文教育和生命教育认为是“无用之为”（因为不是升学考试科目），但是一个教育管理者应该对教育本质的认识有一个更高的认识境界，而不是仅仅苟同于家长认识的俗流。应该在脚踏教育现实的同时，关注生命本质，仰望教育理想，追寻教育原点之路。在应试教育愈演愈烈的今天，许多人都迷失了教育方向，找不到教育的原点。华富人却在与社会和家长认识的同流中，没有沉迷于有用之为，乐道于升学业绩，而是清晰地看到，学校不能缺失人文教育，学生不能缺乏人文雨露的滋润。在办学方略中，明确地将“人文见长，人格健全，和谐发展”写入学校的办学理念。在课程实践中，除了开齐统一的课程外，学校还大举兴办三大校本课程和八大文化活动节——阅读写作课、演讲课、二胡课、艺术节、体育节、科技节、国学教育节、淑女节、君子节、英语节和数学节；开设了多种选修课，多种兴趣小组活动。通过实施这些校本课程和校园文化活动，张扬了学生的个性，开发了学生的天赋，提升了学生的人文素养。在教育管理中，通过美化校园环境，构建和谐的干群关系、师师关系和师生关系，提倡人文关怀，浸润教师和学生的人文精神，提升学生的人文情怀。特别是借助华富中学特有的天地人之优势——笔架山之地灵，师生对学校的热爱，家长对学校教育的认可，学校的教育更彰显其特有的人文教育个性。可以自豪地说，在大家都在“适应”升学教育的大潮中，华富中学没有缺失人文教育。这些人性教育原点，将在学生心灵中扎根，在他们的未来生活中开花结果。

最后，借用《一生的学习》作者克里希那穆提对“正确的教育”和“什么是学校”的诠释作为本文的结束语。“正确的教育，一方面鼓励技术的学习，同时也应该完成某种更为重要的事，它应该帮助人去体验生活的完整过程。”“正确的教育不是一种手段，借以把个人加以某种特定的限制。真正的教育，乃是帮助个人，使其成熟、自由，绽放于爱与善良之中。”“教育的最大任务在于产生一个完整的人。”“学校应该是一片沃土，使学生可以毫无恐惧、快乐而完整地生长于其间。”“正确的教育，不能像制造机器似地大量生产，要研究每一个孩子，需要耐心、细心和智慧。要观察孩子的兴趣、能力、性情、了解他的困难，考虑他所受的遗传和父母的影响，而非仅仅把孩子归于某种类别——这一切都需要机敏而富于弹性的心，需要技巧和强烈的兴趣，最重要的是教育者慈爱的心和智慧”。

在目前的教育现实中我们应该追求这样的人文教育：既包括对知识、科学、真理的重视与求索，又包括对道德信念、道德修养、道德人格的追求与恪守，还包括对自由、平等等重大价值的渴望与呼唤，对人的关怀、尊重与人的主体性的祈盼与高扬。总之，一句话：树立人的主体地位，发挥人的主体潜能、实现人的生命价值，这就是我要为之高扬的人文教育。我认为这也正是素质教育的根本之所在。

2010 年 10 月 10 日

香港学校的管理文化及其启示

内容提要： 香港学校办学自主、自治、多元，教育国际化程度高。学校施行扁平化管理，横向分权，让基层科组与管理层更易互动交流，强调“协调”而淡化“管束”，还节约了人力资本。学生在基础教育阶段，主要接触家长、教师两大人群，通过这两类人群的和谐发展，相互学习，形成家长教师会文化。这种平等、合作、共生的办学眼界更现代更高远。

关键词： 自主多元　扁平管理　家校合作

2011 年 10 月 10—15 日，笔者有幸参加了福田区中小校长高级研修班，赴香港参加为期一周的中小学校教育考察。听了由香港教育研究发展中心举办的“关于香港社会和教育发展的现状”专题讲座，参观了福建中学（小西湾）和仁济医院王华湘中学两所学校，听取了校方的办学情况介绍，与校长及教师座谈，不仅对香港的中小学教育有了一些初步的认识，也从香港学校的管理文化窥斑中，对照深圳和内地的学校管理，得出一些有益的启示。

人的行为受到文化规范的支配，反过来说，人的某种行为也表达了某种价值观。香港学校的管理行为和现象的背后，折射了香港的社会经济背景和管理思想理念，他们的办学自主性、行政管理扁平化和家长教师会制度等以人为本的学校管理文化现象，都体现了多元、自治、平等、共生、合作和高效等价值观，值得我们学习。

一、香港学校有高度的办学自主性

通过参观学习，了解到香港的教育有以下三大主要特点：第一，依法自主办学。香港的教育条例、教育规例、资助规例和大学条例等法规，规范着办学主体的办学行为，教育署与学校的关系只是伙伴关系，没有过多的办学指令。政府的责任是资助和执法，学校依法自主办学。第二，办学主体多元化。香港有三大类学校。一是官立学校（占7%），政府全资助；二是津贴学校（占80%），政府资助部分办学资金；三是私立学校（包括国际学校），资金自筹。香港的六大宗教团体都参与了社会各类教育的办学。第三，教育国际化程度高。香港学校的教学语言为粤语、普通话和英语三语两文，英语除了作为学习课程外，还作为使用语言，在教育教学过程中广泛应用；学校对外交流和访问频繁。香港社会的多元化、国际化和生存竞争压力大的特点，决定了港人对教育有更高的要求，决定了社会经济对教育有多层次的需求。学校的教育要适应这些需求，必须要有高度的办学自主性。从上述特点来看，香港学校的办学自主性，显然得到了政府的配合和社会各界的支持。

二、学校管理实行扁平化管理

福建中学（小西湾）是一所从中一（相当内地初一年级）到中七年级（大学预科年级）的学校，共有29个教学班，1100名学生，62位教师，最少的班级只有30名学生，最多的班级不及40人。从学校的学生规模来看，这所学校与深圳许多典型的初级中学相当（约1300多名学生，100位教师）。但从这所香港学校的行政架构来看，行政管理层级相对较扁平化。从下面该校的行政架构图可以看出，他们的管理层级是：校长（校长会议）——副校长——各功能组主任或科组主任，而深圳或内地的学校管理层级是：校长（校行政会）——副校长——处室主任——年级组（或科组）。

附图——香港福建中学（小西湾）行政架构图

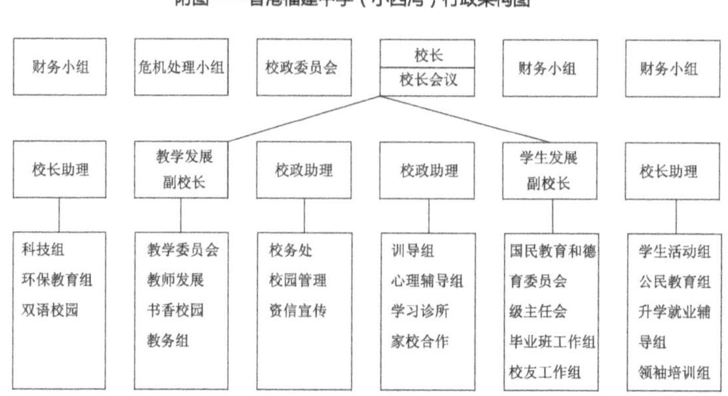

他们的管理结构与深圳和内地学校有相同之处，也有不同的特点。教育教学和学生管理分别由两位副校长来抓，这与深圳许多学校是相似的。但最大的差异是，他们在副校长和处室两级中去掉一级，但增加了副校长助理，权力横向分散。这种强调横向分权的管理方式与上述强调纵向集权的管理方式相比，让基层科组与管理层更容易互动交流。他们这种扁平化管理显然有可取之处。一是管理过程中，信息传达到位，反馈快而直接，减少行政扯皮机会，行政高效。二是管理过程强调"协调"而淡化"管束"，重"理"轻"管"，避免指挥过度或捆绑手脚，让科组或功能组有更大的工作自主创造空间。这一点对于高学历的教师团队而言更加重要，该校62名教师中，1名为博士，31名为硕士，其余是大学学士。对于管理这样高学历的团队，选择扁平化的行政管理会更合适和更有效。三是节约人力资本。香港学校的师生比基本上是1∶18，而且是小班教学，而深圳初中的师生比基本上是1∶13.5或14，班级规模比香港的大。行政管理层级扁平化为香港学校节约了行政成本，换句话说，在同等人力条件下，为学校增加了教育教学的人力资源。

三、学校的家长教师会文化有极大的凝聚力

深圳和内地的学校，有家长委员会，主要功能是了解和支持学校工作，但没有"家长教师会"。香港学校却有这样的联谊组织，而且活动比较丰富多彩。以笔者参观的仁济医院王华湘中学为例，学校成立了以家长和教师为代表的家长教师会（School Parents Teachers Association），其宗旨是促进家校的联系，紧密家长之间的友好关系，讨论共同关心的事宜，改善学生的福利，而且有会员章程，入会要交会费。会员分家长会员、当然会员（现任校长和副校长）、教师会员、附属会员（前任校长或旧生家长）和名誉会员。联合会设有常务委员会机构，由委员会主席和副主席定期召开会议和组织活动。这些联合会，主要任务已大大超过了教育活动的范畴。我们到该校参观时，了解到这个联合会每学年都有许多活动。例如，亲子烧烤活动、一年一次的慈善行、与同学一起的运动会、外出参观旅游、文艺表演晚会、教育经验交流活动等等，这些活动都通过会刊形式登载出来。初到香港学校考察这些文化现象，开始有些不解，学校花如此大的精力组织这些联谊会活动，与学生的成长教育有何关系？随着我们参观考察的深入，笔者慢慢意识到，这是文化的凝聚力，学校需要这样的凝聚力。其实，学生在基础教育阶段主要

通过接触两大人群学习知识和经验，一是家长，二是教师，学生整天围着他们转。如果这两类人群能够和谐发展，相互学习，增进友谊，为学生的成长构筑一个良好的人际环境，这远胜于学校单纯依靠自身的力量去建构的学习环境。多数研究已经确认，“学生 8%—14%的总成就可归因于学校的作用”（引自：P41，学校的影响有多大——《未来的学校，变革的目标与路径》）。可见，学校对学生的学习成就有影响作用，但是作用仅限于小部分。因此，学校营造一种有凝聚力和能激发人心的文化就有特别重要的意义。加拿大学者哈格里夫斯在分析学校文化模型中，曾经论述过凝聚力在提升学校效能方面的重要作用。依靠文化的力量来提升学校的文化品格和促进学生的成长，这是后现代主义思潮在办学中的反映。从某种角度讲，香港学校与我们相比，办学的眼界看得更远，办学思想更现代。

四、启示

香港的中小学校管理，无论是行政的扁平化，还是创造学校文化的凝聚力，都符合后现代社会对教育高期望和高效能的要求。虽然深港两地的社会发展和经济水平都有较大的差异，但是当代社会的价值多元、资讯发达、竞争激烈和社会剧变等特点基本一样。2011 年福田区已成为全国第三个“教育国际化实验区”，面对着这样的社会环境，福田教育如何与国际接轨？如何提高学校的管理效能，让下一代健康地成长、开阔视野、学会学习和生存？香港学校的管理文化，无疑给我们带来了很好的启示，让我们看到未来学校管理文化的趋势走向——管理应该走向分权、自治、合作、共生、创新和高效，以适应不断变化的社会。

2011 年 11 月 18 日于深圳

欧洲基础教育的人本化和开放性

——欧洲教育考察思考

内容提要： 欧洲基础教育在以学生为本的理念下，开设“小班教育”，重视“个性培养”。他们的教育目标着眼于未来，培养学生的国际视野和自主独立能力。他们开发社会、家庭的教育资源，形成教育资源的优化和最大化。欧洲基础教育的人性化、前瞻性等，值得我们借鉴。

关键词： 教育人性　培养个性　事业前瞻　资源发放

2010 年 9 月经深圳市福田区教育局的推荐和市教育局的批准，我有幸参加了广东省 2010 年初级中学校长高级研修班的学习。根据学习内容的安排，学习班先后赴英、法、瑞、德等四国考察，参观了英国的伦敦美国学校（The American School in London）、德国的威廉洛伊斯讷学校（Wilhelm-Leuschner-Schule Darmstadt）、瑞士的国际学校（Swiss International School-Zurich North）。三所学校的办学，各有各的特点。虽然参观的时间很短，但给我留下了深刻印象。欧洲基础教育的办学理念、办学目标和教育资源的运用都有不同于我国基础教育的独特之处，值得我们参考与借鉴。他们以学生为本的教育理念，符合学生不同天赋的灵活学制和多样化的课程结构，以及教育目标和价值的未来指向，都充分显示了欧洲教育的人本化特征；欧洲学校教育资源利用的开放引入策略，体现了欧洲基础教育的开放性和社会参与的积极性。

1. 以学生为本的教育理念下的教育高投入和个性培养

欧洲的学校，发展至今天，基本上是小班教育。以我看到的伦敦美国学校为例，每个班学生基本少于16人，师生比1∶6，这样的比例是广东学校的1∶20的三倍，深圳市学校1∶13的两倍。这种情况说明，政府或学校所在学区要为学校配备更多的师资，增加投入更多的资源。小班教育的目的，是让教师有更多的精力和时间与学生个体进行思想和情感的交流，使学生心智能更健康地发展；或者是满足学生个性特长发展的需要，我们看到有一个汉语班，学生只有几个人。反观国内的学校，由于一个班的学生达50多人，教师只能照顾大多数学生，个别学生有问题时可能会被忽视而耽误了教育时机。相比而言，欧洲基础教育的以学生为本，更加落到实处而不仅仅是停留在理念口号上。

以学生为本的另一体现，是欧洲学校更加重视学生的个性培养。事实上，每个学生的个性和天赋都有差异，如何制定灵活的学制和课程结构去适应不同的学生，这是现代学校教育要思考的重大课题。欧洲学校的做法有其独到之处。以德国为例，大部分州的小学学制为4年，完成学业后，根据学生的学业成绩和兴趣，分别送进不同类型的中学继续学业。一是文理中学，这类学校主要是为日后进入学术性大学做准备；二是实科中学，这类学校有点类似国内的职业中学，学习实用的职业技术课程，为将来谋职就业做准备；三是实体中学，这类学校吸纳了智力开发晚的学生，通过合适的课程，发展他们的智力，使他们以后能进一步深造，或学习职业课程后直接就业。瑞士也有类似的学校分类，学生在完成义务教育后，自由选择进入普通中学还是职业学校。欧洲学校分类分层多样化，而且选择性较大，满足了不同层次和智力发展早晚不一的学生的需要，是在教育资源比较充裕和就业竞争压力较小的社会大背景下存在的教育经济现象。相比而言，国内中学，只分普通中学和职业学校，类型相对较少，而且不能互相衔接。中国的教育，仍需要努力前行追赶世界先进水平。

2. 教育目标和教育价值取向指向未来

现代学校的教育目标指向应该着眼于未来，培养学生的国际视野和自主独立能力，使学生离开学校后，具备可持续发展的能力，以适应未来社会的不断变化发展，创造自己的人生。如果说中国的教育具有浓厚的应试教育色彩，功利性强，那么，这次欧洲教育考察之行，让我们看到国内教育的发展方向——应该培养学生应对未来社会的基本素质。来到伦敦美国学校，我们看到他们墙上写着学校的办学理念：

Our mission is to develop the intellect and character of each student by providing an outstanding American education with a global perspective.（大意是：我们的使命是，通过具有全球视野的美国式教育，发展学生的心智）。

他们很强调教育的全球视野。因为现在的世界是全球一体化，学生应该具有世界文化理解力和全球视野下的思考能力，才能应对未来。他们的学生很善于国际交往。当我们在参观校园时，一群在上体育课的学生，很主动地跑过来与我们打招呼、交谈和合影。看到这群活泼可爱的学生，我想到这是他们墙上的办学理念的活生生写照。

在国内，我们很多时候看到学生上自习课，是被教师安排在教室里做作业，甚至要有老师在值班看守。这种做法当然有学习效率较高等可取之处，但也带来一个负面效果——当老师不在时，学生不知道如何支配自己的时间，不知道做什么。我们在伦敦美国学校，看到的是另一种景象，学生自己在走廊自修室安排自己的学习，长此以往，学生养成自律自觉和自学的好习惯，形成很强的独立处事能力。这种能力对他们进入社会后，有很强的可持续发展能力，能够很快地适应社会而生存发展。类似这样独立能力的培养教育方式，是国内教育的欠缺，值得我们思考和学习。

3. 学校教育资源利用开放引入策略

现代学校的教育，仅仅依靠学校的资源是不够的。开门引入校外的教育管理资源，充分调动社会参与学校管理的积极性，无疑会增强学校的教育合作力量，提高办学质量水平。

德国的州政府，积极介入家庭教育宣传和学校管理工作。例如，州政府向家长免费提供《加强子女早期教育》的小册子。该小册子包含了生活中常见的教育事例，以西方的教育方式建议父母们如何鼓励、支持和陪伴孩子，使孩子逐渐形成坚强而稳定的性格。可见，德国政府对学生的家庭教育的重视，提前到儿童期。另外，州政府也介入学校的学生管理，学生的学籍由州政府统一联网管理，电脑考勤，警察查询。学生如若缺勤，会告诉监护人，如若不改，动议更换监护人。校长与学生家长进行沟通交流一年有四次，有问题的学生家长会保持长期的交流联系。

我们所参观的学校，都有家校联盟合作机构，定期举办联谊活动，请家长到学校讲学，参与学校管理，组织亲子活动等等。这些活动，不仅让家长了解学校，更会让家长在了解的基础上，提高参与学校管理的积极性，并将自己的教育资源带到学校来。家校积极合作使学校的教育更有资源优势，无疑是积极的。国内的学校，也有类似的家校合作教育形式，但总体来说，不如欧洲和西方学校的广度和深度。客观原因是社会民众对教育的认识不足，支持不够；主观原因是学校认识不深，主动性不够。欧洲的学校资源运用的开放策略，应该给我们带来很好的启示，学校应该主动与社会联系，走出去，取得更多的教育资源和合作力量。

总体而言，此行的欧洲基础教育考察，让我们看到了异域的教育风采。欧洲的基础教育，无论是教育设计的人性化，还是教育视觉的前瞻性，都走在世界的先进前列，值得我们学习和借鉴。当然，我们也要看到，中欧基础教育的差异，有其社会经济和历史文化差异的背景原因。但是，无论怎样，我们能够从差异中得到启发和思考，有些差距是可以学习追赶的，有些差异是值得借鉴的，然后自我完善发展。这就是此行欧洲基础教育考察的价值所在。

2011 年 8 月 20 日于深圳

致华富中学全体老师的公开信

亲爱的同仁们：大家好！

全国事业单位的改革已在各地如火如荼地进行着，继绩效工资之后，又开始了岗位设置，今年教育部又将会在两个省份先期开展实施教师资格考试和定期注册试点，建立“国标、省考县聘、校用”的教师准入和管理制度。如果这一制度在全国推开，那么，教师都要接受每 5 年一次的定期注册考核，考核不达标的老师将被迫退出教师队伍。据悉，每 5 年一次的定期注册考核，并非要重新进行一次资格考试，而是对这 5 年内该教师的方方面面进行评审。考核内容包括师德、业务与教学工作量等。师德将作为首要条件，进行一票否决，那么，这一制度将给我们教师带来怎样的影响呢？2011 年 11 月 2 日第 44 期《教育文摘报》周报的头版做了报道，《教育文摘报》2011 年 11 月 16 日第二版的要闻时讯又再做了题为《教育部试点教师资格入门退出机制预计三年成常态》的报道。

11 月 1—2 日，我作为区兼职督学来到大梅沙，进行为期两天的未来三年义务教育阶段所有公办学校即将开展的办学水平评估方法的学习，该评估不等同于 2004 年我们学校通过的省级等级评估，此评估方法叫诊断评估法。该评估指标体系由 5 个一级指标，15 个二级指标，38 个三级指标组成，逐一进行诊断，全部指标均以相关教育法律法规为根本依据，以学生的发展为根本的出发点，以学校依法办学为刚性要求，以实施素质教育为主线，以学校的内涵发展、自主发展、持续发展的效能为评价核心。不少评价要素，如“学生的可持续发展、教师的专业成长、教育质量保障”等提法和具体阐述，均倡导了先进的理念和策略，旨在促进学校持续优质发展。十五名专家进入学校，明年我校很有可能被列入评估诊断的学校。

老师们，学校未来的发展，你自己的专业发展，学生们的发展都将是评估的内容。

过去的绩效工资和现在进行的岗位设置又在考验我们每一个人的适应改革的能力，只要是改革总会带来阵痛，我们不但要重视自己的专业发展，还要适应已让我们感觉到的突如其来的变化。我们的彷徨、不解、甚至焦虑，都是正常的表现形式。但是改变不了大环境，我们就必须有勇气去改变我们的小环境，要学会理性思考。任何的建议和诉求都必须在符合三个发展——学校发展、教师发展、学生发展的前提下，在两个“不伤害”（不伤害他人，不伤害自己）的善良愿望下进行。其实，作为校长，我的压力也不亚于大家，学校生存竞争越来越白热化，没有生源，就意味超编，目前已有的学校生源缺乏，学校面临生存的巨大压力，有的学校已超编了十几个教师岗位，今年区内将打算实施的校长职级制也在考量校长的办学能力。

今年春节期间，区教育局办公室打电话给我（我还在老家陪父母过年），要求我在年初八的区校长工作会议中进行15分钟的发言，我做了题为《倡导幸福教育，打造幸福课堂，创建幸福校园》的发言，副标题是“我对华富中学第四个五年规划的思考”。15分钟报告，引起了较大反响。暑假，区教育局又组织了十多名专家对各中学制订的第十二个五年规划进行评审打分，中学22所，最高分91. 55分，我校“自产自销”的第四个五年规划获得了91.23分的高分。开学初，又对各校长提出要求，每人用15分钟时间解读自己本校的规划，教育局组织了十多位专家、四五个科室科长，加上21所中学校长，去掉一个最高分，去掉一个最低分，当场亮分，以从容、淡定的心态，以真诚办好教育的心，声情并茂地解读了我校的规划，获得了初中组的最高分。我也是在不断地经历着考验啊，也将进入到知天命之年呵！

老师们，绩效工资的改革工作，我校第五届教代会代表共34人（可上网搜索2006年6—7月，已退休的冯校长作为工会主席筹备和成功举办的华富中学第五届教代会第一次代表大会），32人举手，表决通过，两位老师未举手，表决投弃权票，为此，我代表学校感谢代表们从学校发展大局出发，认真地学习文件精神，投下了他们神圣的一票，两位表决时投弃权票的老师，我也代表学校感谢他们，让我们知道绩效工资改革方案还有完善的空间，也表明学校决策的民主性。今年底，我们将进行华富中学第六届教代会筹备及工会机构完善建设的会议，请老师们在不影响教学教育工作的前提下，积极投身到目前将要进行的华富中学发展史上的这一重要大事中，只要提出的建议是符合大多数教师的利益，又符合政策，是有利于学校三个发展的提前的，上级主管部门又能批准，又能为创建幸福校园添砖加瓦，何乐而不为呢?

近期的岗位设置改革，同样的道理，我和书记先后在全校大会上进行了解读和反馈说明，召开了三个大组的征求意见会，听取了个别教师的合理性建议，召开了6次领导小组会议，对老师们的建议进行了一次又一次的讨论，采纳了一些合理性的建议。为了幸福、和谐校园创建，我们愿意等待老师们的步伐。

这是我们学校管理者的心愿。

这两年，我在不影响学校发展的前提下，在广东省教育厅举办的全省初级校长高级研修班学习（校长须参加初级班、提高班和高研班的学习）。上个月又赴港参加为期一周的培训，大大开阔了眼界。国外教育资源的丰富，教育功能的完善乃至学校社团活动，课程的灵活性、丰富性，给我留下了深刻的印象，香港教师在办公条件、办学条件十分艰苦的情况下（远远不如现在的我校）仍以平和的心态，每周承担30多节课的教学工作和2—3门选修课的开课工作，每天连轴转，中午没有午休，他们工资虽然高我们两倍，但房价更高。紧张一周培训，回来后，我也病倒了，但还坚持上班，不过多添了副眼镜，严重地“老视”了。现在我还即将完成两篇论文、一篇国外考察报告、一本读书笔记，近2万字的撰写工作，我也乐此不疲。因为终身的学习是联合国教科文组织对现代人类发出的号召。

目前我还参与学校乒乓球队出征应战的准备工作，随着华东书记的加盟，我校有可能在去年获得第四名的基础上再打入前三名，请大家为我们这支老年教工乒乓球队加油吧！因为除了江浩华为70后以外，我们都是50后、60后的人了，年岁不饶人啊！我期盼着年轻人都能有一技之长取代我们啊！请老师们也多参加体育锻炼，珍惜每一天，特别是学校为老师们安排的星期三下午5点后的教工文体活动。曾经为了促进、督促大家积极参与，想出了一个办法，把牛奶、面包作为“诱饵”，让个别老师误解，真是好“玩”啊！后来也就改变老顽童心态，听取老师们的建议，实行普惠政策。学校行政班子每年在考虑教师的幸福指数度方面是竭尽所能的，其实老师们的出外学习培训考察也是一种福利。同时还是提醒并呼吁大家：笔架山有很美的风景、如画的景色，市内千万人俱往之，我们得天独厚。这也是我们华富中学的一项福利。为了保护她，这十年来我为学校发展不说是呕心沥血，也还算是殚精竭虑，不顾老师们的“审美疲劳”，继续留任在华富中学的原因之一：就是我热爱我为之付出了艰辛劳动和热诚心血的美丽华富校园。当然她的今天，我要感谢曾经为之付出的华富校园所有师生们，好多好多动人感人的故事在我们校内发生，感谢同她一同成长并艰难走过来的老年的、中年的和大胆地选择来到这里的年轻的老师们。

原因之二就是为了守护美丽的中心区公园——笔架山公园，为了解决她的防洪工程，我奔走呼号，三个月内解决了这个问题，也免除了我校洪水之患；为了保护好除红树林外的另一块笔架山湿地，我作为市人大代表，联络代表小组的代表牺牲休息日，走进公园找了万人签名留下了深圳市中心区的第二块湿地（面对我校操场北面笔架山坳）。为了使四五千棵树免遭砍伐，我作为人大代表，和社区居民一道，延缓了市政笔架山一号公路的开设（我校北门的校道）。所以我真诚地呼唤老师们在工作 8 小时外，积极调整好心态去拥抱美丽的笔架山公园吧！

学校综合楼 5 楼接待室，除星期一全天向学生及家长开放外，其余四天向全校老师开放，希望在互不影响教育、教学、管理工作的前提下常来常往，互诉愿望，为华富的发展献计献策！

老师们，让我们一起来面对变革，共同携起手来，度过我们人生中必须面对又无法很快适应的未来吧！请我们都放宽心，做好心理准备吧！不要迷茫，不要彷徨，不要焦虑，只要我们关注、重视自己本身专业的发展，努力提升自己专业素养，重视师德师风建设！一切都会好起来的！因为有为才有位！我们已经是足够强大了，我们已经为人师，为人母，为人父，或者将为人母，将为人父，我们会做好一切准备来迎接挑战的！

现在学校的办学条件在全国都是一流的，我们都要惜福惜缘，让我们同心同德，打造幸福课堂，创建幸福校园，努力落实学校的第四个五年规划，为开创华富校园更美好的明天而奋斗！祝老师们幸福、安康！

第七部分　一腔不弃不舍的绵长校园情怀

十年创业，一路花雨

——华富中学十年校庆抒怀

十年风雨，十年生聚，在荆榛草莽之间，崛起了一座现代化的学府——深圳华富中学。

它诞生于小平南巡的浩荡春风，它成长于南国鹏城的峥嵘岁月，它成名于飞速发展的新世纪曙光。

十年历程，浸透了创业者的艰辛！

十年发展，凝聚了开拓者的心智！

十年薪火，传递了三任校长，实现了三次跨越。从草创时的三类学校，到市一级学校，到省级绿色学校，到向省一级学校冲刺，每一次跨越都竖起了华富中学的一个里程碑！星移斗转，物华天宝。随着新世纪钟声的敲响，华富赢来了历史的机遇。新的领导班子传承了奋斗的接力棒，以新的胆识，新的气魄，形成了新的办学理念，树起了新的奋斗目标，开始了新的历史征程。

旌旗猎猎，步履雷霆，师心振奋，学子摩拳，一场揭开华富新篇章的战斗沸腾了校园。

绿色工程，绿色文明，扮靓了一个现代化的生态校园，使它成为笔架山下的一颗明珠，鹏城都市的一块翡翠。

人本思想，人文情怀，使学校有了家的感觉，使师生成了治校的主体。厚积的人文底蕴，塑造了学校的景观文化，培植了教学的创新文化，弘扬了学生的个性文化。师生的生活质量与生命质量被人文的春雨，滋润得灿烂舒坦。

“人文铸魂，科研兴校”的办学策略，不仅构建了一个“人格、人品”

的巨大教育磁场，也为学校的发展搭建了一个广阔的舞台。引进全国重点课题，与大专院校、科研院所联姻，同兄弟学校结盟，和名校联合办学……筑巢引凤，借船出海，“开窗放入大江来”，为学校构建起一个改革开放的大平台。

春光灿灿，红杏朵朵，华富中学迎来了“无边光景一时新”的大好局面。我校相继成为“深圳市一级学校”，“广东省绿色学校”，“广东省民乐教育示范学校”，“中央教科所德育实验先进学校”，国家“十五”重点课题“教学课程改革实践研究”基地学校，全国“百所德育科研名校”……从而大大提升了学校品牌。

近年来，在数学、英语等奥林匹克竞赛及全国的多项赛事中，我校上百人赢得了一项一项的全国大奖；在科研成果上，也获得多项国家重点课题奖。在深圳开展的科技、艺术、体育节中，我校捧回了一个又一个奖杯。我校的办学成绩与经验，被全国最具权威的《中国教育报》《中国德育》《教育研究》及深圳市多家媒体，以大量的篇幅广为宣传，连篇报道。“华富中学”这个响亮的名字，已掷地有声。

十年风雨，十年生聚。华富中学已是一只展翅的鹰，一艘远航的舰，它将扶摇直上，它将乘风破浪。在鹏城、在南国，它要抒写属于自己的华彩篇章！

人文甘雨，春满校园

——华富中学电视片解说词

在古树烟笼，风景如画的笔架山下，矗立着一座现代化的生态校园——深圳市华富中学。

它诞生于小平南巡的浩荡春风，它成长于南国鹏城的峥嵘岁月，它成就于飞速发展的新世纪曙光。

十年历程，浸透了创业者的艰辛！

十年发展，凝聚了开拓者的心智！

十年薪火，传递了三任校长，实现了三次跨越：从草创时的三类学校，到市一级学校，到省级绿色学校，到迎接省一级、学校评估，每一次跨越都竖起了华富中学的一个里程碑！星移斗转，随着新世纪钟声的敲响，华富赢来了历史的机遇。新的领导班子传承了奋斗的接力棒，以新的胆识，新的气魄，开始了新的历史征程。

旌旗猎猎，步履雷霆；师心振奋，学子摩拳。一场揭开华富新篇章的战斗沸腾了校园。

一、人文理念——学校腾飞的灵魂

新一届领导班子提出了一个新的办学理念："人文见长，人格健全，和谐发展"。为了实施这一办学理念，学校着力培植三种人文精神，一是校园的精神文化，二是校园的教育文化，三是校园的环境文化。这一办学理念，渗透到学校的方方面面。在管理上，他们实现决策民主化，政务透明化；在人际关系上，他们致力于创设一种宽松和谐的人际环境，以真情换取真心，以尊重赢得尊重；在教学与科研工作上，他们更是以师生的发展为本，为师生的成长、成才搭建各种舞台。正是这种人文思想，形成了学校的凝聚力，亲和力、战斗力。难怪老师们说："华富中学是一个让人大有作为的地方，是一个能把人心留住的地方。"难怪一位特级教师拒绝了外校的高薪聘请，心甘情愿在华富如牛负重；难怪福田区教育局在招聘教师时，一些全国优秀的老师纷纷选择了华富。

一个好的办学理念就是一面集合人心的旗帜，一个具有诱惑力的办学目标，则会变成催人奋进的进军号角。华富中学在新的办学理念的指引下，提出了一个新的办学目标："向省一级学校进军。"两年来在市区政府和教育局党委大力支援与关怀下，学校发生了巨大变化，政府投资近千万，扮靓了一个山川秀美的现代化校园。学校高标准、高规格建起了多媒体网络教室、软件制作室，实现了教学手段的现代化。学校还建起了一座多功能的现代化体育馆，按省级学校标准改造的学术报告厅、图书馆、练功房、音乐室、绘画室、科技制作室、饭堂等等，为师生的学习与生活提供了最优越的享受。当你走进华富中学时，那富有深厚文化内涵的"德之铭""智之光""体之魂"的壁画群，会让你肃然起敬；那曲折回廊的名人塑像舍让你心驰神往；那层层楼宇镌刻的哲理名言，会让你心智闪亮；那丛丛叠叠从楼顶直泄而下的"绿色瀑布"及繁花朵朵，会让你流连忘返；那琳琅满目悬挂于大厅的百幅古典诗词名句，会让你目不暇接；那展示学生聪明才智的百米文化墙报，会让你赞叹不已；那如霞似火的簕杜鹃会让你诗情燃烧；那青山、绿馆、花墙、红跑道构成的美轮美奂的运动景区，会让你雄姿勃发。学校无处不散发着一种浓郁的人文气息。让每一块墙壁都说话，让每一个景点都育人。优美的校园文化以无声的语言、流动的乐章把"爱我华富"的思想注入到每一位师生的心田。

二、德育磁场——学校固本的脊梁

德育工作是学校的"脊梁工程"，学校实施"以人为本，人文铸魂"的德育管理策略，把尊重学生，关爱学生，信任学生放在首位，把健全人格，净化心灵，修炼德性作为德育工作的基石。他们探索了一套"民主型班级管理模式"和构建了"以人为本"的德育教育磁场。这个德育磁场由三方面构成。

一是建立"以心育人，以情育人"的爱心场——对后进生、学困生给予特别的关爱。对这样的学生，学校还专门成立了后进生的“导师帮教制度”，并开展了与之配套的“走进学生心灵”的个案评优活动。教师们把自己的一颗爱心无私地奉献给了这些学生。全校树立起“转变一个后进生比培养一个优等生更光荣”的风气。华富中学对后进生开展的“特别关爱工程”成了学校德育工作的一大亮点。

二是建立“以人育人，以人促人”的机制场——民主型班级管理模式。学生干部采取竞选方式产生，在班级设立“常务班长”和“值周班长”，将班级事务细分成若干项，让学生自主选择管理角色，从而使全班“人人有事做，事事有人管”。有的班级还实行“无班主任周”、“无人监考班级”、“道德法庭”。全校日常行为规范的管理也全由学生会和值周班级负责。由于“人人都是管理者，人人都在管理中”，学校的校纪校风特别令来访者钦羡、赞叹不已。请看，最能表现一所学校管理水平的课间操吧，那纵横一线的方阵，那整齐划一的动作，那进场退场时昂然有序的队列，整个儿给你一种美的律动，美的享受。“自主，自律、自强”的精神已成为华富学生的宝贵品质。

三是建立“以境怡人，以绿育人”的生态场——绿色文明工程。学校充分利用笔架山得天独厚的地理条件，开展绿色环保教育。学校与笔架山公园管理处、华山居委会等单位成立了“共建绿色文明社区协作体”，学生定期走向笔架山，走向社区开展护绿爱心活动。学校成立的笔架山文学社、美术组、生态监测站、爱鸟协会等都把笔架山作为最好的课堂。一座笔架山不仅成了学校天然的后花园，而且它还成了学校第二课堂的活动场，教育科研的实验地，校本教材的资源库。学校每学期都开展“环保专题教育月”活动，成立了“绿色卫士服务队”；举办了“地球，我们共有的家园”系列专题讲座；开展认养国家一级保护动物捐款活动；组织到红树林自然保护区开展调查活动；开展环保征文和环保手抄报评比活动等等。绿色环保教育已成为学校德育工作中培养现代公民的环保价值、环境道德、生态文明的一个主战场，成为学校推进素质教育的一种新的育人模式。在人文思想的影响与熏陶下，华富中学有如一个温馨的家，处处散发着浓浓的爱意，时时洋溢着暖暖的温情。华富中学成为家长最放心的学校，学生最开心的乐园，老师最舒心的场所。

三、课改科研——学校品牌的名片

以新的课程改革为发展契机，以课题研究为龙头，大力实施“科研兴校”策略，为学校的发展注入了新的活力。学校开展“洗脑工程”，更新教育观念，引进全国重点课题，与大专院校、科研院所联姻，同兄弟学校结盟，与名校联合办学，筑巢引凤，借船出海，“开窗放入大江来”，为学校构建起一个改革开放的大平台。学校参与了国家级三个重点课题研究，六个市区级重点课题研究及16个校级课题研究。2/3的老师都有课题任务。学校开展的课题研究有三个鲜明的特征：一是课题研究渗透了学校的办学理念，与学校的发展息息相关；二是课题研究与课程改革融为一体，学校开展的“案例研究”与“创新教学”的汇报课，使学校的课改课题活动开展得如火如荼；三是课题研究与年级挂钩，一个年级一个重点课题，全力以赴，集中攻关。从而使教育科研从神圣的殿堂“飞入寻常百姓家”。

为了使学校的课题科研获得强有力的支撑，学校与大专院校、科研院所挂钩，并成立了专家指导组，学校又倡导成立了六校语文课改合作体，六校合作体活动吸引了深圳市几十所兄弟学校的同仁前来参加。被专家们誉为是一个很有创意的“教育沙龙”。为了让教师有更多的机会展示自己的才干与成果，学校还举办了“教师论坛会”，每月一次，每次“论坛会”都成为教师的一次精神会餐，也成为激励教师的加油站。由于狠抓课改和科研，学校的教学质量迈上了一个新台阶，去年毕业班全区统考物理、政治、化学均分居全区一、二名；2004年中考又取得了突破性成绩，跃居全区前列。曾丽霞、陈芳、赵碧燕、林春梅等10多位老师获得了全国、省、市区优质课一、二等奖；李景林等10多位教师在《中国教育》《教育研究》等全国最具权威的报刊上发表了20多篇文章，学校还编写出版了12本校本教材，其中唐劲松老师撰写的《教育机智漫谈》被海天出版社作为重点书目推出，《少年君子》一书成了深圳市精品校本教材，深圳市副市长吕锐锋还撰写了热情洋溢的序文。武东风、柴穗蓉等20多位教师荣获了全国重点课题论文一、二、三等奖；校长分别在全国千人出席的重点课题会上介绍了学校经验，引起强烈反响。这一系列的成就与荣誉使华富中学誉满鹏城，声播九州。《深圳特区报》以《笔架山下升起一颗教育新星》为题作了长篇报道。

华富中学为什么能在短短的几年里取得如此巨大的成绩？

我认为现代学校管理的最大价值，不在于你做了什么事，而在于你发现了多少人和培养了多少人。我最主要的责任，一是把每个人的积极性最大限度地调动起来，让他们活得有尊严有价值，二是最大限度地满足教师发展的需要，为他们的成才、成名、成家提供最有力的支撑。只有树立“教师发展第一”的观念，才能打造学校的核心竞争力。

四、个性特长——学校生命的张扬

发展个性特长，不拘一格育人才，是华富中学人文精神的重要内涵，也是推进素质教育的一个重要渠道。把学生从书山题海的应试教育中，引入到充满情趣的七彩生活中，把学生从千篇一律的“机器人”，变成一个具有鲜明特长的个性人；让学生在最宝贵的中学时代留下一些终生难忘的印象，为他们一生的发展奠定一个坚实的起点。这就是华富中学的育人观。

根据“因材施教”的原则，学校开办了各种特长实验班，成立了各种兴趣小组，如美术班、艺术班、英语班、分层施教试验班，小记者站、无线电视台、合唱队、各种球队等等，使快者快学，慢者慢学，特长者特学，使之各得其所。

为了让学生各尽所爱，各扬所长，学校还开设了“超市选修课程”。为此，学校组织骨干教师编写了30多种选修教材，如情商教育、网页制作、影视欣赏、神奇的数学、健美操及形体训练、书法镌刻，编织艺术等等。这些超市课程受到了同学们的热烈欢迎，大家都盼着、争着到“超市课堂”采购自己所喜欢的东西。

为了展示学生个性发展的聪明才智，学校还定期举办了一些节庆活动，如“艺术节”“体育节”“科技节”“英语节”“数学节”“吟诗诵贤文”“学生才艺展示月”等等，每个“节”既是学生最开心的日子，也是学生尽情展示自己才干的日子。正是这些“节庆”活动的开展，造就了一批人才，他们为学校争得了殊荣。

学校合唱队连续三届获得深圳市中小学合唱比赛冠军；

学校二胡队在全市艺术教育展示月中获得一等奖，多次在全市参加公演；

在2003年教育部举办的中小学绘画书法比赛中，就有3人获一等奖，2人获二、三等奖；

在2003全国青少年网球比赛中获单打第一名、双打第二名；在广东省青少年射箭锦标赛中获团体冠军；

在近两年的科技制作比赛中，有100多人获得市区一、二、三等奖和组织奖；

在2003年全国初中数学奥赛中，王搏同学获全国一等奖，另有三位同学获二、三等奖；

在全市英语主持人大赛中，华富中学荣获团体总分第一名，马辰同学荣获个人第一名；

在2003年全国奥林匹克英语大赛中，学校获得1金6银1铜的好成绩；

在2003年全国“新世纪杯”作文大赛中，陈琛同学获得一等奖，另有48人获得二、三等奖，语文组长江传国老师在厦门颁奖大会上介绍了作文教学的经验。

这些成绩充分显示了华富中学在发展学生的个性特长上迈出了可喜步伐，取得了令人瞩目的成绩。华富中学成了“深圳市广播操标兵学校”“深圳市美术基地学校”“深圳市一级学校”“广东省民乐教育示范学校”“广东省绿色学校”“全国德育实验先进学校”“联合国教科文EPD教育实验学校”。华富中学的学子们在这个自由而又优美的环境里，唱响了一曲青春风华的歌，让每一个生命都闪闪发光，学校也因此而精彩。

华富中学在人文精神的洗礼下，跨越了“雄关漫道真如铁”的征程，经受了脱胎换骨的火的涅槃，如今，它已从一所“长在深闺人不知”的三类学校，变成了一所在省市颇有名气的先进学校。它的变化向世人昭示：一个先进的办学理念＋敢于追求卓越的不懈努力，就会创造一个让人惊讶的奇迹。但对于华富中学的师生来说，这还只是“望尽天涯路”的第一步，现在他们又扬起了远征的风帆，亮起了奋飞的翅膀，乘风破浪，扶摇直上。在鹏城，在南国，抒写属于自己的华彩篇章！

文明长河浩荡，君子风范长存

——《少年君子读本》序言

《少年君子读本》内容提要：

这是我任主编、学校几位骨干教师编写的一本国学教育、思品教育、传统道德教育的精心之作。全书分：仁爱、励志、节操、礼仪、廉耻、诚信、孝悌、勤奋八个部分，每个部分又分：解读、格言、故事、活动设计几方面。我们的班会课经常选用其中部分内容。

该书获奖情况：

该书获福田区首届教育教学科研成果奖二等奖。

泱泱华夏古国，煌煌五千岁月。君子美德，薪火不绝。圣哲迭起，贤俊辈出。一条文明长河，孕育了炎黄子孙。

君不见，伯夷叔齐，孤竹二君，重义守节。宁可饿死首阳山，也不食周粟。

君不见，越王勾践，卧薪尝胆，十年生聚，十年教训。终于“三千铁甲可吞吴”。

君不见，贤哉颜回，食无求饱，居无求安，富贵于我如浮云。“回也，不改其乐”。

君不见，布衣侯嬴，重然诺，守信义，窃符救赵献奇计，自己却“向风刎颈酬公子”。

君不见，苏武牧羊，冰天雪地。渴饮雪，饥吞毡，苦忍十九年。“节旄空尽海西头”，一刻不忘汉社稷。

君不见，三闾大夫，上下求索，九死不悔；文公天祥，丹心一片，光照汗青；戊戌君子，我自横刀，肝胆昆仑……这一个个数不尽，说不完的“千古风云人物”，犹如“扬子浪千叠”。正是这些民族的脊梁，用浩然之气书写的君子美德，令中华儿女壮怀激烈！

自古以来，“君子”二字，成为人们对有高尚德行人物的最高赞誉。“君子”成了美德的化身。我国古代先哲们对“君子”的内涵做出了精辟的阐述，请看看他们心目中的君子形象吧！

我国古典经书《周易》上说：“天行健，君子以自强不息。”可见，“君子”是用“自强不息”的精神来支撑起一个大写的“人”字。

孔子在赞扬颜回时说：“君子食无求饱，居无求安。敏于事，慎于言，就有道而正焉。”看来，“君子”从不把追求物质享受当作人生的目标，而是把追求事业，追求真理当作最大享受。

宋代的著名理学家陆九渊说：“君子义以为直，得义则重，失义则轻，由义为荣，背义为辱。”在“义”与“利”之间进行选择时，君子“重义轻利”，甚至可以“舍生取义”。

被称为亚圣的孟子说：“君子莫大乎与人为善。”“君子成人之美，不成人之恶。”友善为怀，助人为乐，可以说是君子的一个基本品质。

作为儒家学派的另一重要人物的荀子，他认为“君予贤而能容罢（即无能的人），知而能容愚，博而能容浅，粹而能容杂”。这里说的是君子应有博大的胸怀，对别人的短处，应持宽容的态度。

老庄哲学的代表人物庄周说：“君子之交淡如水，小人之交甘若醴；君子淡以亲，小人甘以绝。”在古人看来，“君子”与人交往是不带任何功利色彩的，处理人与人之间的关系像水一样清澈透明。

孔子还说：“君子之过也，如日月之食焉；过也，人皆见之；更也，人皆仰之。”不掩饰自己的过失，勇于改正错误也是君子的一大美德。难怪孔老夫子再三强调“过而能改，善莫大焉”。

宋朝的两位大理学家程颢、程颐说：“君子之学必日新，日新者日进也。不日新者必日退，未有不进而不退者。”可见勤奋好学，不断进取，是一个君子终生不懈的追求。

先哲们对“君子”内涵的阐述，这里就不一一列举了。仅就上面的引述来看，“君子”在古人心目中就是德才兼备的典范，为人处世的楷模，社会伦理的标准，治国安邦的栋梁。可以说“君子”是华夏文明长期沉淀的结晶，是诸子百家智慧融合的闪光，是工农士商实践躬行的升华。君子，成为人生最大的追求；君子，成为人生最大的荣耀。

我国素有“礼仪之邦，君子之国”的美誉。传承这一美德已历史地落在我们青少年肩上。当今世界正处在社会变革，经济转型，科技飞速发展的时代：物欲在泛滥，伦理遭冲击，观念被更新。在这样一个震荡变革时期，我何更要固守精神文明的长城，弘扬中华民族的传统美德。“爱国守法，明礼诚信，团结友善，勤俭自强，敬业奉献”这一社会公德，正是从生生不息、历久弥新的中华传统美德中总结概括出来的。而“大道之行，天下为公”的社会理想，“天下兴亡，匹夫有责”的爱国情操，“先天下之忧而忧，后天下之乐而乐”的崇高志趣，“富贵不能淫、贫贱不能移、威武不能屈”的浩然正气，“厚德载物，道济天下”的广阔胸襟，“奋不顾身，舍生取义”的英勇气概，“鞠躬尽瘁，死而后已”的敬业精神，等等，这一些宝贵的精神和高尚的品质，不管过去，现在和将来，都是我们中华民族得以顶天立地，屹立于世界民族之林的精神支柱。作为新世纪新一代的青少年，我们既是传统道德的传承者，又是新道德规范的实践者，我们要做新时代的少年君子，实现中华民族的伟大复兴。

华富中学，正是秉承弘扬中华传统美德的宗旨，编写了这本《少年君子》，作为校本教材，这是一件很有意义的事，是学校德育工作的一次有益的探索，是将国学经典与现代文明的有机结合。读过之后，一股浩然之气回荡胸间，让人不能自已。

愿华富学子人人都做现代的少年君子！

吮吸国学精华，弘扬民族精神

——《国学精粹读本》序言

《国学精粹读本》内容提要：

此书是由我担任主编，组织我校几位资深老师编写的。少年读经，诵读经典。我们根据本校实际，编写我们自己的校本教材。该书由10部（篇）儒家及其他经典著作构成，包括《论语》《孟子》《大学》《中庸》《三字经》《千字文》《弟子规》《增广贤文》《朱子治家格言》《菜根谭》等。体例分精彩节选、重点注释、原文翻译、内容点评。我们将该书作为我校阅读课的教材，收到较好效果。

该书获奖情况：

此书在2012年获得福田区第二届教育教学科研成果奖著作类特等奖。

在我国五千年的历史长河中，我们的祖先创造了优秀的传统文化，这是世界的一笔丰厚的文化遗产。它博大精深，是中华民族生生不息的最深厚的源泉；它铸造了文明古国的中国心，民族魂；它深深地影响了中国知识分子的精神构成，影响了整个民族的文化心理结构，给一代又一代的炎黄子孙深深地烙上了龙的传人的印记。正如温家宝总理在美国哈佛大学的演讲所说：“中华文明，以其顽强的凝聚力和隽永的魅力，历经沧桑而完整地延续了下来。拥有5000年的文明史，这是我们中国人的骄傲——中华民族的祖先曾追求这样一种境界：‘为天地立心，为民生立命，为往圣继绝学，为万世开太平。’今天，人类正处在急剧大变动的时代，回溯源头，传承命脉，互相学习，开拓创新，是各国弘扬本民族优秀文化的明智选择。我呼吁，让我们共同以智慧和力量去推动人类文明的进步与发展。我们的成功将承继先贤，泽被后世。”1988年，全世界诺贝尔奖获得者在巴黎聚会，这些科学精英发表了一个破天荒的宣言，提出：“如果人类要在21世纪生存下去，就必须回头2500年去吸取孔子的智慧。”这充分说明，当今人类的优秀分子，已经深刻地预见到中国优秀传统文化对21世纪世界和人类生存发展的重要作用。作为中国人，我们更有责任继承和发扬这份文化遗产。

西方一位哲人说得好：“叫一个民族毁灭很容易，两代不读这个民族传统的书即可。”清代的思想先驱龚自珍也说：“亡国先亡其史。”一个民族的存在和发展是以民族的文化民族的经典为基础的。一个民族没有了经典，就没有了文化，没有了历史，没有了根基，没有了灵魂，没有了常理常道，因而也就没有了未来与希望。不能不说，上个世纪以来，我国在中小学教育内容设置上，存在着两个明显的偏颇，一是西方文化的比重渐渐高于中国本土文化，二是科技知识的比重大大高于人文文化。其实质都是忽略传统文化教育。有人说当代中国的最大问题就是“亡文化”问题，中国当代的信仰危机、道德滑坡、腐败丛生等都是“亡文化”的直接结果。“亡文化”最致命的因素就是“亡经典”，“亡经典”则一切文化均没有了根基，没有了源头，一个民族不能从文化上回答“我们从哪里来”，就不会知道“我们要到哪里去”。所以，我们现在最紧迫的文化任务就是复兴经典，复兴经典的第一步就是少儿读经。有人说，“少儿读经是中国文化的储蓄银行”。中华文化最好的货币是经典，幼儿时把最好的货币存在他们心中，他们长大后一定受益无穷。如果我们不能把中国文化之根潜移默化注入到少儿心中，西方的“霸道文化”就会随电子游戏、枪战片等乘虚而入。可以说，少儿读经是一项培养“中国心”的重要战略工程，也是抵御西方功利文化与暴力文化污染我国儿童心灵的伟大文化复兴事业。

国学教育既是一项伟大的文化复兴事业，也是教育使命回归与道德建设的需要。教育永远肩负着文化迁延的使命，这既是教育的出发点，也是教育的回归点。离开了文化背景的教育是不可思议的，一切得以迁延的民族文化，其根本原因是教育的成功所致；反之，凡是不能承传文化迁延的教育，绝不是成功的教育。有人说，中国要在世界站住脚，中华民族五千年的道德传统不能丢！实施国学教育，目的不是复古，而是为社会主义道德建设服务，是为了更好地贯彻以德治国的战略方针。以“和为贵”为文明要义的国学，符合“以和平发展为主题”的时代潮流，符合以德治国的理念，更符合建设“和谐社会”的目标。以“自强不息”为主旋律的文化精神，对防止出现“精神乞丐”，具有强大的阻抗作用；以“君子人格”为国学教育的首选人格，对实现由工作向事业，由快乐向幸福，由知识向智慧的三大转变，有着极大的推动作用。国学教育成为一生智慧品格的源头活水，可以从小立人，长大立国，使民族自立于世界之林。

我校一向重视国学教育，重视少儿读经，从 2002 年起我校便成为广东省“国学教育”基地，学校开展的“吟诗诵贤文”活动，举办的“国学教育节”“淑女节”“君子节”等活动在省市产生了强烈反响。我校编写的《少年君子》校本教材被评为全国“十五”重点课题一等奖，成为校内外师生珍藏的读本。今年，党中央印发了《国家“十一五”时期文化发展规划纲要》，明确指出中小学课程要融入传统文化内容，要重视中华优秀传统文化教育和传统经典技艺的传承。根据这一指示精神，我校又组织了一批骨干教师着手编写了这本《国学精粹》读本。此书十万余字，真可谓“经典精华尽在是，圣贤法言萃于此”。该书图文并茂，编排精美，与《少年君子》读本一起，成为我校国学教育的经典姊妹篇。愿我校学子“铁肩担道义”，成为中华文化薪火的传承者，在琅琅的诵经声中，弦歌再起，使“中国心”“民族魂”融注于我们的血脉之中。

让读书成为我们的自觉行为

——在2009～2010学年度第一学期开学典礼上的讲话

写在前面：

倡导全体阅读，营造书香校园，是我重要的治校方略。每学期，我从学校办公经费中给每位老师买书，班级设图书角，开设阅读课。学校先后成为区级书香校园，市级书香校园。每学期，我的开学典礼必提“读书”。让阅读成为学校的风景，我们民族的习惯，甚至强国之举。

金秋的阳光告诉我们，新的学年新的学期新的收获又到了，在这阳光明媚新学年开始的时刻，我与大家共享共勉这样一句话：天下第一好事，还是读书。让读书成为我们师生生活中的自觉行为，是我们现在要意识到并追求的目标。人的生命是这样的短暂，时间老人给的时间又是这样吝啬，我们的人生舞台是这样狭小，一生一世，我们被安排在无限时光的一个小小的坐标点上，我们穷尽自己的能力，也不可能走多远，我们多么想获得美好的一切，使自己的梦想成真啊！如何做到这点呢？那就是读书，我们可以在书页上倾听智者的殷殷叮嘱！那些成就卓著的名人，带着他们的人生体悟，从岁月深处走来，从遥远的天边走来，聚拢在一起，和我们谈心，将他们的黄金人生法则，悉数地告诉我们。他们悟了很久才悟透的人生道理，他们探索了很久才探索到的人生成功道路，你只需要每天拿出一分钟的时间就可以将它转变为自己的精神财富。坚持下去，你的生命从此就将被注入一股神奇的力量。你拥有了借助成功人士的头脑思考自己的人生课题的可能。

因为，我们的教书生涯，我们的学生生涯可能都因为我们头脑中的“内存”实在少得可怜而工作倦怠，而厌学逃学。我们都应该明白这样一个浅显的道理，如果山里没有大理石，我们就不能够期待石雕像的诞生，如果我们不读书，我们就不可能解决做人做事的问题。所以今天我引用已故的季羡林和在世的余秋雨两位大师的话来告诉我们为什么要读书。

活了97岁被世人称为大师的前北大教授副校长季大师是这样说的：

“天下第一好事，还是读书。”

读书为什么是一件好事呢？我想，人类千百年来保存智慧的手段不出两端，一是文物，比如长城等等，二是书籍，以后者为主。在发明文字之前，保存智慧靠记忆，文字发明以后，记忆使用书籍，把脑海里记忆的东西搬出来，搬进纸上，就形成了书籍，书籍是贮存人类代代相传智慧的宝库。后一代的人必须读书，才能继承和发扬前人的智慧。人类之所以能够前进，永远不停地向前迈进，靠的就是能读书又能写书的本领。我常常想，人类向前发展，有如接力赛跑，第一代的人跑第一棒，第二代的人接过棒来跑第二棒，以至第三棒、第四棒，永远跑下去，永无穷尽，这样的智慧的传承也永无穷尽。这样的传承靠的主要是书，书是事关人类智慧传承的大事，这样一来，读书不是“天下第一好事”又是什么呢？这是季大师在世时说的话。

读书是对文明和智慧最好的一种继承方式，通过书，我们完全可以站在巨人的肩膀上。想一想，古今中外那么多智慧的结晶，我们都能通过书而得到，该是一件多么快乐而幸福的事啊！

另一位学者名人，《文化苦旅》等作品的作者，余秋雨老师是这么说的：

“尽早把阅读当作一件人生大事，阅读者最大理由是想摆脱平庸，一个人如果在青少年时期就开始平庸，那么今后要摆脱平庸就十分困难。

只有书籍，能把辽阔的空间和漫长的时间浇灌给你，能把一切高贵生命早已飘散的信号传递给你，能把无数的智慧和美好对比着愚昧和丑陋一起呈现给你。区区五尺之躯，短短几十年光阴，居然能驰骋古今，经天纬地，这种奇迹的产生，至少有一半要归功于阅读。如此好事，如果等到成年后再来匆匆弥补就有点儿可惜了。最好在青少年时就进入。”

“把阅读当作人生大事”这句话告诉我们，并非是如何成为一个大家或哲人的方法，而是指出了一条通向精彩快乐人生的道路。一本本的书连接在一起，铺成的正是人生自我完善，人向上攀登的阶梯。

今日2009～2010学年第一学期开学典礼的主题是“阅读改变人生”，为了教得有效，学得快乐，追求我们快乐的人生，请读书吧！

最后祝老师们工作顺利，生活幸福！同学们学业有成，快乐学习！

第八部分　附录：报刊媒体对学校及个人的报道文章

1. 无边光景一时新
——深圳市华富中学“科研兴校”纪实(《中国教育报》)
2. 笔架山下升起的一颗教育新星(《深圳特区报》)
3. 享受生命:一所学校的存在方式
——李小婉和她改变的学校(《中国教育报》　记者　王珺)
4. 用好我们的教育智慧
——访深圳市福田区华富中学校长李小婉(《特区教育》记者　韩保)
5. 开窗放入大江来
——华富中学语文课改巡礼(《语文教学与研究》)
6. 撑起一片人文教育的天空
——选自深圳海天出版社《深圳18位女性的寻梦故事》
7. 晓春百花尽宛然　桃李不言自成蹊
——记全国百名德育科研专家、深圳市第三届人大代表、福田区第四届及第五届人大代表、深圳市“三八红旗手”、深圳市华富中学李小婉(《南粤巾帼英豪》)

8. 华富因你而精彩

——记华富中学校长李小婉（《语文教学与研究》“走进名校长”栏目）

9. 华富中学：成功跨越之秘匙（《中国教育》）

10. 在新的起跑线上……

——华富中学课程改革回眸（该文登载于2005年12月25日《中国教育报》）

11. 广东省教育督导室陈建主任给李小婉校长的信

12. 构建和谐心灵，塑造学校精神

——浅谈华富中学的人文管理（甘肃省张掖市来深挂职副校长 张杰）

13. 感悟华富文化

——广西中学校长114期赴深圳挂职培训总结

14. 2013届初三（10）班学生给李小婉校长的信

无边光景一时新

——深圳市华富中学"科研兴校"纪实

《中国教育报》2003 年 12 月 1 日

在改革开放前沿的深圳市，在风景秀丽的笔架山下，有一所华富中学。曾几何时，它还被讥为"三类学校"。可经过几年的艰苦奋斗，这所"三类学校"一举成了深圳市的一级学校、福田区文明单位、广东省绿色学校，并且还成为国家教育部、中央教科所"十五"国家重点课题的实验基地，一批名不见经传的老师获得国家重点课题一等奖、二等奖，从而使得这一所"长在深闺人不知"的学校，一下子"富在深山有远亲"了。粤港地区的不少学校纷至沓来，慕名造访。是什么原因，使这一所"三类学校"突破重围，走出困境，成了深圳市小有名气的学校呢？追寻一下他们发展的历程，也许对那些至今仍陷于困境的普通中学不无启发。

一、走出困境的华富公式

华富中学地处深圳市福田区的中心地带，开办不到十年，它的周围集中了一批名校，如深圳市实验中学、深圳市外国语学校、福田区红岭中学等等。好的生源都被这些名牌学校所囊括，次一等的也被附近资格老一点的学校所录取，能进华富来的大多是三类苗子的学生。生源即财源，生源即质量。在这种生源极差的条件下，他们也曾有过苦恼，有过委曲，有过怨气，低人一等的滋味实在不好受。但抱怨、发泄不仅无济于事，反而低落士气，增加沮丧。就在这个时刻，钟国诚校长来了，李小婉校长也接踵来了。他们临危受命，怀抱一腔热情，要带领华富师生，闯出一条生路。他们深深地懂得，一个"三类学校"要走出困境，士气、目标、突破口是第一位的。"士气”靠什么来激发，“目标”定在什么方向上适合，“突破口”从哪里入手？经过反复的讨论、斟酌，他们形成了“人文见长，人格健全，和谐发展”的办学理念，提出了“创市一级学校”的办学目标，选定了“科研兴校”作为突破口的战略决策。李小婉校长在这一点上深有感受地说：“一所学校只要有了一个好的办学理念，有了一批精诚团结、乐于奉献的教师，奇迹就可创造。而这个好的团队精神的培养，则要靠人文思想来滋润。”她认为，一个高明的领导，不能只靠制度来管人，还要靠情感来温暖人，而最根本的则是要尊重人，发挥人的潜能，使人的价值得以最大限度地实现。“成功”是人的最基本的需要，就像空气、水分和粮食一样。承认人的价值，尊重人的尊严，给人以成功的机会，这样的领导，人家才会死心塌地跟着你走。那么，在学校“成功”的舞台是什么？李校长认为，搞教改、搞课题、搞科研才是老师显山露水、施展才华的最佳用武之地，也是“三类学校”走出困境、迅速崛起的终南捷径。因为在教改在科研上，“三类学校”与重点学校都处在同一起跑线上，在这一点上与重点校竞争也许还更有优势。重点学校因为升学压力很难在这一领域放开手脚，“升学”是系在他们脖子上的“通灵宝玉”，他们想摔掉也摔不掉。而“三类学校”却没有这个包袱，可在这一领域大展拳脚。正是基于这一认识，华富中学把自己的办学方向定位于“人文铸魂、科研兴校”上。他们用人文的思想形成了学校的凝聚力、亲和力、战斗力；他们以“科研兴校”为起跑线，为老师的成才、为学校的成名搭建了一个大显神通的舞台。现在华富中学已形成了一个民主平等、和谐亲善的良好的人际关系。老师们在华富心情舒畅地生活，得心应手地工作。难怪老师们说“华富中学是一个能让人把心留住的地方”；难怪有的老师拒绝外校的高薪聘请，心甘情愿在华富如牛负重；难怪福田区教育局在招聘教师时，一些全国的优秀教师纷纷选择了华富。人气是学校的根本，目标是学校前进的动力，策略则是学校突破的关键。“人气＋目标＋策略＝成功”，这就是华富公式。他们用这种公式，成功地演绎了深圳市一级学校的辉煌。现在他们又用这个公式发起了向省一级学校全面冲刺的进攻。校长李小婉雄心勃勃，正率领那些意气风发的老师打响了华富办学史上的第二个更辉煌的战役，这一战役将使华富中学跻身于深粤名校强校之林。

二、搭建“科研兴校”的大舞台

为了使学校真正地从“科研兴校”中崛起，校长李小婉亲自披挂上阵，主抓教育科研，大手笔做好这篇文章。学校成立了一个由教学权威组成的教科处，并对教科研工作提出了四优先政策：科研工作优先商议；科研经费优先安排；外出学习优先保证；评职评先优先考虑。学校树立起“以科研为荣，以科研为乐”的风气。华富中学的科研工作从一开始就处在一个高起点、高规格、高水平上。他们是真正把科研工作作为推进素质教育的载体，作为促进学校工作全面上水平的驱动力，作为造就华富名师队伍的大熔炉。现在学校的教科研工作如火如荼，有声有色，许多做法与经验受到上级好评。

1. 科研课题必须与学校的办学理念相一致，与学校的生存发展挂钩，与学校的办学特色统一，不能只是某些学科的小打小闹。要搞就搞对学校全面工作起统领作用的综合型大课题，要搞就要搞在全省全国有影响的大课题，使学校的科研工作有一个强大的靠山，获得高层次的指导。为此，学校煞费苦心，最终选定了由上海著名教授徐承博主持的全国“十五”规划教育部重点课题——《地区教育研究、培训机构推进学校课程改革的实践研究》的子课题“中学生人文素质教育研究”，作为学校的龙头课题。这个课题的核心就是尊重、信任、理解、关心学生，树立学生的主体地位，发挥学生的主体潜能，培养学生鲜明的个性意识，激发学生具有强烈的道德感、使命感、责任感，引导学生认识人类环境，科学技术与人文精神的关系。这一课题实质上就是使素质教育人文化，无论对德育工作还是教学工作，学生个性特长的发展乃至学校的全面工作无疑都具有很强的指导意义和现实作用。在这个总课题下，各年级、各学科又相继成立了十七个子课题，如“传统美德教育”、“语文学科中的人文精神”、“特别关爱工程”、“关注生命关注家园”的环保教育、“学校人文环境与中学生心理健康”、“开发中学生人文课程的实践与研究”等等。全校约有2/3的教师投身到课题研究的行列。有了课题就有了奋斗目标，有了活动舞台，就缺了前进的动力。学校出现了前所未有的学习热潮，学术的氛围大大加浓了。在华富，有科研能力和科研成果的教师成为最受人尊敬和最有发言权的人，从而不断增强科研意识，促使教师积极参与科研活动。

2. 为了使学校的教育科研具有更强的生命力，必须解决好科研与教学与德育之间的关系，一定要把教育科研纳入到有利于提高教学质量，有利于提高学校的管理水平，有利于提高学生的道德水准上来。为此，学校针对不同年级的特点，重点设计了三个子课题。一年级紧密配合新的课程改革，确定以“自主、合作、探究性学习策略研究”为主攻方向，并且明确提出了该课题三大课题目标：①自主学习的习惯有哪些？如何养成？②以学生为主体的课堂教学形式的探讨；③让学生各自选择一个专题，进行一次为期一月的课外探究性学习。这些研究内容与当前的课程改革完全一致，这样就使“教”与“研”水乳交融，血肉一体。这个课题的前景十分看好，语文、数学、历史等学科做了许多开创性的工作，教师与学生都尝到了教改科研的甜头。变老师的“教”为指导学生的“学”，已成为大多数老师的自觉行为。二年级则根据学生容易两极分化的特点，重点开展“民主型班级管理”和“特别关爱工程”（即后进生的转化工作）的课题研究，而且这个课题已纳入中央教科所整体构建学校德育工作的重点课题。二年级的年级组长和班主任对这一课题表现了浓厚的兴趣，有的班级已探索出许多行之有效的班级民主管理形式，不少班主任在转化后进生工作中取得了明显成效。历届二年级问题最多，现在的二年级则成了全校学习的楷模。二年级开展的这个课题为全校的德育工作提供了有价值的经验，使学校的管理上了一个新水平。在三年级我们则开展了分层教学的研究，教学目标分层，教学内容分层，作业考试分层，成绩评估分层。不少老师也做了一些有益探索。总之，将教育科研与教学工作、德育工作有机结合，使教育科研从高处落到了实处，从而具有了鲜活的生命力。

3. 敞开大门，搭建教育科研的大舞台，给教师充分施展拳脚的机会。为此，学校做了几件大事：一是成立专家指导小组，这些专家由中央教科所德育研究室、上海静安区教育学院、华中师范大学及深圳市教育科研的资深教授专家等组成。让中学的教育科研与大专院所专家联姻，就会增加科研的理论深度和广度，特别是请他们来指导做报告，可以更新我们的观念，开阔我们的视野，广博我们的见闻。而他们的课题又是全国重点项目，几乎每年都有课题交流会，这就为我们提供了更为广阔的学习空间和展示自己成果的机会。二是开展校际合作研究。如为了推进语文课程改革，我们发起成立了六校课改合作研究体（即罗湖外国语学校、福景外国语学校、深南中学、莲山中学、南山荔香中学及华富中学），每月轮流举行一次研究活动，通过听课、评课、交流和学术讲座，使我们的老师得到了广泛的学习机会和展示自己才能的机会。这个合作体一成立便显示了强大的生命，为课程改革的深入开展提供了一种卓有成效的研究探讨的形式，被誉为是深圳市教育科研的一个创举，是一个很有创意的教育沙龙。每月六校开展的研讨活动成了各校盛大节日，都争相办出特色，办出水平。三是与有关杂志社联姻开展课题研究。如我校语文开展的“三多一主”（即多读多写多思，树立学生主体地位）便与华师大《语文教学与研究》杂志社联手进行，他们为我们的研究成果提供发表园地，还为我们举行专场作文报告会。此外我们还与《中国德育》、《深圳教育科研》等杂志也进行了联系，其目的一方面得到杂志社专家的指导，一方面为老师提供发表文章的阵地。当老师的辛勤劳动变成了丰硕的果实，还有什么比这更令人欣慰和鼓舞的呢？四是开办“教师论坛”，每月全校举行一次教师报告会。由教科处组织，有专长、有成就的老师主讲。这个活动的宗旨是：“让教书育人的乐章在这里唱响：让汗水与智慧的结晶在这里闪光；让理论与实践的结合在这里升华；让人生理想的阶梯在这里攀升；让华富的名师队伍在这里结集；让南国的教改之风在这里吹拂”。这种报告会的形式，给老师们在校内提供了一个展示才华，展示成果的绝好机会，报告会成了老师们最向往的舞台，也成了老师们最乐于分享的精神会餐。

教育科研工作的全面启动，带动了学校工作的全面发展，使学校呈现出一派勃勃生机，真是“一石激起千层浪”，“投石冲破井中天”。过去“万马齐喑”的局面被打破，迎来的是“无边光景一时新”。

笔架山下升起的一颗教育新星

《深圳特区报》2003 年 12 月 26 日

华富中学，坐落在风景秀丽的笔架山下，这个办学不到十年的学校，现在已是深圳市一级学校，广东省绿色学校，广东省民乐学校，中央教科所德育实验学校，国家“十五”重点课题“教学课程改革实践研究”基地学校，深圳市艺术教育实验基地。现在该校又同中央工艺美院附中联合创办了深圳华富分校，而中央工艺美院附中于 2001 年被清华大学美术学院命名为“清华大学美术学院生源基地实验学校”。

华富中学，不仅以其得天独厚的山川景色与精心设计的校园文化景观享誉深圳，而且在实现教学手段现代化方面也是走在深圳前头。近两年，政府投资近一千万，高标准，高规格地建起了多媒体计算机网络教室，软件制作室、教学功能室平台、校园网，课堂教学已完全由鼠标点击代替了黑板粉笔；一座耗资 500 多万元，造型美观的多功能现代化体育馆，与笔架山交相辉映，将蓝天、白云、青山、红旗、绿宇组成一幅美轮美奂的校园景观；按省级学校标准改造的图书馆、阅览室、学术报告厅、饭堂等等，为师生的学习与生活提供了最优越的享受。可以毫不夸张地说，一个充满现代化气息的新华富，已屹立于深广强校之林。

更令人欣喜的是，华富中学以其崭新的办学理念——“人文见长，人格健全，和谐发展”，使学校的面貌发生了前所未有的变化。学校把“人格、人品、人文”教育放在首位，并构建了“以人育人，以人促人”的机制场，“以心育人，以情育人”的爱心场，以“表彰树自信，以成功促发展”的激励场，从而大大净化了学生心灵，修炼了学生德行。学校的德育工作经验被《中国德育》《中国教育报》等最具权威的报刊以显著篇幅加以介绍。在教学改革上，学校以“科研兴校”为策略，以学生的发展为本，构建起一种“自主、合作、探究”的学风，教学质量得以大面积提高，仅以今年五月福田毕业班质量检查为例，福田区前 12 名学生中我校就有 4 名，800 分以上学生中全区 6 名，我校就有 2 名，600 分以上学生有 58 人，占考生人数的 20%左右。我校学生勤奋刻苦的学风受到广大家长的好评，初三（8）班郭萌的家长在信中说：“前些日子中午我到学校找学生，看到学生在教室，不打不闹，不大声喧哗，边吃饭边讨论学习。心里很高兴。饭前是班主任辅导英语，饭后数学老师又去辅导数学，还看到物理老师也在教室。你们学校的老师这样负责，学生这样刻苦，我们家长由衷敬佩，放心。”

华富中学还特别注重发展学生的个性特长，不拘一格育人才。学校成立了各种兴趣社团，开班了各种特长班，开设了供学生选择的“超市课程”，举办了丰富多彩的“艺术节”“体育节”“科技节”“数学节”“英语节”“吟诗诵贤文”等活动，这一切不仅大大提高了学生在校的生活质量，而且也造就了一批出类拔萃的人才。今年学校又锐意改革，与北京中央工艺美院附中联合创办了“中央工艺美院附中深圳华富分校”，为深圳乃至广东的美术学子开辟了一条通往“清华大学美术学院”的快车道，揭开了华富中学办学史上崭新的一页！

华富中学近两年来取得了许多骄人的成绩。2001 年在广东省少年游泳比赛中姬淼同学分别获四个项目的全省第一名；张鑫鑫、邓光圳同学在全省射箭比赛中也获得三个项目的第一名，邱思思同学在全国青少年网球比赛中获第一名；在教育部艺术委员会举办的第六届和第七届中小学绘画书法比赛中陈晨、巴黎、常莞青同学分别获得全国一等奖，还有 16 位同学分别获得二、三等奖。我校合唱队连续三届获深圳市合唱比赛冠军，在 2002 年全市艺术教育展示月中，我校二胡队获得一等奖；在 2002 年的科技比赛中，我校一举夺得市区一、二、三等奖达 39 人之多；在全市英语主持人大赛中，我校荣获团体总分第一名，马辰同学荣获一等奖第一名，在 2002 年全国奥林匹克英语大赛中 1 人获一等奖，6 人获二等奖，1 人获三等奖，在 2003 年全国大都市英语艺术大赛中黄智成同学获银奖；在今年全国初中数学竞赛中，王博同学获全国一等奖，另有三位同学分别获得二、三等奖。在全国 20 多万学生参加的“新世纪杯”作文大赛中，我校更获殊荣，陈琛同学荣获一等奖（全国一等奖仅有 12 人），另有 48 人分别获得二、三等奖。因此作文大赛组委会决定在我校举行全国颁奖大会，并要求我们在大会介绍经验。我校教师队伍更是异军独起，仅近两年就有 20 多人获得市区优质课竞赛一、二、三等奖，还有吴健民、李景林、陈斯益等老师分别获得“九五”国家级课题一、二、三等奖。近年来我校老师在《中国教育报》《教育研究》《中国德育》《语文教学与研究》《中国现代化教育》等全国权威刊物及深圳报刊上发表了二十多篇文章，在全国产生了广泛影响，安徽等省市及香港的有关学校的老师都慕名来校造访。

现在华富中学以其崭新的办学理念，全新的办学策略，和谐奋进的人气，大踏步地向省一级学校挺进！他们以改革家的胆识，“开窗放入大江来”，他们以“拓荒牛”的实干精神，迎来了“无边光景一时新”。笔架山下一颗耀眼的教育新星正冉冉升起！

享受生命：一所学校的存在方式

——李小婉和她改变的学校

（《中国教育报》2006年3月7日第9版　记者　王珺）

在食堂吃完自助餐，二胡老师隆艺、美术老师黄素丹每人从门口装着苹果的铝盆里拿了个苹果，走出学校后门，向笔架山的方向走去。不一会儿，吃完午饭的老师们也三三两两地走出食堂，漫步在上山的林荫路上。其中，一位身材高挑的中年女子，嘻嘻哈哈地走在老师们中间。“李校，今天穿得很淑女哦，从后边看起来蛮年轻的。”从她身后蹿过来一个女老师亲热地挽起她的胳膊。

自从李小婉来到深圳市华富中学当校长后，校园后边的笔架山真正成了华富中学的后花园。中午、傍晚或周末，要是看见成群结队、活力四射的登山者，你多半可以猜出他们是从山脚下那座校园上来的。绿树，鸟鸣，开阔的视野，吸一口便足以透彻心肺的新鲜空气，这一切使你禁不住赞叹并会在心里暗暗地羡慕他们的生活。

古朴而不失活力的校园，懂礼且活泼的学生，忙碌却热情高涨的老师……当这些景象与以上的画面拼贴在一起，便让人忍不住想去探询一所学校的情怀和它的存在方式。

看得出，南国女子李小婉是个懂生活、有品位的人。走近这位被老师们称为“李校”的女校长，发现她说话爱用“enjoy（享受）”这个词，享受生活，享受生命，享受工作的乐趣，这种源自对生命的切身体认和对生命的真切关怀所形成的理念，使她着力打造的“人文校园”脱离了概念层面而变得真实可感。李小婉用她对人性的理解倡导着一种积极、健康的生活方式，用她对生活的乐观态度感染着她的教师团队，也影响着学校里的孩子们。在一

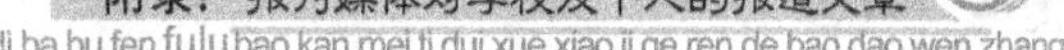

种无形力量的作用下，华富——这所曾经的三流学校发生着令人称奇的变化。

宽容是最强大的道德力量

语文组的江传国老师评价李校长是“刀子嘴，豆腐心”。他的意思是，李小婉对老师们要求很严格，但老师们在工作的过程中若出现一些非主观性差错，她总会试着站在老师的立场去考虑，而不是劈头盖脸一顿批评。她说：“宽容一点，给人一个台阶，给人一个改正的机会，有什么不好呢？”在她看来，宽容是最强大的道德力量。人心都是肉长的，老师们并未因李校的宽容而纵容错误的发生，而是反过来替校长想：我出这样的错真的很不应该呀！正所谓“你敬我一尺，我敬你一丈”，老师们怀着这种朴素的感情回应着李校的宽容。

管理是什么？李小婉说，很简单，就是人和人的交流，心与心的沟通。她对人的看法可能与目前流行的一些源自西方的管理理论恰好相反，后者是先假设人都是恶的，然后采取种种措施防止人们犯错。李小婉坚定地相信“性本善”，即使在现在这个诚信普遍缺失的时代，她仍然相信大部分的人性是美好的。她甚至抱着这种“信仰”去菜场买菜，“我是很少砍价的，毕竟那些菜农、菜贩风吹日晒的也不容易。”她说。

30出头，因为课教得出色，人又热情，李小婉成为她执教的第二所学校上步中学高中组最年轻的年级组长。一个课题摆在了她面前，如何管理这些年龄比自己大的老师？她当时很是洒脱，每天拎着个录音机走进课堂，上课前先给学生放一段音乐，把学生的情绪调动起来了再讲她的历史课。由于生性幽默，又懂得怎么抓住学生的心，她总是在课上穿插一些相关的历史小故事。这样的教学方式使她带的班成绩特别突出，很让那些来自内地、尤其是年龄较长的老师吃惊和佩服。于是她就组织老师们研究如何改进教学模式，这使她的管理难题迎刃而解。

生活在大千世界，尤其作为一个管理者，必须做好和各种性格的人打交道的准备。她曾与一位“很不讲理”的老师共事，那老师因年轻时的一场车祸丧失了生育能力，性格因此变得乖张，看谁都不顺眼，逮机会就找茬骂人。一次因为排课心生不满把李小婉骂得狗血喷头，李的克制让另一位老师惊讶不已：“你小小年纪怎么处理问题这么冷静？”李小婉说，每个人有每个人的情况，我们应该理解。更让人感叹并让当事人感动的是，后来的一次集体活动，李小婉特地叮嘱一定把那位老师带上，“她没孩子，其实是害怕寂寞的。”

不生气是一种涵养，更是一种勇气。无论是对难以合作的老师，还是身上长“刺”的个性教师，李小婉总是微笑着、轻声慢语地晓之以理。她经常告诉学校的中层管理人员，遇到哪位老师做了不可理喻的事时，要千方百计地站在他的角度去理解他，要学会控制自己的情绪，如果你的表情跟发脾气的人表情相同，那肯定出事。无论对方多么激动，她都主张平静面对。譬如有一次，一个暴脾气的老师因为一件事到校长室拍起了桌子，李小婉还微笑地看着他，她说，我没有想我是校长，老师不能这样对待我，而在想他首先是个人，他的缺陷在于活到40多岁还不懂控制自己的情绪，性格决定命运，其实他已经受到惩罚了，我干吗要跟他生气？我这样静静地看着他，他也觉得不好意思，慢慢地稳定了情绪。我对他说了三点：一、你发脾气等于惩罚了自己，你摸一下心跳是否比平时快，这会影响健康；二、你要注意场合，你在我这里发脾气，我当作你信任我，但不是所有领导都能理解这样的做法，如果在别的单位你很有可能马上被“炒”掉；三、你都活到了不惑之年还是这样的个性，自己会不会觉得很失败呢？他没话好讲，气也消了，这时我们再平心静气地解决问题。李小婉的做法是，不生气，但会直截了当地指出问题所在。

前年9月从湖北应聘到华富执教的小邓老师用“不一般”来评价李校。李小婉说：“我和我家婆的关系也处得很好，她甚至把对女儿和对我家公的不满都向我倾诉呢。”问及处理婆媳关系的秘诀，她说，很简单：小事不计较，大事在互相尊重的前提下商量着办。也许，这就是李小婉的“不一般”之处。

李小婉自述

有一种人，身上的傲气多一点，不媚上，不同流，常常喜欢冷嘲热讽，以与领导保持一定距离为清高，以讽刺领导的言行为敢为。对这种人，更要有点雅量。作为领导者，受点刺激，让自己时刻警醒，有何不可？听点不同的声音，看些不顺眼的脸色，只会使自己清醒。所以对这样的老师，我在心中容纳了他们，并真心地亲近他们，尊重他们，有的还委以重任，结果都成了交心的朋友。我相信，尊重产生尊重，真心换得真心。其实人是怕尊重的，所谓“士为知己者死”，无非是你尊重了他，实现了他的价值，所以才以身相报。也许这就是中国知识分子的千年情结。

用理解唤醒学生改过之心

初当老师时，李小婉当得很潇洒，没课时在教室里经常看不到她的影子，而当时的主流教育观还是比较保守的，班主任常常像学生的保姆。老校长问她：“你怎么老不在班里?”她没有直接回答，而反问道：“我的学生在各个方面有没有表现得比别的班差?”老校长答：“那倒没有。”于是她提出，应该鼓励老师把主动权交给学生，提高学生的自我管理能力。她相信当学生认可你的时候，他们会自觉地在各方面严格要求自己，他们会给你面子，为你争光。而他们这种自觉行动的前提是，你信任他。

无论是当老师还是当校长，李小婉和学生的距离始终是近的。每天清晨，她在教学楼里巡视，从一层到六层，发现问题当场解决，这被老师们称为“走动管理”。这“走动”既不是例行公事也不是无的放矢，看见哪个孩子状态不佳她会上前询问是否不舒服，看见可爱的女生她会用赞赏的口吻告诉她“我喜欢你的样子”，看见楼梯上遗弃的塑料袋，她会捡起来扔进垃圾桶……在一天开始的时候，她要对整个学校做一次整体的审视，她慈爱鼓励的目光每接触到一个孩子都会化作他们编织未来的经线和纬线。

有一件事让李小婉印象深刻：一天早晨，她在巡视教室时发现，有一个班竟然在闹罢课，黑板上写着拒绝上某老师的课。她有策略性地将学生的注意力转移到高高摞起的桌椅和教室中间的垃圾，缓和了学生的激烈情绪，然后以朋友般的口气说：“奇怪啊，你们这么大的行动怎么没人告诉我呢？你们想不想面对面跟我讲讲这件事的原因？不过现在先把桌椅摆回原位好不好？下课派代表来找我，还是不要影响上课。”事后她了解到，学生这么做是因为班主任老师平时对他们关注不够，极少给他们鼓励和表扬，昨天他们赢得了年级篮球比赛冠军，班主任依然毫无反应，因此他们决定“给老师点颜色看看”。学生们的做法当然不对，但李小婉认为，那位班主任实在应该反省。她让学生心甘情愿地承认了错误，但也代表班主任给他们道了歉。之后，她及时把学生的意见反馈给了那位班主任。这件事让李小婉感受到，学生们是多么需要关注、激励和信任。

每有新老师来校工作，李小婉总是热情洋溢地把新老师向学生举荐一番，所以有时候她更像连接老师和学生的纽带。有个老师喉咙哑了还坚持上课，李知道后就跑到班上去对学生说，老师病了，为了不耽误大家的学习还坚持给你们上课，但他声音可能会比较小，希望你们配合他啊。结果学生不仅上课听得特别认真，还有学生放学后从家里给老师带了药来。由此看出，在促进师生情感的互动中李小婉担任着何等重要的角色。

李小婉有个理论，她认为对于那些难以调教的“问题学生”，千万别以为狠狠的批评和惩罚是最有效的办法，因为学生往往会因挨了批评而内心不平衡，倒不如用温和的理解让他感到内疚。她相信人都是向善的，内疚也许会唤起他的改过之心。

李小婉自述

过去我们学校招收的大多是从市区名校分流过来的一些后进生，特别难管教的学生不少于10%，转变这部分学生成为学校工作的重点。我们认为，转变关键靠爱心+尊重。学校为此开展了“特别关爱工程”，专门建立了后进生帮教制度，由后进生自主选择最信任的教师担任帮教导师。

在对借聘老师的考察过程中，我最看重的是老师对学生的态度，我相信，教学再出色的老师，如果他的心中没有学生，也是成不了好老师的。在听一位借聘教师的课时，我发现有个学生举了三次手想发言都没有得到机会，课后问这个老师为什么不叫那学生发言，他说，那是个差生。言外之意是反正他也回答不对问题，何苦耽误时间。这样的老师我们不会聘他进来。

细微小事体现爱之博大

华富的校园面积不大，却兀自妖娆，绿的榕树，红的杜鹃，尽现南方学校的水灵清秀。被命名为“德之铭”“智之光”“体之魄”的壁画群，以其古朴雅致的风格为校园平添了文化韵味，从中亦可见李小婉的审美趣味。

建校十年，李小婉是第三任校长。甫一上任，她对这所四周被“名校”包围着的三流学校所进行的改造从开通学校的后门开始。在她看来，老师太累了，平时忙于教学，周末忙于家务，难得有时间休闲，开通了后门，老师们就可以利用中午或课后的时间爬爬后边的笔架山。喜欢户外运动的李小婉深知修养性情对一个人尤其是教师有多大的作用。

看到老师和学生挤在同一个食堂的小窗口打饭，李小婉想，提高老师的生活质量不应该只说空话，午餐时间对劳累了一上午的老师来说其实也是放松的机会，这样拥挤着打饭消耗了他们多少体力和心力；对学生又何尝不是这样？于是她找工人在食堂后边盖了铁皮房作为学生食堂，将现有的食堂改成员工餐厅，每天免费供应早餐和午餐。

这些看起来微不足道的小事其实是教师生活质量提高的切口，同时也是学校可持续发展举足轻重的环节，李小婉凭借着女性的细心和敏锐做了这一切。正如特蕾莎修女所说："不为大而爱，只为琐细而爱，从细微的小事中体现博大的爱。"

出生于广东潮州的李小婉在充溢着爱和民主的家庭氛围中度过了自己的少年时代。16 岁考入华南师范大学。20 岁毕业时，她颇有主见地跑到"当时还是一片黄土坡"的深圳谋划自己的未来。在念中学的时候，她那几位老师的学识和风度就吸引了她，在她眼里，老师是个令人羡慕的、潇洒的职业。然而她头脑中的教师形象和现实是有几分悖谬的，以至于她自己那份潇洒都被评价为"不像老师"。人们习惯于认为，老师的大部分时间局限于学校的围墙内，因而往往目光狭隘，斤斤计较。李小婉开通那道通向笔架山的后门在某种意义上也是为老师打开了一条通往外边世界的通道，希望老师在改变生活方式的同时，改变刻板沉闷的传统形象，成为真正意义上的"现代"教师。

教育的目的是培养人，如果老师自己都活得不快乐、不健康，怎么担得起培养健全人格的下一代的责任？生活方式决定着一个人的生活质量，当生活的色彩越来越丰富时，老师们的面部表情越来越柔和，他们微笑着走进课堂，又微笑着回到家里。华富的笑声多起来了，最不爱说笑的老师也变得幽默感十足，曾因表情和言语过于严厉而不受学生欢迎的一位老师对李小婉说，现在连我老公都喜欢我了。老师们自编自导自演的新春联欢会，一个个妙趣横生的节目更是令人捧腹。

工作上尊重，生活中关心，有充电的机会对教师一路绿灯，主动为老师解决后顾之忧……所有这些使李小婉这个校长当得人气十足。她在教工大会上讲话时下边总是鸦雀无声——这并非因为其严厉，而是她讲的内容、她讲话的方式实在太有意思了；但在平时，老师们什么玩笑都敢跟她开——这完全是因为她的平易与随和。

李小婉的身上有股子豪气。你看她的眼睛，听她的声音，会觉得有侠女的影子。跟她接触久了，会发现她给人的这种感觉源自本性的率真。来自东北的李老师说起和李校一起去北方出差的经历，形容她“像个孩子似的，在街上看见卖烤红薯的兴奋地跑过去买了就在街上吃”。40 多岁却还对生活保持着孩童般的新鲜感，这样的人是真实的，也是可爱的。

什么是人文的校园？说得直白点，其实就是校园里一切管理工作都从人出发，校园中人与人之间具有相互理解和关爱的习惯。那么现在的华富是一种什么状态？老师们开心地说，对教师来说，我们是工作和生活双赢；对学生来说，则是做人和考试双赢。从一所三流学校一跃成为省一级学校，可以说，华富中学的变化来自“enjoy”——师生的教书、生活，学习、成长都在享受生命的过程中臻于丰盈。

李小婉自述

我觉得我做的事很多是出自本能，该关心我就关心，该批评就批评，我认为对的就择善而行，从不为达到某种功利的目的去做什么。作为校长，我很满足，在这个 2.3 万平方米的校园里无论是老师还是学生，大家活得都很自在；老师们来自五湖四海，大家有缘分在一起干，干得还蛮开心，我为他们感到骄傲。我就是一个小人物，一个热爱生活的女人。

李小婉小档案

1982 年毕业于华南师范大学，中学历史高级教师，深圳市第三届人大代表，福田区第四届人大代表，华富中学校长。喜欢的运动：羽毛球。喜欢的音乐：中国民乐。喜欢的书：《情商》《21 世纪女性新趋势》《教育储存财富》。（王珺）

用好我们的教育智慧

——访深圳市福田区华富中学校长李小婉

（《特区教育》记者　韩保）

她是一位中学女校长。在别人眼里，她是美丽的。她说美丽的原因在于她喜欢读书和运动。她喜欢教育工作，常说："教育需要我们的宽容之心，甚至慈悲为怀。"因为热爱，因为用心，在她的教育故事里有着数不清的智慧火花。谈到教师职业，她语出惊人："教师是一个高危职业，因为稍有不慎，我们就有可能伤害到我们面对的一颗颗心灵。"她每天都在学校里走动走动，她说："校长的存在就是一种道德力量"。她对校园文化的理解：我们学校师生做的事情，被传为美谈，这就是一种校园文化。

她十分重视女性教育，尤其提倡女孩子读书。她号召老师们都修炼，从形体到专业，从声音到风度……她很会调控自己，心情不好时，她就买束鲜花送给自己，或者干脆到运动场上去尽情运动一番。

她就是深圳市福田区华富中学校长李小婉，一个美丽与智慧兼有的女子。

记者：**您是怎样走上校长工作岗位的？在很多人的眼里，中学校长都是男校长干的，作为一名中学女校长，您觉得有什么不同？**

李小婉：我走上校长岗位是因为我没有刻意去追求当一名校长，倒是尽心尽力去追求当一名优秀教师。而我想当一名优秀教师的愿望则是我在汕头地区历史最悠久最优秀的一所学校，遇到了一位好老师，她的学识、人品和风度，让我折服，于是我就萌生出一种信念：我将来就要做这样的人。所以选择了教师职业。82年从华南师大毕业分配到深圳特区，那时还不到20岁，比较单纯，一心只想把工作干好，学校领导很信任我，给我很多任务，班主任、团委书记、工会委员。当时的想法就是一定要好好干活，对得起人家这份信任。对领导安排给我的任何工作任务，我都尽心尽力地做好。我觉得给我安排的工作越多，说明对自己工作越肯定。就这样越干越好，越干越受信任。我越受到领导信任，越告诫自己不要脱离群众，所以，我与同事们的关系相处得也非常好。有人就说，这样的人不去当领导，什么样的人去当领导？我从班主任，年级组长，政教主任位置上一步步走上了校长岗位。有人说我是深圳本土第一个被群众推举出来的中学女校长。

女校长跟男校长在管理上可能会有些不同，这也许是性别差异造成的，因为女性天性中的母性特点，可能我们更加关注人的心灵。就我来说，在对学校的管理中，我是把学校当作一个家来经营的，让学校有家的感觉，在师生中营造一种亲切、亲密、亲爱的氛围，使师生成为相互尊重、理解、合作的伙伴。多一点人文关怀，多一点鼓励鞭策，多一点耐心细致。作为女校长，可能人情味更浓厚一些，我觉得任何人在一起就是缘分，我们应该珍惜这种缘分。

还有一点，女同志也许更实在、更实际一些，形式主义、空头政治的东西可能少一点。我就坚持一条：学校无小事，事事都重要。抓小、抓实、抓坚持。我很欣赏一句名言，做好每一件平凡的小事就不平凡；细节决定成败。从每一件小事上去抓规范，抓学风，抓校风，我认为至关重要。

记者：**熟悉您的人都说，您“美丽与智慧”兼有，充满了个人魅力，能从这两个方面给我们一些解读吗？**

李小婉：领导的魅力不是靠权力，而是靠权威。权威来自两个方面，一是自己身正干净，有人格，有品位，是个可信赖、可交往的人。二是业务上要过硬，拥有自己的话语权，指挥权。我每学年差不多要听上百节课，参加各种评课会、专题研究会，还有教育科研会。教育实践是教育智慧的源泉，而一个充满教育智慧的人，就具有一种教育魅力。

我很热爱教师这个工作，更喜欢读书，也爱琢磨一些问题，有热爱，有读书的积淀，有思考的习惯就会逐渐形成一些教师特有的品质，如宽容，如尊重。在处理教育教学问题上，就会形成大家所说的“教育智慧”。

能够美丽的原因在哪里呢？腹有诗书气自华，也跟读书有关系。有一次我们学校搞活动，请了当时深圳作协主席彭名燕女士，一位演员出身的女作家，她已经六十多岁了，依然那么光彩照人。彭名燕女士本人一上台，她的风度和气质本身就是一个活生生的例子，再加上她旁征博引，滔滔不绝的口才，对学生的影响很大。她的讲演正好印证了我们大会的主题辞：会读书的女孩最美。

要说我个人有点什么魅力，那就是我更热爱生活，更热爱运动，更豁达乐观。一个人的心灵是需要去装扮的，我心情特别郁闷的时候，我会买一束鲜花送给自己，人生不如意之事常八九，当我们遇到不愉快的事情的时候，要善于化解，善于净化自己的心灵，剔除一些无谓的东西。我有一个办法，就是到球场上打一场球，排解一些烦闷。上次我去参加我们福田区人大组织的羽毛球比赛，我还拿了一个单打冠军。在场的老师都惊讶于我的精力，正因为如此，我给人一种朝气蓬勃的感觉。奈斯比特的一本书，叫做《女性大趋势》，它对我影响很大，这本书告诉我们，一个女人，要想在社会立足，要想建功立业，精力必须充沛。一个病怏怏的人，只会让大家感到死气沉沉。什么能使人积极向上呢？那就是体育，要热爱体育。

记者：**您说过："会健身的男孩子最帅，会读书的女孩子最美。"您在学校倡导举办"君子节""淑女节"。这里面蕴含了怎样的教育理念？**

李小婉：我对男孩子的教育曾提出一个标准，即会健身的男孩子最帅。事实上这基于两方面考虑：一是在以家庭为单位的教育中，父亲付出较少，母亲付出较多，如果用这样一种教育模式来教育男孩子，时间长了，我们下一代的男孩子就可能变得比较乖顺，甚至娘娘腔。如果男孩子变成这样一种人，今后他们就会变得胆小、懦弱，缺少阳刚之气，不够勇敢，不能承担责任。二是以学校为单位的教育中，升学率几乎成了唯一评价的标准，学生成了可怜的牺牲品，他们失去了金色的童年，快乐的少年。提出会健身的男孩子最"帅"，就是针对这两种弊端，让学生在强身健体中全面发展。所以后来我就在学校设立君子节。第一届君子节我们的主题是：读千古美文，做少年君子。第二届君子节我们的主题是：会健身的男孩子最帅。我还对男学生提出30句话的要求，要求他们具有幽默感、责任感、成就感等等。

因为自己是一个女性，所以我特别注意对女孩子的教育问题。我们学校曾经举办过淑女节，当时我们提倡的口号就是："会读书的女孩子最美"。这是因为我自己曾经从读书中受益良多。列宁的夫人讲过的一句话对我影响很深，她说：教好一个女人等于教好一个民族。一个好女人就是一个好学校，所以我特别重视女孩子教育。

记者：**您说过："宽容是最大的道德力量。"学校老师和学生犯了错，都有申诉的机会。在学校德育工作中，这种做法背后的理念支撑是什么？**

李小婉：教育需要有宽容之心，甚至慈悲为怀。我觉得每个人都有可能犯错，"人非圣贤，孰能无过？""过而能改，善莫大焉。"孔子早就对此作过精辟论述。如果一个学生犯了错误，就给他惩罚，那将在他的心灵上造成一辈子的创伤。与其惩罚，还不如给他改正的机会，卸下思想上包袱。轻装前进。

早读时我喜欢巡堂，我有时看到学生在课室里吃早餐，不是上去马上制止，而是让学生尽快把早餐吃完，然后告诉他，明天可不要这样了，上课可不能吃东西啊！我觉得这种方式更利于事情的解决，随意训斥只会导致逆反。有一次，我见到学生和班主任在走廊里对抗，班主任批评学生，学生不服。原来早读已经开始，这个学生却要去上厕所，而且跑到教工厕所去了。我追问原因，学生告诉我，他突然拉肚子了，学生厕所又没有门，于是他就跑到教工厕所去了。我听后马上向学生道歉，我说对不起，这是校长的失职，没有给男生厕所安好门。学生被我的道歉感动得深深鞠了一躬。

我与老师们相处也是这样，如果我们意见有分歧，我说让老师充分说自己的理由，绝不以势压人，只有在充分的交流过程中，才能沟通。

对能力差的老师，也要有一种宽容之心，不能丢包袱。有位老师工作没有做好，跑到校长室来跟我道歉。我了解这位老师，他很用心，也很努力，可能是因为能力的问题，工作没有做得很好。有人曾经提议要实现淘汰制。淘汰的确是种很省事的办法。可教育的职责就是挽救人，对学生如此，对老师也应如此。于是我就一起跟他反思，从学生中听取意见，从教学实践中帮助改进，从业务进修方面帮她提高。我给了这个老师三年的时间，给过三年的反思、实践、改进，现在已成为一个颇受学生欢迎的老师了。

宽容是一种基于对学生和老师的信任，宽容也是对自己教育能力的一种考量，只有缺乏自信和他信的人，才会采用简单粗暴的方法一处了之。多一点宽容，实质就是多一点责任，多开辟一点教育的途径。

记者：**您说教师是一个"高危职业"，怎么理解它？**

李小婉：现在很多孩子，都是以自我为中心。都是家中的小皇帝、小太阳，动不得，摸不得，心理情感十分脆弱。如果我们的老师稍稍不慎，语带讥讽，或动粗动怒，轻则离家出走，重则以死相胁。还有学校的安全隐患，防不胜防，尽管天天挂在嘴上，时时严加防范，但“万一”的事常常在你提心吊胆中发生，哪怕学生碰伤了一点皮，摔折了一根骨，都会引来指责，索赔乃至官司，你说这是不是一个高危职业？现在我们的老师和领导都有一种如临深渊，如履薄冰的感觉。当然这并不是说我们就放弃自己的责任。

所以，作为一个老师，教师语言中的忌语一定要知道，不能伤害到学生。

记者：**您对老师有着什么样的要求？**

李小婉：第一当老师必须有爱心，教师的职业就是从“心”开始。只有爱才会有投入，只有爱才会有耐心，只有爱才会有教育的艺术。第二要学会享受工作，享受课堂，享受学生。如果你把工作当作一个负担，它就会变成套在颈上的重轭；如果你把工作当作一种人生的追求，你就会收获一个一个成功的喜悦。如果你把每一堂课都变成一种享受，你就会用辛勤的汗水获取课堂上闪烁出来的教育智慧。如果你把每一个学生都当作一种享受，你就会用放大镜发现他们身上许多宝贵的东西。第三要有情趣地生活，教师应该过一种健康、正常有品质的生活。教师首先要经营好自己的家庭，使它成为一个温馨幸福的港湾；教师应该有自己的业余爱好，在业余爱好中纵情享受生活；教师还应该有自己的沙龙天地，在人际交往中取长补短，智慧碰撞，让人生的火花闪耀。

我还提倡教师要修炼。我给老师提出的十二个标准，声音、形象等等都要修炼，使自己的风度、学识能折服学生，让学生有美的享受。

记者：**您觉得华富中学的校园文化是怎样的？您心目中理想的校园应该是怎样的？**

李小婉：关于校园文化，我们编过一本非常精美的书，从理论和实践都作了阐述，这里不说了。我只想用一句通俗的话和两件普通的小事来诠释的校的校园文化。我们师生做的事情，被传为美谈，这就是一种校园文化。我举个例子，2004年教师节前一天，很多考上高中的学生回到母校，有几百人，那天下午正好是教工例会，有些学生就进入会场，跟我说，校长你能不能不开会或者开短些，我们回来看老师。我说，我一定把会议开短些，好让你们跟老师欢聚。几百个学生就在学校的操场上，拼成了一个“I love u”的图形，等老师们一出现，大家就齐声喊：“老师，我们爱你。”很多老师都感动得哭了，此情此景不是华富中学校园文化最美最亮丽的体现吗？学生对老师如此感念，老师又怎样呢？有一天下午两点钟突然来了一场大暴雨，我们的老师不容谁号召，一个一个来到校门口，把学校准备的干净校服拿上，送给那些遭受雨淋的学生。这就是华富中学的校园文化。

我觉得一所学校就应该鸟语花香，绿树成荫，书声琅琅，书香袭人，有浓厚的书卷气，有强烈的进取心，有维护学校名誉的荣誉感，有丰富多彩、富有特色的校园文化生活，有彰显个性，促进学生个性特长发展的科技、文学、艺术、体育等社团活动，有一支很棒的球队和乐队，有一批在全市有一定声誉的拔尖老师，师生关系亲密融洽，领导群众关系和谐无间。这就是我理想中的校园状态，也是我们华富中学努力追求的目标。在华富中学7年里，我为之付出了美好的年华，也收获了终生难忘的欣慰。

《特区教育》2008年9月

开窗放入大江来

——华富中学语文课改巡礼

（《语文教学与研究》2004 年第 7 期）

坐落在郁郁青青的笔架山南麓的华富中学，是一所风景秀丽的学校。华富中学的领导和教师对待新一轮的课程改革，以“大胆探索，小心求证”的态度，摸索出一条课改的创新之路。

走进华富中学课堂，首先让你感受到的是学生座位的变化。课桌不再是一律面向讲台，代之的是或四人一组的“田”字形排列，或四人一组的“半圆”形排列，或两军对垒的“凹”字形排列。课桌的组合形式以有利于学生的讨论、合作、情景展示为出发点。老师也从主宰者的讲台上走了下来，由居高临下者转向“平等中的首席”，成为组织学生合作探究学习的引导者与促进者。课堂上一种平等互动的师生关系显得特别亲热，一种相互切磋探讨的氛围显得特别热烈。“万马齐喑”的局面为之一扫，“一讲到底”的现象不复存在。华富中学的语文课改有以下几方面的亮点让人耳目一新。

一、让教师的“教堂”变成学生的“学堂”

课改最核心的一点就是变学生的被动为主动，变老师的主宰为主导，使课堂成为师生互动的场所。学生是有表现欲望的，他们渴望自己能获得别人的注意，得到别人的赞许和尊重。因此，在课堂上要尽可能为学生提供表现自己的机会。

1. 课堂预习，合作学习。预习要做三件事，一是将课后“读一读，写一写”的词语通过查字典作出解释；二是将你喜欢的句子和你认为最重要的句子摘抄在笔记本上，并在班上赏析；三是提出 1～2 个疑难问题，在班上点你最信任的同学解答。这三点人人必做，也是人人可做的事，这样的机会尽量给那些能力较差的学生，让他们也有表现的机会。这已成为华富中学语文课堂学习的一种实实在在的常规行为，它对促进学生认真阅读，大胆表现自己起了重要作用。

2. 分组研读，分组赏析。有些浅显的文章，特别是阅读课文，完全可以交给学生让他们根据课前的提示和课后练习完成阅读任务。如有一位老师在学习《亲爱的爸爸妈妈》一文时，四个部分，一个小组承担一部分内容，先小组讨论研读，然后推举一位同学上台赏析这部分内容。虽然学生的赏析不像老师那样头头是道，但却也不乏自己的见解。而且从学生的赏析中，老师也可从中发现还有哪些重要的内容和精彩的地方没有涉及，老师便可有的放矢进行补充。师生这种互动互补的学习方式，大大激发了学生的学习热情，同时也强化了老师教学的针对性，避免了面面俱到，一讲到底。

3. 创设情景，登台演示。如有位老师在学习《核舟记》一文时，便要求学生对照注释读懂第三段，了解苏东坡、黄庭坚和佛印和尚三人在船头的方位、神态、表情及彼此关系，然后分组上台按照课文内容边读边演示，看哪一组表演正确。通过演示，这篇古文学得既生动又落实。这种情景教学他们常常运用到小说、诗歌、戏剧课文中去，让学生分角色表演。

4. 设置问题，互相碰撞。对于有一定难度的文章，老师也不包办代替。例如鲁迅的《阿长与山海经》难懂一些，老师便要求学生在预习时必须提出几个不懂的问题，或者你对某一问题理解较深，也可将它变成问题，写成字条交给老师，老师经过筛选或作适当修改，课堂上采取抽签的方式，回答讲解。解答不清者，可请你信任的同学支持。然后评出几个最佳问题与几个最佳解答者。这种课大大激发了学生“质疑问难”的兴趣与学习热情。

二、让课改深深地烙上语文的胎记

新一轮的课改给语文教学带来了勃勃生机，现在的课堂已不再是老师的一统江山，学生的主体地位开始确立起来。在这个由“教”变“学”的转变过程中，老师们也出现了一些迷惘。如学生的“主体地位”与老师的“主导关系”如何处理？尊重学生的主体感受与文本教学的固有特点如何统一？课堂上是否越热闹主体性就越充分？课堂上的花样越多是否改革的步子就越大？多媒体是为了取悦学生还是为理解文章服务？它在教学中的功能如何定位？面对这诸多问题，华富中学语文组的老师本着在实践中去探索，在探索中去提高的原则，开展了一系列的校本教研活动，如阅读教学中的激疑、质疑、解疑功能的探讨，语文课中的“语文味”到底有哪些？如何体现？多媒体的使用如何才恰到好处？作文评改课如何提高学生的思辨能力？等等。他们对这些问题专题研讨，常常采取一课多教，多课多教的方法，集体备课、集体听课、集体评议，然后写教学反思。通过这些切切实实的活动，他们对语文课改中的一些深层次问题形成了一些共识。每周四下午的语文教研活动他们叫“语文沙龙”，一壶咖啡，或一杯清茗，他们便各抒己见。请听他们对语文课改的一些精辟见解吧：

1. 语文教学要“坐不改姓，行不更名”。语文课改不管怎么改，语文教学中的“语文味”不能改。所谓“语文味”就是对作品的思想、情感、情趣、情操、情韵的体味，对语言、语感、语境的品味，对篇章结构技法的玩味。语文的“工具性”也好，语文的“人文性”也好，它都依附一个“语”字才得以存在。语言文字是表达思想感情的符号，朱光潜先生说“语言跟着思想感情走”，“在文字上的推敲，骨子里实在是在思想感情上‘推敲’”。“文以载道”就是这个道理。所以，我们的语文教学，任何时候都要“坐不改姓，行不更名”，语文教学一定要姓“语”，离开了语言、语感、语境的教学就不是语文教学。语文课改的核心是要树立起学生的主体地位，让学生主动地学语文，把老师对文本的感受变成为学生的亲历体验。我们不仅要让学生在课堂上“动”起来，而且还要引导他们在“语文味”上动起来，这才是语文课改的正宗之道。要让“语文味”在学生的心灵里发酵。

2. “任凭弱水三千，我只取一瓢饮。”我们的课堂教学吃力不讨好，一个重要的原因是一堂课的负载太多，太重。一篇课文不能面面俱到，全面出击。讲的多，学的少，这几乎是条规律。教学目标要单一，我主张“一课一得，得得相连”，正如贾宝玉对林黛玉所说：“任凭弱水三千，我只取一瓢饮。”关键是这“一瓢饮”你定到哪里？我认为这“一瓢饮”，应该是课文中的精彩点，兴奋点或疑难点，这“一瓢饮”一旦确定，就要敢于舍弃，敢于割爱，有失才有得。譬如教《滕王阁序》，该文可谓字字珠玑，但有人就只选取了文中的“对偶”句作为学习重点，找对偶句，分析对偶句，背诵对偶句，一节课下地，本文中流传千古的那些名句便烂熟于心了。课后老师又开展了作对联写对联的书法比赛。一篇课文让学生获得一种本领，一项技能，试想想，三年下来学生将获得多少东西？所以，减轻课堂的负重，集中教学目标是让学生获得学习主动权的关键。

3. “塑造思考的心灵”使学生成为思维的主体。语文课改不是看热闹，要花腔，学生的主体作用也不是看他活动了多少次，发了多少言。学生的主体性最根本的是看他是否成为思维的主体，因此，课堂上培养学生的思维能力（特别是逻辑思维与形象思维的能力）是语文课改中最核心的任务。《学习的革命》一书说：“学校应该教什么？在我们看来，最重要的应当是两个科目：学习怎样学习和学习怎样思考”。日本文部省对基础教育提出的四大目标中，第一条就是“塑造思考的心灵”。我国的思想家孔子早就说过“学而不思则罔，思而不学则殆”。可见，学会思考，重视思维能力的培养是古今中外一切智者的共识，也是当今世界教育都在着力解决的问题。

现在我们的课堂热热闹闹了，但水分太多，思维的力度太少。文章的思路，作品的意蕴，想象的空间往往被忽略。我们认为语文教学必须以“思”为核心，开启学生思维的门扉，引导学生去发现问题和解决问题。一堂精彩的课，往往是由若干有价值的问题组成的。我们应当精心设计问题，这些问题必须围绕课文的重点、难点、疑点来组织，这些问题要能体现出文章的思路，教者的教路，学生的学路，每个问题都成为引导学生进行自学的指路标。除了老师精心设计问题，我们还应当放手让学生来设计问题，使学生真正成为学习的主体，思维的主体，活动设计的主体。我们要大胆地“启发学生质疑问难，引导学生寻根究底，要求学生举一反三，鼓励学生标新立异”。只在让学生的思维互相碰撞，课堂上就会发出智慧的闪光。

他们的这些见解，集中到一点，就是语文课改不能丢掉语文本身的特征，语文课必须要姓“语”，要打上它鲜明的胎记。这些真知灼见，对于实践在第一线的老师也许会有点助益吧。

三、让语文从课内的“象牙之塔”走向社会的“十字街头”

如何使语文从题海的怪圈中走出来？如何让学生真正喜欢上语文，自觉地学习语文？如何让语文插上翅膀，在更广阔的领域飞翔？华富中学语文组的老师们做出了有益的探索。他们认为：语文学习不能再局限于45 ㎡的狭小课堂，要还语文一个广阔的天地。“课内打基础，课外广见识”，“得法于课内，收益于课外”，“课内长骨，课外长肉”。老师们这些朴素而又生动的话，深刻地说明了语文课内外之间的关系，于是他们决心把语文学习从课内的“象牙之塔”推到社会的“十字街头”。

(一)“百万字、千分制读写方案”

“老师最大的本领是激发学生对你所教学科的兴趣；老师最重要的责任是让学生养成良好的自学习惯；老师最大的成功是把学生培养成一个手不释卷的读书人。”这是一位老教师集一生教育之经验的经典概括。华富中学语文组申报并获准的区级科研课题是《多读多写多思，培养学生主体地位性品质》，他们认为这才是语文返朴归真的正宗之道，也是提高语文成绩的不二法门。他们非常反感那些“××秘籍”“××兵法”之类的练习册，训练题，他们给学生的练习就是阅读，就是写作。在课题的实施中，他们设计了一个“百万字、千分制读写方案”，其具体内容如下：

这个方案要求每人每天的基本阅读量为 2000 字，一年阅读量为一百万，采取千分制记分法，每一千字计 1 分，如果多读一千字加 2 分。每篇文章阅读后必须有摘抄，有读后感，其字数不少于 300 字，否则判为无效阅读，不予记分。其所以必须有摘抄，有读后感，一是有利于积累，二是有利于检查。为此，他们还专门设计了一张表格以便检查。

课外阅读千分制周统计表日期文章题目文章出处文章

字数摘抄读后感字数得分验收人为了使这一阅读计划落到实处，语文组采取了以下措施：

1. 每班挑选四个阅读组长，一天一评分，一周一公布，一月一评比(即评选“读写之星”)

2. 与班主任配合，将评选的“读写之星”纳入“五星级学生”的评比内容并向家长报告。这一点非常重要。

3. 不定期举行“读书报告会”，让学生将自己喜欢的文章在全班推荐讲解；不定期举办读书摘抄、心得展览，以兹鼓励。

4. 将“阅读千分制”所得之分按比例计入学期语文总分。为此，学校进行了考试计分改革，学期考试卷面分只有 70 分，另外 30 分为平时学习分数。语文组则将这 30 分分解到课外阅读、写作、背诵、获奖等项目。

这些举措大大激发了学生的阅读兴趣，最多的一年达 300 多万字，对这样的学生又给予奖励分。在语文成绩单上常常有突破 100 分的人。

除了加强阅读，他们还十分重视写作与背诵，要求学生一学期写两万字的随笔（每周两篇，千字左右，课内作文不在其内），一学期背诵 50 首古诗（每周 2 首，三年 300 首）。这些读写背的数量积累，全在于一种学习习惯的养成，落实到每天的语文读写时间不超过一小时，这就是老师们留给学生的仅有的语文作业，但这每天一小时读写背的积累将会使学生获得终生受用的一笔可观的财富。

（二）网络作文——一个全新的语文学习平台

网络时代为语文学习开辟了一个全新的领域，时下兴起的网络作文也在华富中学悄然诞生。在语文组长的带动下，他们搞了一个“网络下的作文教学”的课改实验。他们采用多媒体技术和虚拟现实技术，以图文并茂、声形兼备的优势，打破时空限制，将写作的内容形象、生动、真实地展现在学生面前，使学生在全身心地沉浸中，通过感悟、操作、体验、探究、发现，得到充分的发展，为学生主体地位的落实提供了平台。

如何实施网络下的作文教学？他们的做法是这样的：

（1）建立作文专题网站。网站的设计制作必须使页面的设置具有良好的交互性，可供学生自主选择学习内容。老师把各种教学内容制成 Web 网页，放到华富中学校园网上。利用 www 浏览器，学生可随时在专题学习网站和 Internet 网上获得所需信息和进行网上交流。网页的设置分为“写作目标”“素材仓库”“指津导航”“发表园地”和“评改天地”等模块。

（2）培训网络作文的操作技巧。网络作文学生必须具备以下几种能力：a. 能从 Internet 网和专题学习网站获取所需的写作素材；b. 能对搜集到的写作素材剪裁、粘贴、整合；c. 通过计算机输入，在“发表园地”里提交自己的习作；d. 通过“评改天地”相互评改，交流习作。

（3）网络作文的实施过程：①激趣导入，播放录像资料，让学生点击网页上的“写作目标”，明确写作要求；②网上浏览，自主选择文字、声音、图片、视频、动画获取所需信息；③自主构思，然后通过人机会话和电脑写作，使自己的口头表达和书面表达充分发表；④网上评改，交流反馈，老师可通过网络组织学生进行公开的、即时评价，亦可让学生通过留言板功能相互评改；⑤评选网络作文嘉宾和作文贵宾，通过网络投稿中心，设置投稿作者排行榜，按照投稿数和阅读人数，授予作文嘉宾和作文贵宾称号。

网络作文为学生提供了一个精彩的网络世界，显示了它无比的优越性。一是丰富的信息资源拓展了学生的思维空间；二是网络作文强化了学生信息修养的形成；三是网络作文使学生的主体地位得以真正确立；四是网络作文使环境的开放性，学生的合作性，个人的独创性得以有机结合。这一新兴的作文形式，已受到了学生的青睐，极大地提高了作文教学的效率。

(三)“超市课程”——为学生打开了另一扇兴趣的门

华富中学为了发展学生的兴趣特长，在课时编制与课程设置上进行了大胆改革。他们将每课时改为 40 分钟，将每天 7 节课改为 8 节课，学生在校时间总量不变，然后将每周多出的 5 节课集中到星期二、星期三、星期四下午，作为学生的选修课来安排。选修课由老师根据自己的特长和学生的需要，编写校本教材进行授课。学生则根据自己的爱好，选择课程学习。同学们把这种选修课称之为“超市课”。全校一共开设了 32 门之多的超市课，仅语文学科就开设了“情商教育课”“影视欣赏课”“少年君子课”“古代绿色诗文欣赏课”“网络作文课”“书法篆刻课”等等。这些课程的编写具有很强的趣味性、知识性和人文性，如《少年君子》一书，将中国传统美德分为八个部分：仁爱、励志、节操、礼义、廉耻、诚信、孝悌、勤奋，每部分按照格言、解读、故事、点评和活动设计编写，全书共收录至理名言 160 条，经典故事 40 篇，美德诗词 30 首，古代名画 60 多幅，加上精美的版式设计，该书成为深圳市颇有影响的精品校本教材。这些选修课程由于符合学生的兴趣，加上灵活的教学形式，丰富的视频情境，受到学生热烈欢迎，大家都盼着、争着到“超市课堂”各取所需，各得所好。

四、让校本教研为教师的发展成才垫石铺路

学校把校本教研的开展与老师的发展捆绑在一起，有三点尤为突出。

一是开展案例研究，通过案例研究解决课改中的热点、难点问题。例如“古文如何充分运用注释培养学生的自学能力”“语文课怎样让学生学出语文味”等等，一个案例实际上就是一个专题，通过集体备课、听课、议课，然后每个人写出自己的教学反思。学校还开展了案例的写作指导，评优活动。并在全校“教师论坛”会上专题交流汇报，学校现正在将优秀案例及论文汇编成《走进新课程》一书出版，让老师们分享到成果的喜悦。

二是开展教育科研，以课题促课改。学校承担了全国三个重点课题，市区级五个重点课题，校级 15 个专业课题，全校大部分老师都有课题任务，语文组就有“多读多写多思，发展学生主体品质的研究”“初中语文教学中的人格培养研究”“初中语文快速读写的研究”“古代山水诗文中的绿色价值观的研究”“网络下的作文教学研究”等等。他们在开展课题研究时与大专院校、科研院所和杂志社结盟，使课题随时都能得到专家的指导，研究的成果随时推荐到报刊上发表。近两年来学校在《中国教育报》《中国德育》《教育研究》《语文教学与研究》及深圳市的报刊上共发表了 20 多篇文章。

三是开展校际合作，成立六校语文课改合作体。这个合作体的首倡者就是华富中学，这六校是罗湖外国语学校、福景外国语学校、莲花中学、荔香中学、深南中学和华富中学。六校合作体研讨活动每月举行一次，采取轮流坐庄的形式，每次研讨活动确立一个研究的中心，拿出几节观摩课，然后以课为例进行研讨。研讨时各抒己见，畅所欲言，没有官方的繁琐程序，更没有虚伪的客套话语，发言可长可短，可争可辩，形式极为活泼热烈。除了研究，还有经验交流，权威老师点评及专家学者的学术报告。每次活动都成了东道主学校向全市展示学校教学成果和精神风貌的机会。六校合作体的活动一次比一次精彩，一次比一次的规模大。2004 年 3 月 24 日适逢华富中学举行第七次作文专题研讨活动，全市 50 多所学校近 200 名老师参加了研讨会，他们还特邀了华中师范大学《语文教学与研究》主编、全国知名作家晓苏先生作了题为“作文的三重门”的精彩报告，深圳市语文界的专家程少堂、陈祥俊及湖北中语界的专家毛汉华、邓嗣明、陈镜鹏、黄希圣等都应邀参加了研讨会。从这次研讨会，我们看到了语文课改六校合作体是一个具有极大吸引力的民间研究团体，是一个为教师的脱颖而出提供舞台的研究团体，它将校本教研提升到一个更高层面，在课程改革中发挥了弄潮儿的作用。难怪深圳的专家们将它喻为是一个很有创意的“教育沙龙”。

“竹中一滴漕溪水，涨起春江十八滩”，华富中学的骄人成绩，华富师生的成长，都是新课改催生的。

撑起一片人文教育的天空

——选自深圳海天出版社《深圳18位女性的寻梦故事》

智慧的额头，清亮的双眸，一头秀发被挽成一个利索的“马尾”，一身得体而不失时尚的装扮，与印象中正襟危坐的女校长迥然不同，初见李小婉，你会想起诸如阳光、灵动、活力之类的词。

沉下来与她深谈后，你会发现，她是一个充满“矛盾”的人：一方面她目光新锐，思维活跃，很现代；另一方面，你会感受到她骨子里有一种深邃的历史感和人文情怀。然而，随着访谈的深入，你会发觉“轻”与“重”、传统与现代都在她身上找到了最佳平衡。她其实是一位中西合璧的知识女性。

梦开始的地方

李小婉的成长之路是幸运而顺畅的。1962年，李小婉出生于古城潮州。潮州这片物华天宝之地，自古民风淳朴，人才辈出，像商界奇才李嘉诚、素有“北钱南饶”之称的大学者饶宗颐都是从这片厚土走出。生长在这样的历史文脉里，李小婉从小就有不俗志向。她很感谢父母给了她一个宽松的成长环境。她回忆说，虽然她父亲是个老公安，但除了在做人上对她要求很严外，在其他方面却很尊重她的想法，她从小在一种民主的氛围里长大。她还特别提起：“在我们潮州，女孩子从小要学做女红，我姐姐和妹妹都比较随俗，可我却是一个‘异教徒’，我从小唯独对书感兴趣，其他基本上不闻不问。我姐姐笑称我每天放学后只有‘三部曲’：吃饭、睡觉和看书。”

李小婉的中学时代是在潮州名校金山中学度过的。她说这所学校历史悠久，有浓厚的人文气息和文化底蕴，学校名师云集，给了她良好的教育和启迪。“就是在这里，我树立了做一名人民教师的理想。我希望长大后像我的老师们一样，用一颗爱心为许多蒙昧的心灵开启智慧之门。”

1978年，16岁的李小婉如愿考入华南师范大学，成为历史系的一名学子。除了确保每门课程都取得出色的成绩，课余时间她几乎全泡在图书馆，像海绵一样吸收来自历史、文学、美学、哲学等人文学科的广博知识。她说，“只要当时有的人文类书籍，我几乎是一本不剩地‘啃’遍，同学们笑我快成了书虫。”

显然，书籍伴随李小婉度过了她所有的成长岁月，这无疑为她打下了深厚的人文底子。

1982年，刚从华南师大毕业的李小婉踩着青春的节拍踏上了深圳这片热土。谈到深圳给她的最初印象，她说：“到处都是黄土坡。”“面对恶劣的环境，当时有没有打退堂鼓？”我问。“没有，我可是冲着做历史的创造者之一来的。”她笑道。停了一下，又说：“不过，当时我男友（现在的先生）的父母极力劝我们回广州发展，我则不断向他们‘画饼’：描绘深圳灿烂的未来。”

最初，李小婉应聘在当时的深圳二中（现翠园中学）教初三历史。由于她文史知识广博，讲课的时候，善于在重要内容中穿插一些历史小故事，亦文亦史，亦庄亦谐，十分吸引人，深受学生欢迎。她说：“相对而言，我更喜欢做老师，喜欢带着学生在知识的海洋里徜徉的美妙感觉。”

然而，深圳是一个尊重人才的地方，只要你是一块好钢，就会有人把你用在刀刃上。不久她不断被委以新的职务：班主任、团支部副书记、政教处主任等。“我一般不会主动争取某项职务，但只要接受下来，我就会力求把每一个角色都演绎到位。”李小婉表示。她曾带过5年高三班主任，针对高考生压力大这一老问题，她大力倡导“快乐学习”，让学生甩下心理包袱，轻松上阵，结果学习效率大大提高，她带的毕业班每届都取得了十分理想的成绩。

1998年，崭露头角的李小婉调任市某职校副校长。该校与市一所重点中学毗邻，但两所学校在师资力量、教学质量、校风学风上形成了极大的反差。学生的心理状态也是两极分化：重点中学的学生自然在心理上有优越感；而不少职校生则有一种自卑心理。甚至少数“问题学生”破罐子破摔，公开与社会上不良青年出出进进。

面对严峻的形势，李小婉的心情既复杂又沉重，她深信每个孩子的内心都潜藏着向善和向上的欲望，她认为造成今天这种局面的原因很多：学校、老师和家长都负有不可推卸的责任，社会也难辞其咎。因为孩子不是在真空中成长。而作为一名新任副校长，她尤其感受到了自己肩负的责任。

她决定和教师们一起从唤醒孩子们的荣辱感和自信心入手。她把一些"问题学生"请进自己办公室，很温和地对他们说："你们除了自制力差一点，在其他方面和别的学生并没有什么两样，他们能做的，你们都能做到——只要在自制力上多加注意。从现在起，你们不妨试试看！"孩子的心是敏感的，第一次有人而且是校长面对面对他们进行积极评价，这使他们意识到自己原来不是最糟糕的，心里自然很受触动。慢慢地，他们把心里话都掏给李校长。这样，李小婉可以在掌握孩子们心理状态的前提下，对其进行循循善诱，使一些"问题学生"不知不觉走出了误区。

经过近两个月的努力，职校学生的精神面貌焕然一新，特别是一些"问题学生"，一个个重新变得健康、快乐、自信起来。"现代教育的艺术是发现、唤醒和欣赏的艺术，而不是训斥和改造。每一位老师，只要学会了用发现、唤醒、欣赏的眼光来对待'问题学生'，一个个健康、快乐、自信、诚实的孩子就可能站在你的面前。"李小婉动情地说。

打造一个全新的华富中学

李小婉在职校探索并推行的教育模式赢得了学生、家长和上级有关领导的充分肯定。

2001 年，声名鹊起的李小婉走马上任华富中学校长，主持全面工作。

华富中学地处福田，区内名校云集，老资历的中学也比比皆是，一直以来，好生源几乎都被周边名校囊括，华富始终处于一种尴尬的被动局面，尽管校领导换了一茬又一茬，学校仍然起色不大。显然，李小婉接手的是一只"烫手山芋"。

不过，她表示："我希望利用这个新的平台充分实现我的教育思想和教育理念。"甫一就位，李小婉做的第一件事就是为华富中学"把脉号诊"。"诊断"结果是：人文教育匮乏、教学特色模糊、校园文化薄弱。针对上述症状，她很快开出了如下"药方"：人文兴校，特色教学，形象立校。紧接着，她结合学校实际，高屋建瓴地确立了"三年内把华富中学建成省一级学校”的目标。“之所以计划用三年时间，这是我们对华富进行科学评估得出的结论。”李小婉说。

李小婉决定将她多年探索的人文教育作为切入口。她认为当前人文教育在知识性、科学性教育的挤压下，已面临危险的生存境遇。学生人文精神的缺失已是不争的事实。为此，她极为理性地提出了“和谐发展、人格健全、人文见长”的教育理念，旨在把对学生的人文素质教育提上应有的位置。她说，中学阶段是学生成长的重要转折点，学生的个性、人生观、世界观开始在这一时期逐步形成。而这正是进行人文教育的最佳时期。比如对学生进行人格塑造、爱的教育、艺术陶冶、思想启蒙、品格磨砺等。当然，要对学生实施人文教育，首先必须使他们懂得什么是人文精神。李小婉认为，人文精神包含的内容十分丰富，包括对历史和文化的传承，对人的关注、尊重和对人的个性的高扬，对生死、信仰、幸福、生存意义和价值取向的思考等。其核心是尊重人，相信人，理解人，充分发挥人的才智。

在具体操作上，李小婉特别指出：人文教育再也不能沿袭过去那种高高在上的空洞说教，而要从对学生进行“润物细无声”的人文关怀着手，让学生从细节上，从具体事例上体验到“人文”其实是与我们每个个体生命息息相关的。

校长“存在”就是一种人文教育。这是李小婉从多年的实践中悟出的真谛。她每天早上都会面带微笑在校园内走一圈。这样做的目的是让每一个学生都感受到校长在关注自己、重视自己，从而唤醒学生的主体意识，并努力做好自己。

人文关怀更多地体现在对弱势学生的转化和帮助上。李小婉推出了“以心育人，以情育人”的特别关爱工程，提出了“转变一个后进生比培养一个优秀生更光荣”的口号，还建立了“导师帮教制度”，充分体现了在生命面前人人平等的人文思想。一时间，感化帮助弱势学生在华富中学蔚然成风，成为每个教师的自觉行动。这其中发生了许许多多感人故事。

在提升学生的人文素养和人格塑造方面，李小婉开出了多个“菜单”，比如开展“读千古美文，做少年君子”的读书活动、定期举办“经典诗文朗诵会”、创办《华富淑女报》，等等。从而让那些渗透人性美、人情美的经典诗文和一些闪耀人文思想的小故事、小品文潜移默化地陶冶孩子们的心灵，提升他们的人文素养；2002 年，华富中学与中央工艺美院联手设立了中央美术学院附中华富美术班（这是中央美院首次在国内设立分部），这对提升学生的审美品位十分有益；学校经常组织学生走出“围墙”，参与社会实践和社会活动，旨在培养孩子的公民意识、公德意识和社会责任感；另外学校还开设了青春期教育和心理咨询课程，旨在确保学生心理健康、精神健康，培养学生健全人格和积极向上的生活态度。

特色教学是李小婉教育理念的重要一环，它其实也贯穿于李小婉的人文思想之中。

为了启动特色教学，李小婉走的第一步棋就是给老师“洗脑”，使他们深刻认识到：现代教育应由传统的灌输式教学转为启发式引导式教学，由统一规格的教育模式向差异性教育转变。由此，学校非常重视对学生个性、特长的发现和发挥，从而使每一个孩子的闪光点和自身潜质得到发掘。而且学校为此相应设立了诸如“体育节”“科技节”“艺术节”“数学节”“英语节”“吟诗诵美文”等特色教学和活动。这一系列活动，既调动了每一个学生的主动性和参与意识，又锻炼了学生的动手能力和创造能力。关键是，使每一个平凡的生命都获得了大放异彩的机会。据李小婉介绍，华富学生先后在科研、绘画、体育、合唱、二胡演奏、书法等多项比赛中，共获得国家、省、市级奖项近百人次，学校连续几年被评为“福田区艺术教育先进学校”“广东省民乐教育示范学校”等。

走进华富中学，你会发现每一个孩子都很阳光，很自信，都彰显着生命的光彩和美好。我问李小婉个中缘由。她说，是因为每一个孩子都在特色教学中找到了自己的“闪光点”，这使他们深信“自己就是一个独一无二的美妙存在，自己就是最棒的!”

校园文化建设既是三步要棋之一，也是李小婉为全面贯彻落实人文素质教育而实施的一项重要工程。

在打造校园环境过程中，李小婉亲自参与规划设计，使校园景观从整体风格到局部细节，既彰显“美观、简洁、素雅、实用”的原则，又充分体现“文化品位、现代气息、人文精神”的设计理念。走进华富校园，你会发现每一块墙壁在“说话”，每一个景点在“育人”。比如“德之铭”“智之光”“体之魂”的壁画群，曲折回廊的名人塑像，悬挂于大厅的上百幅诗文名篇、名画等等，无不给人以美的启迪和人文思考。还有植物园、花坛、瀑布等自然景观，处处让你觉得人与自然和谐共生。

三步要棋走过之后，华富可以说是化蛹成蝶，2004年12月，华富中学顺利地通过了广东省一级学校的评估。

“在短短三年内使一所默默无闻的学校蜕变为省一级学校，能谈谈您的感想吗?”我问李小婉。

“我个人认为：作为一名校长，首先必须是一个有自己的教育思想和教育理念的人。当然，这有赖于一个人在长期教育教学实践中善于总结、更善于反思一些东西；同时要学会吸收和借鉴国外一些先进的做法，从而结合具体实际形成自己独特的办学思路。我以为现代教育的本质就是教孩子如何做人和如何培养孩子的学习能力这两大方面。而我所倡导的人文素质教育就是解决孩子的‘做人问题’。在我看来，‘做人问题’解决了，剩下的问题就是‘技术问题’，解决起来相对容易一些。”

2002年，华富中学先后成为“全国发达地区素质教育研究基地”、“全国地区教育研究、培养机构，推进学校课堂教学改革实践研究基地”；分别承担了国家“十五”重点课题“中学生人文素质教育研究”的实验与构建“‘以人为本’的民主型班级管理模式的课题研究”、“课堂教学中创新策略研究”、“青春期性教育研究”以及“‘和谐发展、人格健全、人文见长’办学特色研究”等一大批科研课题。

“丑小鸭”变成“白天鹅”的秘籍

华富中学的脱颖而出，引起了业界、家长和社会的强烈反响。特别是李小婉在人文素质教育方面所进行的有益探索和实践赢得了有关领导和业界专家的高度评价。省里一位领导有感于华富中学学生的良好素质，追溯生源状况，李小婉只好实话实说，对方了解原委后一脸惊讶。也是在这次评估中，一位起初对华富不怎么“上心”的专家，经过几天深入实际全方位考评后，态度来了个180度的大转弯：在评估结束当天的晚宴上，他特别走到李小婉跟前，郑重地向她举起了酒杯……至于学校在家长和社会中激起的波澜则可以借用数字说话：李小婉上任前学校仅有学生800多名，三年后拥有学生1300多名，据说，华富今天的生源都是由家长们一传十、十传百给介绍来的。华富中学的社会知名度、美誉度则在持续上升：一些有关教育的重要会议特别安排在华富召开；一些重要课题也交给了华富；不少学校的老师，包括内地和香港的，都先后来华富考察取经，贵州一所学校一位老师还特别针对华富中学在人文素质教育方面的成功经验写下了洋洋几千字的体会和感想。

然而，辉煌背后另有颜色。还是在华富通过省一级评估的时候，一位专家在了解了华富的今昔巨变后十分真诚地向李小婉说了一句极为平常却又耐人寻味的话："您辛苦了！"的确，在光与影的背面，作为一校之长，李小婉洒下了多少汗水，踏过多少泥泞，耗费了多少心血，只有她自己心里最清楚。因为——没有人能随随便便成功。

那么，到底什么是李小婉打开成功之门的"金钥匙"？

"我的方法很简单，概括地说就是凭借一个'情'字。"李小婉的回答很简洁，却意味深长。

"我对生命有一种敬畏感。"李小婉的声音变得很轻却很有力度。因为敬畏，所以发自内心地热爱每一个生命，所以比常人更懂得善待每一个生命。她特别强调这与自己的成长背景有关："我自己就是在爱的关注下一路走过的，所以我要将爱回报给社会。"

"我把每一位老师都视为我的兄弟姐妹，把他们的喜怒哀乐当成我的喜怒哀乐。"李小婉说这话时眼中有一种光芒在闪烁。特蕾莎修女曾说："不为大而爱，只为琐细而爱，从细微的小事中体现博大的爱。"李小婉正是这么做的。上任不久，她就克服种种困难扎扎实实做了三件前任遗留的与老师生活息息相关的"小事"：一是老师的用膳问题——改传统的由窗口打饭为自助餐式；二是如厕问题——将长期漏水的脏乱厕所改造为富有文化气息的"星级"厕所；三是校园门前的交通问题——将以往狭窄堵塞的道路改造为宽敞的通途。当然这是大家公共的"小事"。与每个个体生命的生活息息相关"小事"同样倾注了她的一腔真情。她尤其注重呵护老师的心灵：她经常在适当的时候组织大家登山观海，让一颗颗疲惫的心灵在大自然的怀抱舒畅地呼吸，从而减压调节；她常常做一个虔诚的倾听者，让老师们一吐胸中块垒；她不时给老师们介绍一些滋润心灵的好书……作为一名女性校长，她对女教师们的婚恋、家庭方面遇到的困惑更是"不吝赐教"，并将自己的人生经验和感悟拿出来与姐妹们分享，教她们如何使爱情"保鲜"、婚姻和美。她说："我希望我们每一位教师首先做一个健康快乐的人，然后再是一名教师。这样才能培养出一个个健康快乐的孩子。"

作为一位知性的知识女性，李小婉深知：对老师们最大的关爱莫过于把每位老师都放在一个合适的位置，使他们把自己的闪光点不断放大。同时努力为他们创设宽松的人文和学术环境。为此，她在这方面花费了大量的精力和心血。

用“体贴入微”这个词来形容李小婉对老师们的关爱可谓恰如其分。一次，某班有三门功课考得不理想，按说一个校长找班主任谈谈很正常，但李小婉没有这么做，而是亲自去找该班班干部分析这次考试失利的原因并帮助寻找对策。问及原因，李小婉感慨地说：“我们的老师太累了，他们每天自动自发地工作十几个小时，而且很多时候都是不计报酬地无私奉献。所以有时少数班级出现某些问题，我会主动替他们分忧。”

正因为李小婉的爱心触及了老师们心底最柔软的那根弦，所以大家都以一种自觉意识全情投入到教学中，充分发挥自己的才智和潜能，与华富中学共同成长、共同进步。

在这个跳槽已成为一种时尚的城市，华富中学的老师绝不轻言跳槽：“在华富，我们有家的感觉，有适合自己发展的平台。更重要的是，人的尊严和价值在这里能得到充分尊重和体现。”华富中学的老师如是说。曾有一位退休的特级教师被借聘到华富，起初打算干几个月走人，但进了华富后，不仅很快决定留下来一显身手，而且别的学校用高薪都“挖”不走。还有一位女教师因夫妻分居两地，不得不离开华富，可当她与李小婉辞别时，却因不舍得而哭得一塌糊涂。

孟子曾说，要像爱自己的孩子一样爱天下所有的孩子。有着深厚传统文化底蕴的李小婉是这一观点的认同者和实践者。虽然身为校长，她却从不高高在上，而是放下身架，走到孩子们中间，与他们亲密接触。她常常慢下脚步，真诚地赞美孩子们。一次，她在校园遇到一个气质很好的女生，便微笑着告诉她：“我很喜欢你的样子！”有时碰见一个情绪低落的孩子，她会走到他的跟前轻轻抚摸他的头，向他传递从自己心底流淌的温情。她经常把一些“问题学生”请到自己的办公室，与他们平等对话，认真倾听他们心底的声音，若是发觉老师在处理问题时做得不妥，她会替老师真诚地当面向学生道歉；如果是学生做错了，她会心平气和地疏导启发，使学生明白自己错在哪里，然后心服口服地承认错误。她说：每一个孩子都有优良的品质，这些优良的品质可能会在现实中遭到损害，所以我们要尽早发现这些品质，把孩子培养成有个性的人。据说，李小婉用真诚和爱心唤醒了不少所谓“坏”孩子，使他们最终认识了自己，成为了自己。访谈间，李小婉欣慰地告诉我，在“三八”节这天，不少经她帮助过的孩子给她发来短信表示感谢和祝福。还有一个在李小婉帮助下已考上重点高中的男孩子更是向李校长主动“请缨”：以后我们家族出现了“问题学生”，我会配合您一起帮助他。

“孩子的心灵都很敏感，所以我们要学会尊重他们、理解他们、呵护他们、认可他们。”李小婉常常在老师中间强调她的这一思想。爱是什么？其实，爱是欣赏，是发现，是认可。

爱没有高低贵贱之分，一个有大爱的人不会忽略任何一个卑微的生命。即使是对学校的清洁工，李小婉也总是用微笑来传递爱的信息，使他们觉得温暖，使他们眼中充满光亮，使他们在平凡的工作中享受劳动的乐趣。采访中我发现了一件有意味的事，华富中学的清洁工人也很有归属感，他们自觉地与学校一起成长。华富中学优美洁净的校园环境已说明了这一切。

你对世界微笑，世界就会对你微笑；你播撒的是爱的种子，你就会收获爱的花园。因为爱是给予，也是回报；爱是传播也是互动。在李小婉爱的感召下，华富中学处处洋溢着一种团结、友爱、互助、协作的和谐氛围，老师、学生、家长之间自发地形成了一种良性互动，每个人都以最佳精神状态进入角色，与学校的发展目标保持一致，最大限度地发挥自己的创造性和聪明才智。“正所谓‘人心齐泰山移’，华富中学正是在大家的齐心协力下，由丑小鸭蜕变成白天鹅的。”李小婉十分真诚地说。

没有一种力量能与情感相抗衡，没有一种制度比“互动”更能产生“核爆”，这正是华富成功的不二法门。

书香·爱·运动

“家藏万卷书，门对千株竹。”我想李小婉一定热爱这样的句子。她说：“我们一家人都是‘书痴’，书让我们‘心有所安’，也让我们远离尘嚣，从而过一种简单、快乐、诗意、安谧的生活。”

李小婉和先生是校友，相同的世界观和价值取向使他们牵手今生。先生也是教师出身，也很优秀。两人经常共读一本书，共同的阅读经历使他们在灵魂上越来越亲密。很多时候，他们共享一本好书给心灵带来的无以言说的喜悦。他们还常常一起探讨有关教育的问题，有时因观点一致而雀跃，有时也因观点相左而发生热烈争论，但这丝毫不影响他们的感情。“尽管我们有时为一个学术问题争论得面红耳赤，我们的感情却加深了，因为我们发现彼此都把学生时代的那股书生意气保存得完好无损，一点也没遭到世俗破坏，觉得这样很难得。”

李小婉是一个珍视爱情更懂得使爱情之树常青的女人。据说，她和先生琴瑟和谐的感情生活羡煞了不少姐妹。她认为使爱情“保鲜”的最关键一点就是女人要永远保持成长，始终给对方以新鲜感。

“我和我儿子每天回家都会轻轻拥抱一下，我们好像没有‘代沟’。”李小婉微微一笑，说：儿子小的时候，我给了他一个快乐的童年。上学后，主要培养他的学习能力。我还培养儿子热爱运动的习惯。对儿子的人文教育，差不多从他一两岁时就开始了，主要是为他朗读名诗名篇，这种习惯延续至今，使他比同龄人更具有一种人文情怀。一次，她把儿子写的一篇文章给一位同事看，同事说像是几十岁的人写的。

李小婉高兴地告诉我：“我儿子已是深圳市外国语学校高一的学生了。现在我们一家人经常在周末用英语会话，为家庭生活平添了新的乐趣。”据说，她儿子已长成了一个一米八的大男孩，颇有谦谦君子之风和阳刚之气，特别是心智很成熟，他常常像个小大人一样给妈妈工作上提一些建议，有的还真有参考价值。

“不过，除了与清词丽句为邻，我们的家庭生活也有‘动’的一面：仁者乐山，一直以来，爬山是我们家的保留节目；还有球类运动也是我们一家人的共同爱好。”李小婉说这话的样子很开心，也很阳光。

一个活在书香、爱、运动里的女人，你尽可以用高华、美丽、光鲜等词来想象她的样子。

真善美是这个世界上永恒的诗意

在一个漠视心灵的物质时代，她是一个少有的坚守精神家园的人。

作为一个较早闯特区的“老深圳”，曾有许多发展机遇供她选择，但她却始终以宗教般的虔诚执着于教育这片宁静的园地。我笑问她的定力是什么？她的回答只有两个字——“热爱”。她说人生最大的“得”莫过于做自己想做的事。因为在这种状态下，工作于她不是服苦役，也不只是谋生手段，它是创造，是享受，也是一种自我实现。

“我的外在经历很简单，从校园到校园；我的内在经历也很简单，我始终追求一切真的、善的、美的东西。"她说。穿越幽长的历史隧道不难发现：一切声名、功利、权势、富贵最终都不过是浮云过眼，转瞬即逝，唯有真善美是这个世界永恒的诗意。"有人说，深圳是个物欲泛滥的城市，我想：经历了最初的物质狂欢后，更多的人最终还是会回归心灵，重新寻找和追求人性中一切美好的东西。正如海德格尔所说的：人，应该诗意地栖居。我坚信会有这么一天。"

应该说，李小婉是一个有着宽阔胸怀的人，她总是怀抱崇高目的认真地做每一件事。

2005年"三八"节这天，首届"淑女节"在华富中学隆重地拉开了帷幕。这次活动还特别邀请了深圳市作协主席彭明燕以"读书与淑女"为题作了精彩演讲，现场反响强烈。李小婉称，这次活动是我们培养淑女的宣言，我们将从形象、仪表、气质、品格、情感等方面对我校女生进行塑造和陶冶，使她们成为冰心所说的"有着六分真、七分善、八分美"的现代淑女。我们的目的就是为了使真善美在我们的社会薪火相传，因为女孩子的性别特征决定了女性在弘扬传统美德和提升国民素质上起着举足轻重的作用。"当然，我们还会在'五四'节那天举办君子节，旨在培养男孩子的绅士风度和阳刚之气。这是我们建立和谐社会所必须预做的功课。"李小婉表示。

一个追求真善美的人，无疑是一个有着独立人格的人。李小婉说，她很欣赏这样三句话：一是"不为五斗米折腰"；二是"心底无私天地宽"；三是"不以物喜，不以己悲"。她说做人就要堂堂正正，磊落光明，无论在何种境遇下，她都不会因为一城一池的得失而违背自己的做人原则。实在的，走近李小婉，你不仅仅感受到她有一颗温暖情怀，你还能感受到她有一种遗世独立的风骨。作为一名人大代表，她敢于直谏直言，针砭时弊，为老百姓的利益鼓与呼。她曾在人大会议上提议：在领导者之中要形成学习历史的风气，这样才能以史为鉴，使领导者学会反思和反省，从而时刻保持警醒，让社会少走一些弯路。

晓春百花尽宛然　桃李不言自成蹊

——记全国百名德育科研专家、深圳市第三届人大代表、福田区第四届及第五届人大代表、深圳市“三八红旗手”、深圳市华富中学李小婉

（选自《南粤巾帼英豪》）

教师工作不仅是一个光荣重要的岗位，而且是一种崇高而愉快的事业。它对国家人才的培养，文化科学教育事业的发展，以及后一代的成长，起着重大作用。

——摘自徐特立《教育文集》

是谁教会我们认识一串串阿拉伯数字？
是谁教会我们先写左半圆再写一撇勾？
是谁双手布满粉尘在三尺讲坛口水激扬？
是谁在我们懵懂的人生道路上点燃一盏最明亮的灯？
是谁在我们跌跌碰碰的人生旅途中指明前进的方向？
是谁在吐尽蚕丝，为莘莘学子编织最美丽的梦想？
是谁？是谁？
是您！我最亲爱的老师！
是您把我们领进宽敞的教室，教会我们加减乘除；
是您为我们扬帆导航，使我们在知识的海洋里畅游；
是您给了我们一杆生活的尺，让我们自己天天去丈量；
是您在培育祖国的栋梁，支撑起我们一代人的脊梁。
是您普洒甘露，浇灌我们理想的花朵；
是您为我们铺路，指引我们向前进；
是您！是您！

啊！老师！我们敬爱的老师！
您像一支红烛，为我们献出所有的光和热；
您像一座大桥，为我们连接被割断的山峦：
您像一个火种，为我们点燃心灵的圣火：
您像一个播种者，为世人播下繁花似锦。
啊！老师！我们伟大的老师！
想念您，无涯学海的引路人！
赞美您，播种理想的耕耘者！
歌颂您，人类灵魂的工程师！
如果我是夜莺鸟，我愿意用全部的歌喉为您歌唱；
如果我是画家，我愿意用全部的色彩斑斓为您描画；
如果我是诗人，我愿意用全部的诗词歌赋为您吟唱；
可惜我不是夜莺鸟，不是诗人也不是画家，
我只能用最平实的语言做画笔，
我只能用最简单的笔墨素描。
今天，我要给一位老师素描，
她不是先哲圣人也不是伟人贤人，
她只是千千万万奋斗在教育一线工作者的一员；
她没有传奇的神话故事，没有曲折的人生坎坷，
她和俄国的苏霍姆林斯基一样坚持“以爱育人”，
她为教育事业贡献了二十几个春秋，
她还将继续为求知的孩子们导航……
她的名字叫李小婉。

一

每一位教师不仅是教书者，而且是教育者。

——苏霍姆林斯基《给教师的建议》

在广东韩江三角洲平原北部，有一座历史悠久的城市，它始建于东晋，至今一千六百多年坚挺地屹立在祖国的东南方，这座国家级历史文化名城就是广东省潮州市。

1962年，李小婉出生在广东省潮州市一个普通的干部家庭里。爷爷长期驻扎海外，几年才能回家一次，奶奶从前是个童养媳，嫁入李家后，她孤独地守着这个家，但是奶奶独立、坚强，对待任何事情都很乐观，七八十岁还和孙子孙女们抱在一起玩。奶奶的这种热爱生活，从不向生命低头的人生态度深深地影响着李小婉的成长，很多年来，她一直都保持着一种像奶奶一样会享受生活、热爱生活的人生观。

从小父母就对她很严格，作为公检法干部的父亲一直希望她子承父业做一名律师，像他一样维护人间的正义和真理，也因为父亲是公检法干部，这个家庭一直都很民主。家中三姐妹，她排行老二，她就在这样一个充满爱和民主氛围的家庭中快乐地长大。

读高中的时候，任课老师那高深的学识、翩翩儒雅的风度深深地吸引了她，于是，她从小就立下志向：长大后一定要成为一名人民教师。1978年，16岁的她如愿以偿地考上华南师大历史系。虽然她比同学们都小了好几岁甚至十几岁，可是她天资聪颖，勤奋好学，成绩一直都名列前茅。1982年，还没有满20岁的她以优异的成绩从华南师范大学顺利毕业。

以当时社会对人才的需求状况，她本来可以选择条件相当不错的工作，可是为了圆一个教师梦，她却选择了当时还只是黄土坡的深圳。当时深圳成立特区已经一年了，但是深圳作为改革开放的桥头堡，处处焕发着生机和希望，深圳也是一个很能磨炼人的地方。她看到了深圳的特色，看到了深圳建设急需人才，于是她递交了一份请求分配到深圳的报告。就这样，她被分配到了深圳市当时一所公认为学风差、校风差的三类中学当老师。

有人说：一个人能否成功，态度决定一切。刚刚走出校门的她年龄小，经验又不足，可是刚去那个三类中学工作，学校让她既当班主任又当团委书记，后来还把一个高考毕业班交给了她，要知道她当时的年龄比当时班上一名复读的学生还要小。她深知，这既是信任，也是对她的考验。当时学校的学风、校风普遍不好，在这样的情况下，她从爱心教育入手，逐个了解学生的实际水平，对症下药解开他们的心结。终于，功夫不负有心人！高考结束后，这个毕业班比往届毕业班成绩有了很大的好转。

出人意料的结果使得她的能力得到了校领导的赏识和肯定。接下来的四年里，她一直都担任高考毕业班的教学工作。竞争日益激烈的高考，稍微放松就会一败涂地的状况时时鞭策着她，一千五百多个不分昼夜的努力，她所带的这些高考毕业班的成绩不仅遥遥领先于其他同等级学校，甚至还超过了深圳市区属重点中学，创造出了三类学校高考的奇迹。带毕业班的同时，她还大力倡导平等互动式和启发鼓励式的教学新风。几年间，在她的影响下，该校的校风焕然一新，教育质量有了大幅度的提高，而她的名字也渐渐为深圳教育界所熟悉。

1989年，小有名气的她来到深圳市上步中学，担任该校的政教主任。一上任她就猛抓学风和校风，突破陈规，厉行改革，以爱感化和引导学生，制定奖励制度激励老师。

人们常说，是金子到哪里都会发光。李小婉就是一块金子，因为她到哪个学校，哪个学校就会面貌全新。七年的时间里，她从基层干起，当过任课老师和班主任，当过年级组长，也当过团委书记，还当过政教主任。七年的时间早已把年轻的李小婉磨炼成一个久经沙场的老将，教学的经验有了，管理的经验也充足了，此时只要给她一个机会，她就会像火山喷发一样爆发出无穷无尽的力量，她等待着，等待着……

机会终于来了！1995年，深圳市教育系统进行了校长公开选拔。又一次出人意料的是，30岁出头的她被选拔为深圳市第二届中学校长后备干部，并被送入培训班学习。学习结束后，她又主动要求到办学艰苦的深南中学担任副校长。作为一名公开选拔的女校长，她是深圳市第一位。

1996年的深南中学条件相当艰苦，可她没有在意这些，她关心的只有学校的建设和发展。到任后，她狠抓校风学风建设和道德人格建设，以及学校管理规范化的建设。终于，苦心人天不负，1998年学校被评为深圳市教育系统首批“文明学校”及深圳市“文明单位”。难怪人们常说：李小婉走到哪个学校，奖状就会挂到哪个学校。

正在这个时候，教育体制出现了这样一种状况：普高升温，职教滑坡。普通高中大量扩招，职业教育却遭到冷落，这种情况随之产生的将是就业难题。就在这时，她又服从组织的安排，参与创办了一所将普教与职教融为一体的综合实验高中——益田职业高中。这种新型的办学模式在当时的国内首屈一指，来自教育强市上海市的专家们也都交口称赞说：“这种‘升学就业双通道，构建人才立交桥’的有效模式，在全国都很有启发性。”

她从小就表现出非凡的聪明，16岁上大学，30岁当校长……一切都凸显了她无与伦比的才干。一路走来，她为教育事业做出了在她这个年纪不可能的贡献，她为祖国托起了一颗闪亮的星星……

二

老师要教给学生三种东西：知识、兴趣和爱。它们就像空气、阳光和水一样缺一不可。

——李小婉

时光匆匆，岁月如平静的湖水无痕无迹地划过。人活一辈子，做自己喜欢做的事，做自己必须要做的事，热爱生活，享受生活，终有一天，当我们白发苍苍地回首往事时，才会感叹自己的人生没有白白来过。

光阴荏苒，时光老人悄悄地跨过了新千年。此时的李小婉早已成为深圳教育界同行的楷模，她也得到了教育局领导的重视。2001 年，她再一次被委以重任，调入深圳市华富中学担任该中学的校长。

美丽的华富中学位于深圳市笔架山脚下，学校校园面积不大，却兀自妖娆，绿的榕树，红的杜鹃，尽显南方学校的清秀水灵。她喜欢在这里工作，不仅是因为这里风景秀丽，生活气息浓厚，更重要的是，她可以在属于自己的舞台上大展身手，可以在这里尽情地挥洒汗水。

而实际上，当时的华富中学还只是一所三流学校，尴尬的是周围还被“名校”包围着。来到华富中学，李小婉做的第一件事情就让全华富人大吃一惊。很多的学校都是全封闭式的管理模式，甚是严格，因此，无论老师还是学生，他们的生活和学习圈子都只局限在校园内，这在一定程度上影响了工作、学习的效率和热情，尤其是老师，老师工作本来就非常辛苦，难得的休息时间，也只能沉闷在充满紧张气氛的办公室里。

李小婉仔细研究了一下华富中学的地理位置，她看了学校的后门。学校后面就是笔架山公园，如果能把那道后门打开，那么老师们就可以去爬山，这样的话……一个念头在她脑海中冒了出来。第二年，通往笔架山的后门就被打开了。从此，每逢周末或晚饭后，山上就会多了一些活跃的身影，他们来自山下的华富中学，他们的欢声笑语代表了华富中学的精神风貌，这是一个学校正在迅速崛起的征兆。

在对学生的教育上，她一直都坚持“爱”的教育理念，她始终坚信：爱是最大的力量，爱可以感化世间万物。因此，对每一个学生，她都倾注了全部的爱和心血。从第一年当老师开始，她就注意到，每一个学生，不管是优生还是差生，他们都同样需要老师的关心帮助。可惜的是很多的为师者都忽视了这一点，他们眼中只有成绩拔尖的学生，殊不知差学生之所以越来越差，老师也是要负一定责任的。

她的教学方法很好地避免了这种情况的出现，无论她是当老师、班主任还是校长，她在肯定好学生的同时，还把更多的目光落在了差生的身上。她善于发掘学生的优点，在她的鼓励和耐心辅导下，很多原本基础很差的学生重拾自信，奋发向上，最终有所成就。很多年后有个功成名就的企业家登门拜访她时说："李老师，您知道我为什么成功吗？这些都是您的功劳。"她百思不得其解，原来，当年她曾经当着全班同学的面夸他虽然成绩不好，可是劳动很积极，将来照样有出息。

"问题学生"是很多学校唯恐避之不及的人，可李小婉从来不拒绝收"问题学生"，而且她还主动要求接收问题学生。她甚至提出"转变一个后进生比培养一个优等生更光荣"的教育理念，为此，学校专门建立了"导师帮教制度"。有一个被人称之为"问题学生"的孩子，曾经因为盗窃被派出所拘留过，他的父母跑了很多的学校都没有老师愿意收他做学生。她听说这件事后，主动收留了他。她找来班上每个同学谈心，化解大家对那位学生的敌意，最后，在她的感召下，在全体师生的共同帮助下，那位当年的"问题学生"悬崖勒马，积极进取，不仅入了团，当了副班长。高考时还一举考上了警校，如今已成为公安战线的一名优秀干警。"天涯海角有尽处，只有师恩无穷期。"对待调皮的"问题学生"，她摒弃批评和惩罚，一贯采取信任和理解的方法，使得一些"问题学生"改邪归正，最终学有所成。正如她的座右铭一样：宽容是最大的道德力量！

母爱是女人的天性！作为一个女校长，李小婉显示出了作为女性特有的优点：细腻、温柔、实在富有人情味……无论是对学校，还是对老师和学生的管理上，她始终认为：学校无小事，事事都重要。因此，凡事都亲力亲为，坚持抓小、抓实、抓坚持，从每一件小事上去抓规范，抓学风，抓校风。她把学校当成一个家来经营，处处给老师和学生无私的大爱和关怀，在师生中营造一种亲切、亲密、亲情的氛围，使师生成为相互尊重、相互理解和相互合作的好伙伴，让每一个华富中学的成员都能感觉到"家"的温暖。

有人曾说：教好一个女人等于教好一个民族，一个好女人就是一个好学校。作为一个女性教育工作者，她深知女生教育的重要性，也尤其注意女生的教育问题。从 2005 年开始，她在华富中学为女生们特别开创了“淑女节”，分别从形象、仪表、气质、品格、情感等方面对她们进行塑造和陶冶，力图使她们成为冰心所说的“有着六分真、七分善、八分美”的现代淑女。

她还常常告诉女孩子们，“读书的女孩子最美”“有修养的女孩子最美”。在第二届“淑女节”即将来临之际，继“写给男生的 30 句话”后，她又写了“给女生的 30 句话”：你人生的关键是现在；有自己的理想；诚实自信地与他人对话；妈妈是世上最无私的老师；要养成良好习惯的人；有计划地生活，会使你走在别人的前面；要做一个言而有信的人；用最单纯的眼光看待这个世界；学会控制自己的情绪，有益身心的健康；做一个优雅、可爱的女生；做一个有礼貌的人；要学会选择朋友；要勇于承认自己的错误；不要在背后说朋友的缺点；充满自信地应付一切；爱自己才能爱他人；付出爱才能得到爱；要学会感恩；作为女生更要自信；正确结交异性朋友；你有义务使自己幸福；珍惜自己，远离快餐食品；阅读能改变命运；要养成自觉的习惯；寻找比学习还有趣的爱好；面对困难要乐观向上；学会微笑；要学会赞美；要学会宽容；做一个有品位的人。

对学生，她以爱感化人，教育人；对待华富的老师，她作为校长，同样给予深深的关心。她当校长以前的华富中学，每逢就餐时间，食堂里就拥挤不堪，老师和学生挤在一起排着长长的队打饭买菜。而她上任伊始就意识到了环境对老师工作效率的影响，劳累了一天的老师连吃饭都要和学生在一个小窗口挤着，如果老师自身的生活都不开心，又怎么教好学生呢？于是，她将食堂改成学生和教职工餐厅，每天免费向老师供应早餐和午餐。

在和老师的相处上，因为性格温和，具有亲和力，李小婉也因此被老师们亲切地称为“李校”。人们都说婆媳关系最难处，她就和婆婆的关系非常好，也因此经常有老师向她讨教婆媳关系的秘诀。闲暇时间，她和华富的老师们打成一片，什么玩笑都开，一点也没有校长的架子。华富一位男老师说：“这完全是因为李校平易近人、温文尔雅的缘故。”

尽管李小婉平时和老师就像兄弟姐妹般嬉戏，可是一谈及工作，作为校长，她对老师的要求一点也不含糊。她要求老师以爱来教育学生，她说：“爱学生，不辱骂学生，是作为一个老师最基本的要求。”不仅如此，她还要求老师要创新教学，在爱的基础上寻找多种教学方法。因此，在招聘老师的时候，她看重老师能力的同时也非常关注一个老师的态度。她始终相信，一个出色的老师，心中必定有自己的每一个学生。

有一件事情曾经让李小婉印象深刻，在听一个来华富借聘的老师讲课时，她发现，在课堂上，有一个学生举了三次手想发言，那位借聘老师都没有给他机会。课后，她就问借聘老师为何不给那位学生发言，借聘老师回答说："他是个差生。"言下之意就是反正他也回答不对问题，让他发言也是浪费时间。结果，她没有录用那位老师，她说："一个很好的教育学生的契机，他没有抓住，他仅是一个'经师'而不是'人师'，我们不会聘用这样一个不关心学生的老师。"

在处理老师和学生的关系问题上，尽管李小婉是校长，却有着重要的桥梁作用，在促进师生感情方面，她更是扮演着不一般的角色。每当新老师上第一堂课时，她都会饶有兴致地把每一位新老师介绍给学生，期望新老师能很快融入工作，期望学生能更快地接受新老师的讲课方法。有老师生病，喉咙嘶哑了，但仍然坚持给学生上课，她就跑到那个老师上课的班级和学生说："老师生病，嗓子哑了，怕耽误大家的学习坚持给你们上课，但他声音可能会比较小，希望你们配合他啊！"结果，课堂里鸦雀无声，学生们不仅课听得非常认真，有细心的学生还从家里给老师带来了药。

从担任华富中学校长的第一天起，李小婉就有一个习惯：每天清晨第一件事就是巡视一遍校园，这样她就可以常常发现校园里的一些小问题以便及时得到解决。她始终认为：校长的存在也是一种教育方式，因为往往学生看到校长来了会马上看书。巡视教学楼时，如果看到哪个学生状态不好，她会上前询问是否不舒服；看到哪个女孩子长相可爱，她会情不自禁地去赞美她；看见楼梯口的垃圾，她会随手拾起丢进垃圾桶……

为了丰富校园文化生活，给学生展示各自特长的平台，学校相继开设了各种特长班和选修课；举办了"英语周""数学周""科技节""体育节""艺术节""吟诗诵贤文""国学教育节""君子节""淑女节"等活动。这一系列的举措使得华富中学从一所三流学校一跃而成为广东省一级学校、国家级绿色学校……

通过多年来对教育的摸索和实践，无论是在华富中学还是在之前的学校，李小婉都大力推广爱心教育。调入华富中学当校长后，她又提出了一个新的办学理念："人文见长，人格健全，和谐发展"，形成了一种"以人为本"的教育磁场策略。他们首先加强了校园文化的建设，建立起"以境育人，以物育人”的环境场；其次是开发了对问题学生的特别关爱工程，建立“以心育人，以情育人”的爱心场；再者实行民主型的班级管理模式，建立“以人育人，以人促人”的机制场；最后建立“以表彰树自信，以成功促发展”的激励场。这种教育磁场理论引起了教育界的广泛关注，并被纳入中央教科所全国教育重点课题体系。在这种教育理念的指引下，从华富中学走出去的学生一个个都充满朝气和活力，一个个都阳光健康向上。

经过几年持续不断的努力，如今的华富中学已经成为深圳市园林式、花园式达标单位，广东省绿色学校，广东省一级学校，全国“十五”德育课题实验先进学校，全国“十五”课题课程改革实践优秀基地，全国百所德育科研学校，国家级绿色学学校，目前，正在申请成为市一级“书香校园”。《中国教育报》《中国德育》《深圳特区报》《特区教育》《教育科研杂志》等媒体都曾对李小婉的办学特色、华富中学的办学成果作了报道。

在紧张的学习和工作之余，李小婉还撰写了很多的教育论文，相继在各大报刊、杂志得以发表：

2001 年，《中学历史教育参考》第 3 期刊登了李小婉的文章《历史教育对提高人格素质的作用》。

中央科教所主办的《教育研究》于 2002 年 2 期刊发了她的文章《“人文、人本、人格”教育模式》；2002 年 3 期《深圳教育科研》发表了她的《注重人文素质培养，全面提高学生质量》，论文还于次年荣获“整体构建学校德育体系，深化研究与推广实验年会”论文一等奖；2002 年第 7 期《中国德育》还发表了她的《创设和谐的人际环境，让人文精神弥满校园》的论文。

2003 年第 2 期《深圳科学研究》刊载了她的文章《以人文精神治校——关于办学理念的思考与实践》；同年 6 月《深圳教育科研》又刊登了她的文章《构建“以人为本”的教育磁场》；同年，她的论文《创设宽松和谐的环境，让人文精神弥漫校园》一文荣获“整体构建学校德育体系，深化研究与推广实验年会”论文一等奖；华夏文化艺术出版社还出版了她著的 20 万字的教育读本《少年君子》，该书内容精粹，形式精美，不仅是华富中学德育的校本教材，而且一经出版就受到了专家们的高度赞扬，同时该书还荣获全国“十五”重点课题《推进学校课程教学改革的实践研究》一等奖。

2004 年，《江西师范大学学报》增刊刊发了她的《“绿色人文校园”的发展理念与经营策略》，该论文荣获联合国“环境、人口与可持续发展 EPD 教育项目”中国委员会论文评选一等奖；2004 年 7 月 27 日《深圳法制报》发表了她的文章《让人文情怀溢满校园》；同年 12 月 7 日，《深圳教育》刊发了她的《“绿色人文校园”的理念探索与经营》。两年后，《深圳教育科研》转载了这篇文章；这一年，华夏文化艺术出版社出版了她的两部教育专著《情商教育》和《走进人文校园》。《情商教育》由李小婉一人单独编著，这也是她在华富中学亲自开设的一门选修课，作为该校“超市课程”的校本教材颇受学生欢迎，并获得了专家们的一致好评。而《走进人文校园》则系统地反映了华富中学人文治校的策略和经验，其中“构建以人为本的德育磁场”“走进学生心灵”“打造精美的校园文化品牌”等内容是人文治校这一课题成功的结晶。

2005 年 9 月 20 日，她的《提升校园文化“美”的境界》发表在《中国教育报》上；同年，《教育促进可持续发展：全球共识与本土化》论文集收入了她的文章《高扬主体可持续发展旗帜，建设高品味的绿色人文校园》；此外，《让学校成为爱的磁场》荣获中国教育学会德育专业委员会二等奖；《建立教师流动机制解决择题热点问题》荣获深圳市科教卫类论文一等奖；《人文办学理念的思考》荣获广东教育学会论文三等奖。

2006 年 7 月，《现代科学》发表了她的《树立以人为本的办学理念》；同年 12 月，由南方日报出版社出版的《广东省中小学校长办学思想精粹》一书刊登了她的《高扬主体可持续发展旗帜，建设高品味的绿色人文校园》，该文还荣获了由中国教育报社、中国名校之魂发起的论文评比一等奖；另外，她的论文《校本教研要以教师发展为本》荣获了中央教育科研所培训中心论文一等奖，《走在新课程》一书荣获中央教育科学研究所中心成果一等奖；同年，华夏文化艺术出版社再一次出版了她与人合编的 30 万字校本教材《国学精粹》。

2007 年 2 月，《新课程实践》杂志发表了她的《以校本教研为抓手，切实解决新改中的新问题》；2008 年，她撰写的“教育智慧”论文获福田区校长论坛奖；此外，她撰写的另一篇论文《开展个性化校本教研，实现教师人生价值》还荣获联合国教科文组织中国可持续发展教育 EPD 项目广东工作委员会论文二等奖。

三

人为一大事来，做一大事去；捧着一颗心来，不带半根草去。

——陶行知

佛语有云：慈悲没有敌人，智慧不起烦恼。这种佛家的慈悲为怀的思想同样深深地影响着李小婉，并成为了她人生旅途中的座右铭。是啊，人生不如意之事常有八九，然而，只要处处与人为善，以一颗海纳百川的胸怀去接纳世间所有的不善与错误，人生便多了许多快乐与祥和。正如她一样，在和一些难以共事的同事相处时，她常常抱以宽容和理解的心态，最后都和他们成为了好朋友。对待落后的学生，她也总是多一点人文关怀，多一些鼓励鞭策，用慈悲之心去感化他们。她常常以实际行动来教育学生和孩子："对他人之过要容，对他人对己之过要忍！"这也同样感染着身边的每一个人。

这一切使得她人缘颇佳，老师和员工都把她当成推心置腹的好朋友。在华富中学的每一个角落，只要一出现她的身影，你总能听到那一句句亲切的"李校"。在学生眼中，她亦师亦友，因此，学生考得不好时会前来找她说很愧疚，还常常有已经上了大学的学生写信给她说他们很挑剔，但她永远是他们心目中最好的老师……

一说起这些时，她的脸上洋溢着光彩，这是一种无可比拟的职业幸福感。

她说："这种职业幸福感让我找到了人生的坐标，并且使得我能够长期坚持下去。"也正是这种职业幸福感，使得她保持着一颗平和淡定的心，凡事知足常乐。正如她喜欢并一直追求的那句话所说的那样：知足和宽容是对自己最大的感谢！笔者想：若一个人的自由与快乐兼得，那么人生如此，夫复何求？

她还常常说，作为一名老师，只有处理好家庭才能处理好工作，而她自己就是典型的代表。她虽然事业有成，但是她从来不忽视对丈夫的关心和对儿子的教育，因此，无论工作多忙，她都会回家。夫妻俩从没红过脸，多年来丈夫也矢志不渝地支持着她的工作，晚饭后她会和丈夫一起出去散步，相互交流，形成对一些问题的共同看法，通过不断交流升华形成共同的人生观和价值观。也许正是夫妻俩多年来的互相尊重，互相理解，他们始终相濡以沫，举案齐眉，是颇令人羡慕的一对。

在对儿子的教育上，李小婉也倾注了很大的心血。在他们夫妇的教育下，在和谐宽松的家庭环境影响下，她的儿子一直健康阳光自信地成长着。多年来，李小婉和她的儿子就像朋友一样，他们常常会互相指出对方的缺点和不足，并虚心地接纳和改正。她的教育方式比较开明，在注重儿子智育发展的同时也不忽视德育和人格的教育，她教儿子要学会绅士，上公交车要让女孩子先上；鼓励儿子处理问题要有方法……如今，她的儿子已经去了美国的一所大学学习经济学，她也暂时放宽了心，只耐心等待着有一天儿子学成归来。

除此之外，李小婉还非常注重与家长的沟通，她常常用对儿子的教育方式来引导学生家长教育孩子，每逢学校开家长会，她总会对家长们重点讲述家庭和睦对孩子的影响。她的教育理念和教育模式在操作的过程中很受家长的欢迎，家长们认可她的教学模式，也放心把孩子交给她。

年复一年，日复一日，李小婉的工作虽然忙碌而繁重，但是她很快乐。对社会，对世间的每一个人，她都满怀着感激之情，她说："社会给我太多，我得回报社会……"也许正是这种铭记于心的责任感使得她几十年如一日，一如既往地在祖国的教育领域兢兢业业，矢志不渝。

……

冬去春来几度秋，斗转星移几十载！李小婉从事教育工作已经有二十六个年头了。二十六年，她一心一意，执着地追求着教育事业，她曾在国家级、省市级刊物上发表了几十篇论文，近十万字的著述。在她身后留下的不仅是桃李满天下的芬芳，更有她为教育为理想所奉献的青春和汗水。

佛曰："功名利禄，去留无影。"她每到一所学校，我们都能看到她为学校挣得的一张又一张的荣誉证书，可是，在她的个人荣誉榜上，我们却很少看到奖状的影子。多少次的评优评先进，她不是委婉推辞就是故意避让，她常常说：努力就好，不管怎样，顺其自然。作为一名"全国百名德育专家"，她从不沾沾自喜，只想着探索出更多的教学方法，研究出更好的办学思路，为教育事业贡献她的终生。

"相见时难别亦难，东风无力百花残。春蚕到死丝方尽，蜡炬成灰泪始干。晓镜但愁云鬓改，夜吟应觉月光寒。蓬山此去无多路，青鸟殷勤为探看。"

这就是笔者所认识的李老师。金秋九月菊芬芳，满园桃李天下散！光辉的往事早已随风而去，历史的车轮却还在前进着，也许就像李小婉所说的：利禄随尘去，人生在世，最重要的是为社会做了多少事情。让我们给她深深鞠一个躬，道一声：光荣而伟大的老师，您辛苦了！

华富因你而精彩

——记华富中学校长李小婉

（此文刊载于《语文教学与研究》“走进名校长”栏目）

广东深圳市华富中学，坐落在风景秀丽的笔架山下。在那秀色可餐的优美校园内，你时时可以看到一个修长靓丽的身影，她就是校长李小婉女士。这位女校长在深圳可是小有名气，尚未进入不惑之年，便已担任了十年学校领导工作。她是深圳市高级职称评委、市人大代表、市“三八红旗手”全国“十五”重点德育课题一等奖获得者。这些耀眼的光环会让你顿生敬佩之意。

她虽为女士，却颇有“不让须眉”的胆识与气魄。她工作追求卓越，崇尚人文精神。早在几年前，“人文”二字尚不广为人知时，她便响亮地提出了“人文见长，人格健全，和谐发展”的办学理念，并探索了一套“以人为本”的民主型班级管理模式，还提出了向“省一级学校”迈进的目标。新理念、新目标，点燃了一盏希望的灯；新人文、新人格，撑起了学校一片蔚蓝的天。华富因此而振奋，华富因此而充满生机。短短的三年时间，华富中学不仅成为广东省绿色学校，广东省民乐教育示范学校，还成为中央教科所德育实验先进学校，联合国“E P D”教育实验基地学校。《中国教育报》《中国德育》《教育研究》等权威报刊都刊登了该校的办学经验，使这所曾经落后的学校步入到省市先进学校的行列，而且在全国也有了一定影响。

这位工作起来雷厉风行的人，其实是一位很善解人意、很有人情味的女士。好多老师的小孩上学有了困难，她总是为你去奔波解决；好几位老师的调动出现了麻烦，她总是到有关部门去陈述，去担保；有位工作颇不错的老师仅因考试差了几分便被卡在门外，以为无望了，但由于李校长不懈的努力，终于将一纸调令不花一分钱送到了这位老师手上。类似的关怀太多了。

与她相处，总有一股温馨的风让你感到温暖，感到贴心；与她工作，总有一颗宽容的心，让你放心，让你上进；与她娱乐，总有一种青春四射的活力，让你开心，让你陶怡。她为什么能在老师们的心目中产生如此魅力，请看看她治校的一些主张便可窥知其中的奥妙：

“我作为校长，我的主要任务就是让老师们在学校活得有尊严有价值，要为老师们的成才成名提供最有力的支撑”。

“要相信‘人之初，性本善’，作为领导者要从心灵上去感受别人的优点、长处和进步。宽容一点，给人一个台阶，给人一个改正的机会，有什么不好呢？宽容是最大的道德力量啊！”

“尊重产生尊重，真心换得真心。‘士为知己者死’，无非是你尊重了他，重用了他，实现了他的价值，所以才以身相报。”

李小婉校长不仅具有宽广的胸怀，而且她还是一位颇有才气的女士，且不说她在即席讲话和作报告时的妙语连珠与幽默感，且不说她在听课评课时切中要害的深刻见解，仅就她在文字表达上的功底来看，就有过人之处。繁忙的工作之余，她撰写了不少文章在全国的一些权威刊物上发表，有几篇文章还荣获了全国重点课题论文一等奖。华富中学近几年来在她与一批同仁们的努力下，使一个名不见经传的三类学校，一下子名噪鹏城，声播九州，令同行们扼腕慨叹。

华富中学：成功跨越之秘匙

（《中国教育》杂志记者）

《中国教育报》一条显目的标题跳入我的眼帘：《享受生命：一所学校的存在方式——李小婉和她改变的学校》，写的是我市福田区华富中学从一所普通学校跃为广东省一级学校的变化经历。这位资深记者从一个独特的视角为我们展示了李小婉校长的办学思想及学校的风采，不禁引起了我们的好奇，于是我们也来到华富中学进行了深入采访。

秘匙一：让学校有家的感觉

华富中学的人文关怀，体现在许多方面。在人际关系上，学校营造一个宽松和谐的人际环境，特别是领导与群众之间，工作起来是同事，娱乐起来是朋友，彼此之间没有距离，没有防范，老师们感到很放心，很开心。人文关怀的另一表现是改善教职工的工作条件，提高他们的生活质量，如为教师每人配备一台电脑，关注教师心理亚健康状况，引导教师处理好工作与休息的关系等。至于老师们的后顾之忧，学校领导也总是尽心尽力加以解决。学校有一位借聘的马老师，班主任工作十分出色，课也讲得很好，但在福田区招聘考试中仅以几分之差而不能调入。李校长为此多次到教育局、区政府反映情况，并向领导推荐这位优秀教师。后来经过人事部门考核，破例将该教师调入。当马老师收到调令时，感动地说："我拿到的绝不是一纸调令，而是一份沉甸甸的关怀。在这样的关怀下，我能不拼命工作吗？华富中学就是一个能把人心留住的地方。"类似的例子举不胜举。由于学校注重营造和谐舒心的人际环境，在校内形成了一个十分融洽、友善的工作环境。学校领导除了关心人、尊重人外，还特别具有宽容心。李校长总是要求干部"从心灵上去感受别人的优点和长处”。特别是对待有缺点有过错的教师，她总是强调“要给人一个台阶，给人一个改正的机会”，她有一句名言：“宽容是最大的道德力量!”正是这种宽容，化解了不少矛盾，消融了不少对立。尊重产生尊重，真心换得真心。华富的人文关怀，让领导者赢得了人心，形成和谐共振的强大磁场。

对学生首先要求人文关怀，再就是正确的教学策略。“管理是什么？管理就是人与人的交流，心与心的沟通。”“仅有严格的管理，只能打造‘称职’的教师，而‘快乐、虔诚’才能成就‘优秀’的教师。”李小婉校长这样描述她对学校的管理。她告诉记者说，学生也好，教师也好，如果你真心与他们沟通交流，她们越来越和你亲近。李小婉校长正是用这种真心将师生们凝聚在一起，她常跟教师们说，学校就是个大家庭，学校应该是学生爱学、老师爱教的乐园，师生在校园里，人人都享有一份爱，人人都有所追求，人人都获得快乐和成功，师生结伴成长，学校成为师生的精神家园。“生为爱己者学，师为赏己者教，关爱学生，欣赏教师，是教育智慧的选择，也是教育成功的秘诀。”李小婉是这样认识，也是这样去实践的。她和党支部书记罗泽斌副校长等一帮人，幸福地实现心目中教育的理想。

在这种家的氛围中，老师们的积极性迅速被调动起来，学校的面貌焕然一新。华富中学的人文办学理念，引起了《中国教育报》的关注，特派资深记者王君前来深圳，深入华富中学进行了长达一周的观察和采访，发表了长达万字图文并茂的通讯《享受生命：一所学校的存在方式——李小婉和她改变的学校》，该文引起较大反响，全国各地多名校长来信来电交流恳谈。

秘匙二：从最后一名学生抓起

学校后进生、学困生、调皮生较多，要翻身，归根结蒂就是要转变这一群体，而这种改变也并非一朝一夕。于是学校提出了“从最后一名学生抓起”“不放弃一个差生”“转变一个后进生比培养一个优等生更光荣”的口号，把学校建立成“以人为本”的爱心磁场。

学校专门制定后进生“导师帮教制度”，由学生自主选择最信任的老师担任帮教导师，学校定期检查、评比，并举行导师帮教成果汇报会。学校还开展“走进学生心灵”的个案评优活动。老师们用自己的爱心和耐心将那些破罐子破摔的学生一个个拉了回来。学生德育考核优良率达97.4%，后进生转化率达 86.4%，学校的校风焕然一新，连续几年在劳技、军训中获一等奖。

说到改变学困生、调皮学生，该校每个老师都有自己的一套方法。李小婉给记者讲述了她对调皮学生的一套方法：一天早晨，她在巡视教室时发现，有一个班竟然在闹罢课，黑板上写着拒绝上某老师的课。她很策略地将注意力转移到高高摞起的桌椅和教室中间的垃圾，缓和了学生的激烈情绪，然后以朋友般的商量口气说："奇怪啊，你们这么大的行动怎么没人告诉我呢？你们想不想面对面跟我讲讲这件事的原因？不过现在先把桌椅摆回原位好不好？下课派代表来找我，还是不要影响上课。"事后她了解到，学生这么做是因为班主任老师平时对他们关注不够，极少给他们鼓励和表扬，昨天他们赢得了年级篮球比赛冠军，班主任依然毫无反应，因此他们决定"给老师点颜色看看"。学生们的做法当然不对，但李小婉认为，那位班主任实在应该反省。她让学生心甘情愿地承认了错误，但也代表班主任给他们道了歉。之后，她及时把学生的意见反馈给了那位班主任。这件事让李小婉感到，学生们是多么需要关注、激励和信任，同样让她觉得用理解去唤醒学生改过之心，才能让学生真正改变。作为老师，更不能用一把尺度就衡量学生。在今年中考体育考场上，一位学习成绩不好的同学获得体育中考满分时，情不自禁地紧握着李校长的手说"校长，你祝贺我吧，我得了满分!"场面非常感人。

学校在各种制度的建立上也是处处尊重学生，处处为学生着想。学校建立民主型班级管理模式。学生干部通过竞选方式产生，并将班级事务细分成若干项，让学生毛遂自荐，自主选择管理角色，使全班"人人有事做，事事有人管"，让每个学生在从分管的工作中体验到成功的喜悦。学校建立"以表彰树自信，以成功促发展"的激励场，"赞美是所有声音中最甜美的声音"，学校大力开展表彰活动，除了评选"三好学生""优秀干部"以外，学校还开展"单项标兵"的评选活动，如文明礼貌标兵、学习进步标兵、助人为乐标兵、阅读之星、十佳淑女、十佳君子等等。一学期表彰一次，一次几百人，并让受表彰者上广播，登校报，进橱窗，报喜讯（给家长），从而形成学先进、赶标兵的良好氛围，让同学们在激励中充满自信地前进。

由于紧紧抓住了后进生转化这一工作重心，校风、学风发生了根本变化。学校真正成了家长最放心的学校，学生最开心的乐园。今年教师节，

100多位刚刚毕业的学生手捧鲜花，在校园小广场排成一个“爱”字，对全校师生齐声高呼：“华富中学——我爱你!”这就是学生们对学校发自肺腑的声音。

秘匙三：向课堂要效率

教学质量是学校的生命线，说一千，道一万，教学质量上不去，家长和社会不会认可你。面对三类苗学生，该如何抓？学校确定了“低起点、小步子、强训练、重巩固”的十二字教学策略。降低学习难度，填补知识的断层，解决学生听得懂、坐得住、留得下的问题。并且强调课堂上要精讲、少讲、教师走进课堂的任务不是讲，而是组织学生学。只有学生学会了，才算完成了教学任务。并明确要求，课堂上学生必须先预习，必须学会质疑，必须学会完成练习。学、疑、练成为衡量课堂教学好坏的标准。衡量教师的教学成绩，主要参考三项指标：班级前20名的均分、后10名的均分、全班的均分。面对三类苗学生，我们不能放弃任何一个，教师只有心中有学生，关注、关爱每一个学生，教学质量才能提高。学校在教学上的另一策略就是打年级总体仗，打学科总体仗，在教学评价上不搞教师个人的名次，而是重视教师专业的发展。奖惩都只对年级和学科集体。这样的目的就是强调团队精神，发挥集体智慧。每年初三毕业班，都要将各班各科最后五名学生名单交给学科组长，学科组长再将这些学生分配给非毕业班教师，一人带五个学生，利用课余时间为他们补课，一直到中考。学校每年在初二开始，专门成立后10名学生的补差工作，派最优秀的教师辅导。我们的原则是：不放弃一个后进生。实践证明，这种做法对全面提高教学质量确实起了一定作用。

学校领导也真正是坐在教学板凳上的领导，李小婉校长每学期听课不少于100节。他们深知，只有教学质量上去才会有学校真正的地位。2004年学校评为省一级学校后，学校又组织力量编制了一个规划，即《再用三年的时间，打一场优质教育的攻坚战》。为了借他山之石，攻己之玉，李小婉校长从《中国教育报》看到江苏省洋思中学由一所“三流的学生”“三流的师资”“三流的设备”的城镇初中，成为江苏省现代化示范学校，成为全国初中教育的一面旗帜，便在全校开展了“抓课改，学洋思”活动，不仅每位老师都写了学习心得，而且还派出学校的课改小分队十多人由罗校长带队专程取经。现在洋思中学的“先学后教，当堂训练”以及“堂堂清，周周清，月月

清”的经验已在华富中学获得了新的生命。这一场教育质量攻坚战，已给学校带来新的喜悦。今年中考学校出了福田区的中考第一名。

华富中学这些年来所取得的令人瞩目的成绩，不仅令深圳教育界刮目相待，而且还赢得了安徽等省市及香港有关学校的青睐，慕名造访者纷至沓来。广东省教育督导室陈建主任在看完《中国教育报》记者王君采写的长篇通讯《享受生命：一所学校的存在方式——李小婉和她改变的学校》后，专门给李校长写信说：“没有爱就没有教育。人格要靠人格影响与塑造。教育之所以神圣，教师之所以伟大，恐怕也就是因为教育者肩负着这些重要的使命。我对充满着生气与热情的校园，一直是心向往之，如果有机会，我一定来华富中学感受你们教育改革的崭新气象，感受笔架山的鸟语花香。”

经过几年的艰苦奋斗，学校面貌发生了根本变化。2004 年评为广东省一级学校，全国“十五”重点课题“教学改革实践与研究”优秀学校；2005 年被中国教育学会中学德育委员会评为“全国德育科研先进单位”，被联合国教科文组织中国委员会评为“教育促进可持续发展”的实验学校；2006 年被中央教科所评为“全国百所德育科研名校”，李校长被评为“全国百名德育科研专家”；2007 年被国家环保局、教育部命名为“国家级绿色学校”。

华富中学，笔架山下一道亮丽的风景，深圳教育苑中一朵鲜艳的花儿，正越来越引起人们的停足注目。

在新的起跑线上……

——华富中学课程改革回眸

（《中国教育报》2005 年 12 月 25 日）

2002 年秋，深圳市福田区的小学初中成为全国课程改革试验区。这新一轮的课程改革是一项关系到几亿人、几代人生命质量的宏大工程，是一次教育观念、教育思想、教育行为的一场深刻革命。它关系到我们的教育质量，关系到师生校园生活的质量，关系到年轻的一代拥有一个什么样的未来，关系到民族素质的提高。这次改革将所有学校拉到了同一条起跑线上，谁先起步，谁下真功夫，谁就抢占课改的新高地。在这条新的起跑线上，华富中学的领导，以高瞻远瞩的眼光，全面规划了课改方案，响亮地提出了“抓住课改机遇，全面提升办学水平”的战略决策。

2004 年冬，华富中学历经三年的艰苦奋斗，终于高水平地完成了“广东省一级学校”的创建工作，使学校跨入到一个崭新的发展台阶。但在这新的成就面前，华富人没有在胜利的喜悦中陶醉，他们意识到了这仅仅是外塑华富形象的初步工程，华富中学要真正在社会、在家长、在同行中赢得信誉，还必须在教学质量上打一场翻身仗。于是他们“快马加鞭不下鞍”，又组织力量，编制了《再用三年时间，打一场优质教育的攻坚战》的规划。在省一级学校的基础上，又给自己划了一条新的起跑线。在这条新的起跑线上，他们以课改精神为指针，开始了一场以练内功为主的攻坚战。

“校长是实施新课程改革的第一责任人，校长要成为新课程改革的设计者、组织者、实施者，切实把课程改革工作抓在自己手里，放在一切工作的首位。”华富中学李小婉校长就是这样的一位“课改”的第一责任人。

每天清晨，当早自习的铃声刚刚敲响，李校长修长的身影已巡视在教学大楼，将微笑与阳光一起投向每一间教室，没有一天间断。因为她笃信："校长的存在就是一种力量"。每天上午或下午，只要在校，她总是拿着板凳，钻进教室去听老师的课，这已成为雷打不动的习惯，因为她懂得："不能坐在教学板凳上的校长，就不是一个称职的校长"；每周的教研活动时间或学校开展的听课评课活动，她总是拿着本子，以一个普通教师的身份参加研讨和评议活动，因为她深知："教学的指挥权来自教学的知情权。"一个学期下来，她听课的节次一般都在80～100节以上，参与的教研活动不少于15次，每周的行政例会上几乎都要研究一些与教学有关的事情。她到华富中学走马上任四年多来，有关教学的重大决策就有两个：一是2003年作出的《以课改为契机，全面提升学校的办学水平》，确立了课程改革的六大发展目标和"两全两重"的课改工作策略，制订了"四个一"的课改制度和六条课改保障措施，为华富中学课改的健康发展起到了导向作用。二是当华富中学刚被评为省一级学校后，李小婉校长于2005年就组织力量，精心起草了一份《再用三年时间，打一场优质教育的攻坚战》的文件，提交教代会讨论通过。决心以创省级学校的气魄、胆识和劲头，使华富中学的教学质量跃居福田区的上游。并响亮地提出：只有提高教学质量才是学校发展的硬道理，只有质量上去了，华富中学才能拥有自己的真正地位。从而使全校上下形成一个共识：埋头苦干求发展，一门心思抓质量。前三年创省级学校，外树形象，后三年创质量品牌学校，内塑自我。这就是李小婉同志清晰的办学思路。

还是让我们来看一看这位坐在"课改"板凳上的第一责任人，她是怎样投身于课改和教学工作的。就以2005年迎接福田区两个常规专项督导来说吧：

1. 用"两个常规"统一认识，指导教学

自从福田区教育局颁布"两个常规"以来，2005年3月份，李校长便组织全校教师进行学常规、议常规、考常规，让常规的内容成为教师们耳熟能详的指导文本。为了帮助老师们更好地理解"两个常规"精神实质，学校又先后邀请了福田区教研室副主任嵇成中、教科室副主任徐素倪、数学教研员程光辉、英语教研员徐斐尔等举行了四场报告会，他们的报告结合教学实际，形象生动地解读了"两个常规"中最核心的一些问题。老师从"两个常规"的学习中，既受到了一次观念的洗礼，又对过去一些习以为常的教学行为有了更深刻的理性认识，从而使教师们自觉地用“两个常规”来指导自己的教学。

2. 开展邀请课活动

从 2005 年 4 月份开始，围绕课堂教学常规，李校长亲自主抓一系列的活动。其中第一个活动就是每个人根据课堂教学评价标准，自我衡量是否合格，如果把握不大，就采取邀请课的方式，找你最信任、最相好的教师来听课评课。学校开展的邀请课活动，是本着尊重激励的原则，让老师们自己选择帮教对象，在一种互相信任宽松的环境下相互切磋，对提高他们的教学水平更有帮助。全校二十多位教师举行了邀请课，有些平时教学水平不错的教师也邀请一些行家去听课，以求更好。李校长也常常被邀请去听这些老师的课，同他们一起商讨切磋，这种邀请课已成为我校一种很有实效的校本教研活动。

3. 对新教师进行跟踪听课评课活动

2005 年，学校新调进和新分配了十几位新教师，他们有的在内地虽是教学骨干，但对深圳的新环境、新学生、新课改要求尚不熟悉，更不适应；有的则是刚从大学走向中学的讲台，既缺乏教学经验，更缺乏对新课改的了解。这两种人占了学校教师的10％多，为了使他们在“两个常规”的评估中顺利合格，李校长又亲自召开了对策研究会，决定请分管教学的冯校长和学校顾问黄希圣教师对十几位新教师进行为期一个月的跟踪听课评课活动。在这一个多月里，有的新教师的课反复听了四五次，并且还向他们宣讲“两个常规”的精神，介绍深圳新课改的做法，同时又让一些年轻的新教师拜师结对的办法，帮助他们过好课堂教学这一关。由于这一活动开展得十分扎实，这些新教师进步很快，而且有的很有发展前途。

4. 开展地毯式的听课评课活动

为了摸清每个老师课堂教学的家底，在一次行政会上，李校长根据教导处的建议，做出了在全校开展一次地毯式的听课评课活动的决定，这是对全校每一位教师课堂教学的一次检测。为了使这一活动深入扎实开展，学校组成了四大学科的检查小组，英语学科由李小婉校长负责，英语组长协助；语文、历史与社会学科由罗泽斌副校长负责，相关科组长协助；数学、科学由冯梦芙副校长负责，相关科组长协助；体音美学科顾军主任负责，相关科组长协助。然后由各学科安排好听课表，各学科组教师都参与听课评课。从 5

月中旬到6月中旬，一个多月的时间，学校形成了一个声势浩大的听课评课活动，楼上楼下，推进涌出的教师都带着板凳，进进出出，形成一道十分浓厚的教学教研风景线。各组在随堂听课随堂评议的基础上，最后全组又对这一活动进行了总结并形成文字材料。然后学校又召开了一次全校总结大会，教导主任顾军对这次活动所取得的成绩进行了汇报，黄希圣顾问根据福田区课堂教学评价标准，对这次涌现出来的一些典型课例进行了深度的点评。这次活动是我校落实“两个常规”开展的一次规模最大、时间最长、效果最好的一次活动，也是我校有史以来的最深入、最有影响的一次教学研究活动。

5. 以“学洋思”为载体，促进“两个常规”的落实

在学习落实“两个常规”的过程，李校长从《中国教育》看到江苏省洋思中学的办学经验的文章，而且在2005年5月份连续三次用整版篇幅进行介绍。洋思中学过去是一所“三流的学生”“三流的师资”“三流的硬件”的城镇初中，现在却成为江苏省现代化示范学校，全国初中教育的一面旗帜。洋思中学的教育理念和教学策略同新课改精神、同我区的“两个常规”的要求十分合拍，特别是在抓后进生转化与课堂教学上有许多可操作性的东西。在教学观念上他们概括了三句话：①学生能不能成才，不是教师教出来的，是学生自己学出来的；②教师走进课堂的任务不是讲，而是组织学生学；③什么叫完成教学任务？学生学会了才叫完成教学任务。在课堂教学上，他们坚持“先学后教，当堂训练”的策略，而且做到“三清”：即教学任务“堂堂清、日日清、周周清”；在对学生的行为规范及后进生的教育上，他们坚持“从新生进校的第一天抓起，从初一抓起，从最后一名学生抓起”，坚信“没有教育不好的学生”，并对后进生实行学习验收制度等等。洋思经验在李校长心中产生了很大震动，暑假前她便组织中层以上干部学习，并决心借洋思的东风，落实“两个常规”要求，于是她将《中国教育报》三大版介绍洋思经验的文章翻印发给每一位教师，并布置暑假开学时每人教一份“学洋思”的心得体会。开学初李小婉校长将老师们交上来的一百多份心得，约十多万字，花了几天时间一份份读，一份份摘抄，后来又在全校大会上进行了宣讲。在这个基础上学校又做出一个决定，开展“抓常规、学洋思、打一场优质教育的攻坚战”，从而使我校落实“两个常规”的工作有了一个实实在在的抓手。

6. 举行“两个常规”示范课活动

2005年下半年学校工作的重心就是主攻课堂教学质量，为了使课堂教学既符合课改精神，又有利于学生当堂消化巩固知识，李校长与教科室的有关同志一起商量研究，觉得洋思中学的“先学后教，当堂训练”的做法可以借鉴，于是决定成立一个课改小分队，在一、二、三年分别确定了两个班级作为试验班，挑选了语数外等八位教师作为课堂质量攻关小组，每两周攻关小组老师共同听一位教师的课，然后进行课堂汇诊，经过九月份的试行，效果较好。于是在十月和十一月份又在全校举行了语、数、外等学科的常规教学的示范课活动，全校教师同听一节课，同议一节课，并且我们还分别邀请了区教研室三科教研员评课。从课改小分队的单项攻关活动，到全校同听一节课的活动，开创了我校教研活动的先河。通过三个多月的实践活动，总结出带有华富特色的课堂教学程序，即“学、疑、议、讲、练”，这一模式，使学生的自主地位真正落到了实处，老师课堂讲授的时间少了，一般不超过15分钟，学生看书提问、练习的时间多了。几乎每堂课老师都有精心设计的练习，让学生当课完成，当堂评讲，当堂消化。学生课外作业的负担也相对减轻了。

李小婉校长就是这样全身心投入课改、投入教学，她对教学的那份执着的情结，寄托了她的一个洋思梦。

广东省教育督导室陈建主任给李小婉校长的信

李校长：您好！

《中国教育报》3 月 7 日“现代校长周刊”所载文字：《享受生命：一所学校的存在方式——李小婉和她改变的学校》，是一篇非常出色的文章，让我经历了一次非常愉快的阅读。谢谢您作为校长不凡的教育实践，也谢谢王珺富有才情、出神入化的表达。因为职业的习惯，每当读到类似的美文佳作，总是难抑兴奋心情。王珺的文章之所以有强烈的感染力，令人激动，除了表达的出色，主要是来自您教育实践的丰富内涵，来自您人格的魅力与个性的风采。文章也是讲究秀外慧中的。

在您的教育实践中，证明了一些经典的、永恒的教育理念与价值观，这些经典的、永恒的教育理念与价值观，是值得我们每一位教育工作者终身坚守与实践的。近段以来，我在思考教育的本质与素质教育的真谛时，总是在脑海里反复呈现前辈教育家们经典的论述，这些论述，没有因时间的流逝而消退思想的光芒。如十九世纪德国教育家赫尔巴特，他提出：道德是人生的最高目的，也是教育的最高目的。他强调对受教育者道德的熏陶与培育，对学生学习欲望和动力的长久激发。他的许多教育理论被誉为二十世纪现代教育的开山之作。如二十世纪苏联的苏霍姆林斯基，他十分强调教育者对孩子、对事业的爱；十分强调对儿童爱心的培育。他的帕夫雷什中学大墙上，刻写的校训是“爱你的母亲”。他认为一个爱自己母亲的孩子，也会爱别人，爱社会。还有同样是二十世纪苏联心理教育学家的赞诃夫，他强调学生的一般发展，即知、情、意的全面发展。情感意志在赞诃夫的教育思想中，与知识具有同等重要的位置。

尽管当代以人本主义、科学主义、结构主义等学派为代表的现代教育思潮此消彼长，各领风骚，但前辈教育家们在上个世纪就已阐发过的教育思想，仍旧富有思想的光辉，历久弥新。

没有爱就没有教育。人格要靠人格影响与塑造。教育之所以神圣，教师之所以伟大，恐怕也就是因为教育者肩负着这些重要的使命。

在您的教育实践中，我觉得正是从您的个性特色与人格魅力中，渗透了这些经典的教育理念与价值观。我非常喜欢《中国教育报》3月7日这一期的编排，在写您的这篇文章的第10版，同样有篇文章也值得一读：《优秀校长的品质是相通的》，不知您是否注意到，推荐您一读。

我对充满着生气与热情的校园，一直是心向往之。如果有机会，我一定来华富中学感受你们教育改革的崭新气象，感受笔架山的鸟语花香。

即颂

教安！

陈建 3月9日

构建和谐心灵，塑造学校精神

——浅谈华富中学的人文管理

（甘肃省张掖市来深挂职副校长　张杰）

我们都知道，优秀的学校总有自己优秀的管理者和一支高素质的教师团队，在这些团队身上我们可以感受到这所学校教职员工所特有的为人处世的特点和教育教学的风格——或严谨或开放，或传统或现代。学校大多数教职员工的普遍行为和学校组织机构一贯的工作作风背后，肯定有一种精神价值的力量支撑，那就是和谐的心灵和学校的组织精神，它是学校文化在管理层面的集中体现。现代管理学之父彼得·德鲁克说："组织精神能唤醒员工内在的奉献精神，激励他们努力付出，决定了员工究竟会全力以赴，还是敷衍了事。"因此，学校管理的重要要求和长效机制就是如何构建和谐心灵，塑造学校精神，中小学校长办学行为的最重要的方面就是为所在的学校构建一种和谐的心灵，创造一种正确的组织精神。

下面就结合华富中学的人文管理，构建和谐心灵，塑造学校精神的工作，谈些自己的体会。

构建良好的育人环境，使学校成为美丽的花园

华富中学使人感受到一种高品位文化享受，小校园，大文化。进入校园，随处可见的是婆娑的绿树，如茵的芳草，似锦的鲜花，学校不是花园，但它像花园那样整洁、有序、美丽。以"人文见长，人格健全，和谐发展"为理念，以"美观、整洁、素雅、实用"为思路，精心设计了学校八大景观（修身养性的"德馨园"、切磋交流的"启智园"、引人遐思的"科技大厅"、弘扬历史的"国学长廊"、楼宇叠翠的"天井花园"、曲径通幽的"生物地理园"、美轮美奂的"运动场区"、如霞似火的"簕杜鹃花坞"）。和谐优美的校

园自然环境给人一种美感、安全感、归宿感。对自然的亲近，人与环境的协调，充满蓬勃生机和文化睿智的生态校园，对于学生的成长很重要，对教师的成长也起着积极的作用。学校环境建设体现出“四性”：一是科学性——整体规划，合理布局；二是教育性——物质文化建设渗透思想教育的成分，寓德育于物质文化建设中；三是艺术性——精心设计，严密组织，使内容与形式完美结合，富有艺术意味，给人一种美的享受；四是经济性——环境文化建设有艺术性并具时代感，因地制宜，因时制宜，经济、实用。在这样的校园环境中，师生的心灵得到了净化，人格得到了塑造，个性得到了发展，精神境界得到了升华，这种潜在的影响对师生的发展所起的作用是非常之大的。校园文化是学校内大家共同认可的价值观体系，显然，有什么样的价值观，就有什么样的行动导向。健康向上的校园文化能激发全校师生的斗志，促进师生的发展；消极颓废的校园文化，则会抑制师生的生气，阻碍师生的发展。

创设和谐的人际关系，使学校成为充满亲情的家园

校长是学校之魂，在办学过程中，校长的思想、行为和作风在学校工作中影响全局。西方有句名言，“一只狮子率领的绵羊部队可以打败一只绵羊率领的狮子部队”，我想道理就在其中。要管理好一所学校，就是要管理好你的这支队伍，他们是有思想，有文化，同时又是具有不同个性的个体，不仅仅是利用规章制度去约束，更重要的是构建一种和谐的气氛去感染和熏陶他们的人格，使他们在工作中找到愉快，在工作中找到幸福。只有心灵的和谐才是效率提高的最佳动力，校长如何带动自己的团队构建和谐的心灵呢？“人与人的交流，心与心的沟通。”李校长这句简单却极有内涵的话回答了我的困惑。当然，搞好学校不是校长一个人能够做的了的，还要有一支思想领先，业务过硬，懂管理，善教育（学）的领导班子同教师一起构建和谐心灵去践行人文管理的理念。

一、更新观念，以“和”为主，提高管理的有效性

良好的教育群体是搞好学校工作的保证。“和”是学校管理群体的灵魂。学校首先建立了一套能全面贯彻落实党的教育方针，具有高度的责任心和实干精神；具有创新、变革的能力；具有一定的理论修养和道德修养；能依法处理学校事务的领导班子。在班子内能发扬民主作风，形成团结和谐的良好

风气。其次，创设了和谐的宽松的学校工作环境，能够满足教师精神上的需要，能够形成和谐的校园人际关系。第三，加强了领导，开好学校的每周一次例会：在这个会上，领导与领导班子成员敞开思想，相互理解，彼此尊重，人人参与，充分发扬民主精神，学校的许多问题在和谐的会议氛围中得以解决。第四，学校领导班子在政治上、工作上、生活上关心体贴教师，做教师的知心人。在和教师做工作时，注意精神鼓励，提倡奉献精神，对思想上要求进步、品行端正，工作热情高的教师给予了足够的重视，加强对其培养和教育，及时地将他们吸引到党的队伍中来。学校领导班子特别重视青年教师的工作，敢于大胆使用，大胆培养，最大限度地满足他们的工作需求，形成融洽的干群关系，增强学校集体的号召力和凝聚力，从而使学校管理更加有效。

二、倾注真挚的情感，激励教师

现代教育心理学认为，一个人的情绪和情感生活至关重要。情感交织在人们的思维中，会成为一种刺激，往往对人的认识和行为起着调节和支配的作用。工作态度的积极，情绪的愉悦，能在很大程度上使人精神振奋，思维活跃，从而使教师得到温暖、感化和激励，使教师的积极性和创造性得到调动。否则，消极的情感和情绪生活，则往往使人意志消沉，抑制教师工作的积极性、主动性和创造性。教师教书育人，要用真挚的、丰富的情感去感染教育学生。在华富学校管理中，校长用真挚的、丰富的情感去感化激励着教师。

1. 尊重、信任教师。领导的信任和尊重可以转变为教师的精神支柱，这种精神上的激励，常常比奖金更重要。实践证明，尊重、信任可以给人以巨大的精神鼓励，激发责任感，增强向心力。李校长在业务上尊重教师创造精神，如教师课堂上有教师自己的模式，有教师自己的风格；在用人上以事业为本，信任为重，让他们在职权范围内独立地处理问题，充分发挥其才干；在日常生活中，两位校长（副校长罗泽斌）总是面带微笑，从不当众批评教师和学生——即便有过错，也要选择适当的时机与他们谈心、沟通，指出错误，并给他们创造改正错误的机会和条件，跟踪其改正错误。这种适当的批评，由衷的言语，使人维护了自尊，找到了自信，没有对立，有利于以后工作的开展。

2. 关怀、体贴教师。关怀体贴是人的普通心理需求。关心教师要真情实意，一切从爱出发，校长给每人以均等的机会，一视同仁，对于能力较弱、有错误的同志更是关心有加。对于生活和工作上有困难的教师给予了支持与帮助。“精诚所至，金石为开”，让他们充分发挥聪明才智。人人都有感情，人人都需要感情。爱实质上就是给予教师更多的关心，更多的体贴，给予其心理上的补偿．在这样的校园里，就如同是温暖的家园，没有一个教师被嫌弃，使他们感到温暖，使人终生难忘。

3. 理解、宽容教师。教师的气质、性格、能力各有千秋，具有其独特的特点。作为校长，必须“宰相肚里能撑船”，凡事宽容大度，“水至清则无鱼，人至察则无友”。理解和宽容是校长与教师沟通的金钥匙。李校长喜欢换位思考，置换体验的方法，设身处地了解教师的需要、苦衷和感受。李校长根据需要，召开不同类型的会议和个别谈话，向教师讲清学校工作情况和实际困难，倾听教师意见，就群众所关心的问题给予认真解答。有的教师教学认真负责，能力强，成绩显著，但毛病不少，有的甚至牢骚满腹。她着重看他们的长处，注重捕捉他们身上的闪光点，并给予及时肯定。

校长与教师之间存在矛盾是不可避免的，离开了宽容大方，就很难做出妥善的处理。“有一种人，身上的傲气多一点，不媚上，不同流，常常喜欢冷嘲热讽，以与领导保持一定的距离为清高，以讽刺领导的言行为敢为。对这种人，更要有点雅量。受点刺激，让自己时刻清醒，有何不可？作为领导者，听点不同的声音，看些不顺眼的脸色，只会使自己清醒。所以对这样的老师，我在心中容纳了他们，并真心的亲近他们，尊重他们，有的还委以重任，结果都成了交心的朋友。我相信，尊重产生尊重，真心换的真心。其实人是怕尊重的，所谓‘士为知己者死’，无非是你尊重了他，实现了他的价值，所以才以身相报。也许这就是中国知识分子的千年情结。”李校长的这番话，使我们不难看到，她理解教师，耐心听取反对自己的话，严肃认真地检查自己，正确对待反对过自己而且证明反对错的人，不计较，不报复，主动亲近，这样一来，教师才会产生内疚之心，感激之情，“报答”之行。

人需要有情感，只有让教师心灵和谐，心情轻松、愉快，教师才能精力充沛，工作才会更出色。也许，教师心目中没有校长，但校长心中一定要有教师。校长心系教师，教师才会支持学校工作。只有这样，教师才有饭桌上教学的交流，才有饭后在笔架山公园小路上开心的交谈，才有课堂上的创新，才会有实验室的一丝不苟，才有办公室里的自我反思与团队的协作，才会为学校的发展、学生的健康成长竭尽全力。

激发学生的学习兴趣，使学校成为学生喜欢的乐园

没有学生，也就没有学校。可以说，学校里的主要工作都是直接或间接为培养学生成才服务的。学校无小事，处处皆育人。我国的教育方针一直是培养学生在德、智、体、美、劳诸方面全面发展，成为建设社会主义事业的劳动者和接班人。遵循一切为了学生，为了学生的一切，为一切学生的原则，按照素质教育的要求，华富中学开设了二胡、劳技、阅读、书法等校本课程，同时举办“君子节”“淑女节”“科技节”等节文化，通过文艺表演，摄影比赛，阳光体育运动等张扬学生个性，发挥学生特长，激发学生的学习兴趣。那么如何来创设这一环境，激励学生奋发向上，压力变为动力，学生苦学变为乐学呢？这是一个永恒的主题。正如苏霍姆林斯基所说：“教师最可贵的一个品质是人性，是有充满人性、人情，充满爱心的教师才会培养出具有健全人格的学生。”教育者是人，被教育者也是人，教育是人与人之间的事。因为彼此都要把人当人，要尊重人，没有这个基础，教育就不成其为教育。其次，师生之间的“传道、授业、解惑”应该是建立在“理性”之上的行为。作为教师，我们应为学生创造一种具有丰富人文精神的班级环境。作为校长应为全校教师创设这样的环境。如能做到这一点，那么，亲和率提高了，聚集力也就增强了，一切的一切将会出现水到渠成，教育教学质量也就逐渐上升。

华富中学的学生一个个体魄健美，阳光开朗，文明礼貌，勤奋好学，表现欲和表现能力极强，视野开阔，知识面广。在以“大容量、快节奏”为特点的现代化多媒体课堂里，学生思维活跃，精力集中，争论激烈。楼上楼下，校内校外，当你遇到学生时，他们总会说一声“老师好”“老师您辛苦了”之类的话，有的还举手给你行队礼，在这里，我第一次发现当教师虽然很辛苦却是这么快乐的事情，校园如同家园，课堂如同乐园，教师与学生一起在努力。我深刻体会到具有和谐心灵和人文精神的校园使人感到温暖，感到幸福。

2008 年 12 月

感悟华富文化

——广西中学校长114期赴深圳挂职培训总结

2008年10月22日，我们有幸来到广东深圳市华富中学校挂职培训，这是一所只有十多年历史但却拥有多项省级先进的中学，是一座现代化，生态化的人文校园。学校占地面积23547㎡，现有教学班30个，教师由全国优秀教师、全国骨干教师、南粤教坛新秀、深圳市、区骨干教师、学科带头人等组成的高素质教师队伍，中、高级教师占92%。在教学设备上实现了网络化、数字化，教师人手一部电脑，多媒体教学平台、软件制作室、校园网等设施齐备，课堂教学已完全实现多媒体化。一座耗资500多万元造型美观的多功能现代化体育馆，与笔架山交相辉映。按省一级学校建起的图书馆、阅览室、音乐室、形体房、学术报告厅等，为师生的学习与生活提供了优越的享受。

该校的办学理念是——“人文见长，人格健全，和谐发展”。学校管理把“人格、人品、人文”放在首位，以“以人文铸魂，科研兴校”为办学策略，以师生的发展为本，更新教育观念，引进全国重点课题，与大专院所联姻，同兄弟学校结盟，与韩国、香港学校结成姊妹校，筑巢引凤，借船出海，“开窗放入大江来”，为学校构建起一个改革开放的大平台。特色节庆活动，如艺术节、体育节、科技节、国学教育节、淑女节、君子节、英语节、数学节等使每个学生都有展示自己的平台。学校开设有二胡、口语等校本课程，自编的《少年君子》被评为全国“十五”重点课题一等奖；还有写作、棋类、田径等特色活动课程，让每一个学生都成才，让每一个生命都闪光，让每个学生充满信心走出校门，是我们的办学追求。华富学子在这样一个得天独厚的环境里，滋润着人文甘雨，吮吸着知识的琼浆，健康快乐地茁壮成长。

该校近几年来取得了骄人的办学成绩，学校相继成为“深圳市美术基地学校”、“福田区科技特色学校”、“广东省绿色学校”、“广东省一级学校”、“广东省民乐学校”、“广东省国学教育实验基地学校”、“中央教科所德育实验先进学校”、“全国德育科研先进单位”、国家“十五”重点课题“教学课程改革实践研究”先进学校、联合国“环境、人口与可持续发展 EPD 教育项目”实验学校、“国家级绿色学校”等。在教学质量上中考成绩稳步攀升，中考取得历史性突破。2004 年中考过 800 分 1 人，700 以上 12 人，600 分以上 68 人，平均分超过市、区均分 30 多分，名列区前茅。2007 年中考我校再创新高：汪楚航同学凭借 479 分的骄人成绩，一举夺得了 2007 年中考福田区总分第一名。

骨干教师荟萃，教学成绩耀眼。我们是怀着崇敬的心情走进了这所广东省基础教育的先进单位、教育科研的龙头学校；更近距离地去了解这所国内一流的现代化中学。

李小婉校长和罗泽斌书记亲自接待并安顿好我们的食宿，并介绍了学校的概况；罗书记带我们熟悉情况、介绍了学校各科处的主任与我相识、指导我的学习业务。学校还向我们每人配发了该校的教师工作安排表、作息时间表、课程表；还配发了自编的校本课本（含德、智、体教育、科研论文、新课改、人文关怀和案例反思等）十多套。在这短暂的一个月时间里，感受很多，收益颇多，让我们初步地了解了华富中学。

一、无为而治的管理氛围

初到华富中学就给我一种规范有序的感觉，规划很好校园设施和建筑，完善的设施，张弛相间的工作节奏，无不透漏着一种与众不同的感觉。但最让我们感动的是管理氛围，李校长在第一天接待我作简介时就说“士为知己者死，管理要最终变为无为而治，要让员工感到快乐幸福”，事实上该校常规工作确实无需检查，无需督促，各任其岗，各尽其事。该校一名普通社会服务性工人都向我们说校长对她非常好。每天的各项工作都显得那么井然有序，毫无纰漏。让你逐渐感到“不为物先，不为物后，无为而实现无不为 、无不治”的管理氛围。李小婉校长罗泽斌书记的稳重谦虚，缜密细致，以身作则，兢兢业业，恪尽职守，睿智果断，以自己的能力和人格魅力赢得全体教师的拥护和信任。为全体教师树立了标杆；老教师德高望重，言传身教，以德感召，以才授补，成为青年教师的心中目标。学校形成了中层看校长、老师看领导、新教师看老教师的积极向上的工作氛围。

这些都是管理者心血的凝聚，是全体教师生共同努力的结果。“无为”只是一种现象和手段，“无不为”是达到的目标。现象背后是华富中学的领导按照科学的方法结合实际情况的“为”，是工作中抓主要矛盾、抓中心、抓关键的铺垫。努力营造出这以人为本、润物无声的管理环境，才有了无为而治的管理氛围。他们的管理值得我们去深入的学习、研究和借鉴。

二、浓郁的校园文化的培植

华富中学建校虽只有十五年，但却非常注意对校园文化的培植，在校园的每个角落都让人感到十分浓郁的校园文化氛围。提出两大目标即广东省一级学校、国级绿色学校；树立三大品牌即校园文化、教育科研、个性发展；建立四化校园即学习化、数字化、生态化、人文化。以上目标都刻画在学校的行政会议室里，时刻引领着该校领导老师为之奋斗。用科研兴校，特色求生存，以“品牌、特色”的发展目标带动师资队伍建设和以课堂教学，向教师提出“微笑”进课堂；以师生互动、探究式教学方法带动学生综合素质提高，教师提前一天给学生出预习提纲让学生有目标的预习特点，课堂上教师引领学生自主学习并进行巡查指导以及师生互动点评体现新课标的要求，课堂上是师生的平等交流；以制度建设及倡导让教职员工感到快乐和幸福，引入心理教师帮助师生解压解疑，带动和谐校园建设，校长常常引领教师把工作中烦恼转化为课题或问题的课题研究，让自己感到工作的快乐，我们听到的是员工对校长管理的赞扬。学校开展形式多样的“节庆”活动，如三八淑女节、五四君子节、体育节、科技节、英语节、国学教育、数学节、艺术节等节庆活动，让学生能力得到全面提升，享受多样化发展的快乐，为学生提供个性发展的舞台；校本教研带动教育创新，有着三个国家级重点课题，一个省级重点课题，六个市级重点课题和十六个校级重点课题。李校长是一名非常注重看书学习的校长，她撰写大量教育教学及科研论文，提出了让老师在工作中感到快乐和幸福，把工作中烦恼转化成课题去研究，在她的带领下教师们都积极参加到课题和问题的研究中去，成为华富中学教育教学质量腾飞的翅膀；确立了“学会负责”的校训；“严格、团结、求实、创新”的校风；“严格、团结、求实、创新”的教风；“尊师、勤奋、活泼、谦逊”的学风。

上下课的铃声不是传统刺耳的电子铃声，而是欢快的乐曲，上课的铃声是快节奏轻音乐，下课的铃声是舒缓的乐曲，周期性地对学生产生正面影响，通过刺激反应，调节学生的情绪，利于师生心理生理的调整；与众不同的升旗仪式，穿着统一服饰六名护旗手，迈着正步进场的礼仪学生形象，由各班学生代表轮流所作的专题演讲，如《满怀感恩，让我们拥有阳光的人生》等，值周班级代表对全校上周早读、午间静校、考勤、校章等进行总结，给人激励，给人力量，给人知识，给人参与，给人平等，在传统的升旗仪式的升旗、小结上加入学生的演讲和本周的学生自我评价，让学生的思想走出校园，走上社会，走上历史，对社会人生，走上新课改的理解得更加深刻，也为学生搭建了一个自我管理和展示的平台。学校班教、各类功能室的门边也充分考虑到校园文化建设的需要，装饰有人生格言，富有文化内涵。学校墙体、楼道、花园、运动场等，都设置有名人名言以及著名科学家、文学家的塑像，在楼梯间张挂着学生的精美艺术作品，既注重名人的文化内涵，又将学校的现代学生、杰出人物事迹有机结合起来。耳濡目染，潜移默化，陶冶学生的情操。课堂教学更注重文化素质的培养，结合新课程他们组织的“学习园地”、“小论文展”、“摄影展”、等课堂和课外教学活动，精选内容展示，增强了学生与社会进步、科技发展、生活经验的联系，拓展视野，引导学生创新与实践能力的初步形成，培养正确的世界观、人生观和民主法制意识。学校的网络也为学生开辟发展班级网页、艺术园地、学生会、法制园地、青少年廉洁教育、诚信教育、安全教育、爱国主义教育、交往心理、学习心理心理保健心理课堂等等网络空间，拓宽了教育的渠道，让我们看到华富中学校园文化氛围对学生的熏陶。建设积极的校园文化能营造积极向上的文化氛围，抵制垃圾文化的入侵，让学生乐观健康地成长，抓住了校园文化中的感染、模仿、从众、认同的心理作用，达到了激励、熏陶、凝聚的效果，形成了充满生命气息的校园文化，舒展了师生的心灵，学生有了放飞想象的空间，胸怀快乐，寻找、实现自己的人生价值。这给我们学校的校园文化建设树立了鲜活的样板。

该校教师的专业发展有着独特见解，校领导认为：教师成长=经验+反思。提出了“反思三年就是名师”，为此长期为老师搭建了两个主要平台。

(1) 教师论坛：每年抽几位老师介绍成功或失败的个案，其教师出建议；(2) 聚焦课堂：教师自己请其他老师听课（有表格检查）、同构课（同一节课互听）、“唐妮式”课堂（由校长、主任、组长等听几分钟某教师的课，有问题的进行个别谈话）；(3) 与香港学校的交流；(4) 汇编校本教育丛书：该校已出版《走进新课程》《走进人文关怀》《情感智商》《国学精粹》《乒乓球训练技巧》《芳草园》等十多种校本书籍，汇总了该校新课改和教育教学经验及教育方法、教师课题论文、师生作品、学生优秀作文等，为学校和师生的发展优良传统传承打下良好基础。另外，外出听课或学习教师要向全体教师谈收获，务实求真的工作作风影响着全体教师，引领他们快速健康成长。

树高千丈始于分毫生长，积水溢流渠自天成。华富中学的管理正是人文的关怀，科研兴校的策略下，与时俱进，发展特色，提升品牌营造创新和谐、积极向上的人文氛围，精于各点，形成良好的校园文化，达到无为而治的管理境界，积跬步致千里，汇涓流成江河的目标。

广西区教育厅、教育学院干训部、华富中学给了我们一个难得的学习机会和锻炼平台，具体学习华富中学先进的办学理念和有效的管理方法，与自己学校的情况对比反思，开阔了视野，看到了自己的不足，为今后的工作指引了方向。我们将珍惜这一段挂职学习的经历，更深入地学习华富中学的管理经验，坚持多听、多看、多学、多思、多交流，感悟教育的真谛和管理的境界。让自己在教育管理理论与实践等方面都有更大的提高！

广西中学校长114期第七组

2008年11月12日

2013届初三（10）班学生给李小婉校长的信

敬爱的校长：

您好！提起笔，不知该从何写起。

有幽雅的校园，就会有美丽的小路。有美丽的小路，就会有您忙碌的身影。忘却的事情很多很多，却忘不掉您的身影。记住的事情很多很多，您的身影却在记忆深处。校园是条河，流向天涯，流向海角。校园是只船，驶向斑斓，驶向辉煌！

犹记初见，我以为您是一位严肃至极的老师，对您更是有些许的距离感。但在你给我们上过几堂课过后，我看到更多的是您对我们的关注与关爱。感谢您对我们的关怀，让我们健康成长。您还是一位非常注重奖罚分明之人，这是非常值得学习的一种品质。您亦注重教会我们如何读书，而不是死读书读死书。是您让我明白良好习惯的可贵。每天看到你真诚的笑脸，让我们感到是那么亲切，我们从内心深处把你当成了朋友，可以和你无话不谈，在这里校长与老师跨越了上下级的界限，有的只是朋友与朋友之间的与沟通，这只是情的自然流露，这是心的真诚沟通。

岁月慢慢风蚀着容颜，时光渐渐把窗棂打开。您一直用心筹建着我们的校园，伴随着时间。我们亦渐渐成长。感谢您为校园的付出，我们必将您记在心底。希望您身体健康，快乐幸福。

敬祝：身体健康，快乐幸福。

您的学生

亲爱的李校长：

您好！您一直是我非常敬重的长者，您的音容笑貌时时在我的脑海闪现，在这个即将离开母校的时刻，我突然很想向您倾吐我的景仰与尊敬，希望您能原谅我的冒昧与打扰！

您不一定记得我，但是您的虚怀若谷、坦诚执着的精神和气度令我们晚辈非常敬佩。记得您对我们班同学的多次教导，道理深入浅出，言语又深挚恳切，深深打动在场的每一位学生的心而您的谦谦学者的形象在我心中也很高大。在您身上，我看到了自强不息的精神，顽强拼搏的意志，勇往直前的魄力，以及永不放弃的气度。我深深为您高洁的品质所折服！听闻您生病的消息，我们都感到很揪心，您太过操劳我们的学业，忙于学校的事情，以至于累垮了身体。

但请您放心，我们一定会成为您所希冀的样子，一定会发奋图强，健康成长，努力成为国家的栋梁。

最后祝愿您身体健康，万事如意！

您的学生邓舒雅

2013 年 7 月 7 日

尊敬的校长：

您好！我是初三（10）班的丁姝。三年时间从我们指缝间流过。不过，我仍记得当初您来到我们班第一次上课的情景。当时您笑容满面，信誓旦旦地对我们说一定会带好这个班。也许正是因为我们班的特殊，您更是对我们宠爱有加。而且，您身为校长，只带了我们这个班。因此我们感到非常荣幸。

尽管我在您的课堂上不是那么积极，但却认真。尽管我没有给您留下太深刻的印象，但您却深深地刻在我的脑海里。

还有后来，您近一年时间都没有教我们了，我们感到很可惜。后来才得知您生病了。就算在学校我们也没见过几个面。后来见到您时，只见您已是短发，短发的您显得比以前更加苍老了。

所以，我们对您心存感激，也许您教我们的时间不长，但却对我们很好，很照顾我们。尽管我现在言语不多，但是现在，此时此刻，毕业的我要跟您说声：谢谢您，敬爱的校长。

您的学生：丁姝

2013 年 7 月 7 日

敬爱的李小婉校长：

您好！小六时就听谢家碧老师提起过您。虽然您也来听过几次课，但我却总没能见上一面。当时与您未见过面的我总以为华富中学的校长是一个极其严肃的人。那时，我就很想见见您的模样。

虽说上了初中，但仍然在母校那上学，那时一周能见上您一两次面。起初见到您是在开学典礼上，您那和蔼的眼神、温柔的话语直接将我心中原本“极其严肃”的模样踢到九霄云外。我那时席地而坐静静地听着，现在都还记得你说过“我要把你们培养成一个全面发展、人格健全的合格中学生”、“要学会负责”之类的话。那个时候起，我就相信，我这株小树苗将会在您这棵苍天巨树下茁壮成长。在我身上发生了许多有关您的事，但有一件事我仍然记忆犹新。

一次中午睡过了头，我急匆匆赶来学校，才突然想起来，第一节是您的课。我走到班级门口，举起沉重的正在冒汗的手无力地敲了一下门。当门打开后，同学们的目光齐刷刷地转向了我，我当时害怕得双腿发软，心想：我竟然在校长的课上迟到，真是不想活了。您似乎并没有批评我的意思，侧着头问我：“怎么迟到了?”我的嘴唇张了张又合上，几秒之后才出声：“睡过头了……对不起。”

“你不要和我道歉。”您很严肃地说道，“你要和班上的同学道歉。”于是我厚着脸皮走上讲台和全班同学说了声：“对不起，我迟到了。”您才让我回到座位。自此以后，我就再也没有迟到过，因为您教会了我学会负责，学会对个人和集体负责。

然而，世事总是难料，在我还是初二的时候，您悄然离去，去到一处陌生的医院治疗。听到这消息，我觉得上天是不是太残酷了，它偏偏要让四川汶川地震，偏偏要让流感盛行，偏偏要让无辜的人陷入困境。当我终于又一次见到您时，发现您已双鬓微霜，被病痛折磨的痛楚都挂在了脸上……

毕业典礼那天，听您无稿演讲，曾经忘我的付出，十几年了吧，原本认为这老天是残酷无情的，现在却认为它是仁慈的，您累了，你是该歇歇了，华富的将来就交给眼前勤劳、负责的老师们吧，祖国的将来就交给意气风发、努力学习的我们吧！

最后，华富学子们祝李校长幸福快乐！

此致

敬礼

华富学子陈镛伟

2013 年 7 月 7 日

尊敬的李校长：

您好！您一直都在为我们辛勤劳动，默默地为我们建造美丽的校园，想给我们一个良好的环境，让我们更好地学习。您总是用默默的行动来温润我们的心灵。感谢您，是您第一个帮我过生日，是您让我体会到这快乐，谢谢您！

祝您身体健康，事事顺心！

您的学生：黄河

2013 年 7 月 7 日

尊敬的李校长：

您好！虽然您在我们班上的课并没有几节，但我对您的印象还是很深。您脸上总是带着淡淡的微笑，看着我们嬉戏玩耍，对我们从不发脾气，我们做错事只是和蔼地跟我们说错在哪里。我们之所以在您的指导下一步步走向正确的道路，是因为您身上有种让我们改变的力量！啊！我亲爱的老师，您的教导我们将永远记得！您总是在我们看不见的地方辛勤劳动，为我们付出许多，我感谢您，我永远的老师！

祝您身体健康，事事顺心！

您的学生：张洋

2013 年 7 月 7 日

尊敬的李小婉校长：

您好！也许您对我不是很熟，但我也是初三（10）班中的一员，我十分感谢您对我们的关心，也十分想念您的微笑。

我们相处的时间，只有不长不短的三年。光阴似箭，日月如梭。一转眼间，我们幼稚的脸庞便成熟了，您的眼角流露出了时间悄然留下的痕迹——一条条皱纹，还有那一根根变得苍白的头发。不变的是您对我们的关心，那温柔的笑脸印在我的脑海中，久久不会消散……

烈日炎炎，每个人的心中都隐藏着一团烈火，完全按捺不住，只想爆发出来。那天，是我们第一次相遇，您温暖的笑脸像一股清泉，把我们心中的火浇灭，让我们不再那么炎热。我们渐渐平静下来，您开始介绍您自己，我们听得很认真，身旁有一阵清风拂过，带走一丝丝炎热，带来一阵阵清凉……从那一刻起，您的笑容就印在我的脑海中……

我们是一群受了特殊照顾的花朵，被是祖国的园丁的您细心照顾着。不论是风吹雨打，还是日光暴晒。开始我们真是身在福中不知福呀，您在每一刻每一分关心着我们，而我们却是丝毫不在意，仿佛这一切都是天经地义的。您的关心我们完全没有领会到。直到您病了，我们才发现，有什么东西悄然离去，浑身不自在。您的身影也渐渐消失了，直到好久没有看到您默默注视我们的身影，才开始着急，您，到哪里去了……

直到班主任跟我们讲您生病了，我们才知道您的去向。我们感到惊讶，平常那么健康的您怎么会生病呢？惊讶、担心充斥了心房。我们无言以对。您的关心终于换来了我们的关注，原来，那缺少的东西是您关心我们的视线啊！临近中考，没有办法去看您，但是我们会努力，用自己最好的心态、最强的信念去迎接中考。无论未来怎样，但是我们努力了！我们尽力了！我们会更好地面对未知的未来，可能危险重重，可能一帆风顺，我们会带着您的关心，去面向那未来！

我只希望，您的身体好起来，我希望您不要为您的身体健康忧愁，我希望您能够快快乐乐，再次露出那如沐春风般的微笑……

祝您身体健康，万事如意！

您的学生 初三（10）班 陶佩佩

2013年7月5日

敬爱的校长：

您好！当我拿起笔写下这封信是，三年已过，又到毕业季。我从小学升入华富中学时，就觉得您是一个很亲切的人。后来您来十班上课，上课的时候您对我们很严肃，但在下课的时候，您会解决我们的问题，会询问我们在学校的学习生活，会鼓励我们好好学习。

您曾说过“态度决定一切”，我觉得您就是这样一个人，当我们听到了您生病的消息之后，都觉得十分惊讶，但您有时还带病工作，为的是想让华富中学有更好的发展，您带给十班太多，我们无以为报，只能用成绩来回报您。但自从听说您病了之后，班主任刘老师就一直想带着我们去看您，您希望看到一个优秀的十班，为此，我们也有在努力。

现在就要毕业了，我们都希望您能在以后的生活中开开心心，身体健康。

祝：身体健康，早日康复！

您的学生：卢美如

2013年7月1日

敬爱的李校长：

一转眼我们这一届就毕业了，静下心来仔细想想，您已经好久没同我们一起上课了。回忆以前，心里难免不是滋味。

还记得之前上课时，大部分内容都不是书上的，基本都是聊到什么就讲什么，普及广，跨度大。偶尔您也会谈及您的家人，朋友当作事例。在我看来，您完全不像是上课，反倒像我们身处在一间聊天室，彼此轻松愉快地谈论。不过，再怎么轻松，一到严肃关头，气氛还是较为紧张的。比如您在讲完后会提一些问题，而当班里无人举手发言时，班干部成了您的首要人选。我自然知道作为班干部要鹤立鸡群，成为众人之表率，但也怪自己难免有片刻分神，跟不上节拍，自然心虚。且大部分时候您都会点班长，语文课代表。作为语文课代表的我，总是在您的课尽我最大努力集中注意力，这也让我在其他科目上有所收获，为此真的要感谢您。

后来得知您生病住院的消息，大吃一惊。但学习、考试、上课一系列事情的洗刷也让我们无能为力。刘老师也传达了您的话，等十班哪天变得优秀了再来看您，但最终我们都没有拿到所谓的第一名。可是我却并不感到难过愧疚，我认为十班已经成长了太多太多。在毕业那天，大家的那种凝聚力和团结已经根深蒂固。其他什么都不重要了，这个班的友谊和不服输的精神才是最宝贵的！您不是一直在教我们做人的道理吗？我们成功了！谢谢您！

最后，希望您能保重身体，身体可是本钱！愿您能每天开开心心的！愿您合家欢乐、幸福！

您的学生：倪小荃

2013 年 7 月 7 日

尊敬的校长：

我是潘嘉维，特地送上这封信代表我的祝福。在华富学习的三年，就这么快的结束了。迎接我的，是美好的高中和新的旅程。迎接您的，则是依然继续的生活。其实我是一个含蓄表达自己感情的人，但在此，我要感恩，感谢校长对我的严格要求。俗语说“严师出高徒”，用高的标准要求自己，定会更高远。这是我第一点要感恩的。第二点，感谢您对十班的照顾。初一时，在华新小学暂时借住过一段时间，我们班特别“住”在唯一配有空调的教室中，享有这特权定是您给予的，好让我们有个舒适的学习环境。初一、初二时的思想品德课也是您单独给我们班上课，别班的同学都没有机会体验您别具特色的课堂。因此，我感到十分幸运，也是由衷的感谢。

撇开学习方面的感恩，在校园里，我觉得您是女强人的代表，自食其力，努力工作。听了您的成长历程，我真是又惊讶又肃然起敬……详细询问过爸妈后，了解到那段时间的事，才明白您的不易和付出的艰辛努力，从而获得了回报，是欣慰的。您这样奋斗的历程，我听了也振奋我心……对创造美好的未来，已经迫不及待了！感谢您用自己事例，来激进我们！

记得初三隔了一段时间没见您，再次遇见，则是在拍毕业照的那天。看您剪短了头发，显得干练很多……只不过面容不像以前那么焕发光彩了，定是病魔折磨您使您憔悴了……它怎么忍心，忍心夺去您的炯炯双目，和殷红的唇。望您以后要好好照顾自己才是。

最后，希望我的只言片语，能给您的闲暇时光里，添一份光彩。能让您带来一丝的欣慰与感动。

祝：身体健康，平安幸福！

您的学生：潘嘉维

尊敬的校长：

在这即将毕业之际，我怀着沉重的心情写下这封信。

我并不是个十分优秀的学生，却在这个学校收到了最好的待遇，能与最优秀的老师共处一个教室，我感到十分荣幸。这个学校给了我很多的机会，包括在学生会的工作，让我有了更好的锻炼机会。只是，在初三这年，校长您由于身体原因没有陪伴我们，确实时时牵挂着我们，这是我在目前的学生生涯中第一次与校长联系得这么密切，让我很感动，正是校长您的悉心教导和付出才让我们有了更大的进步。因为您的包容与谅解之心让我们在课堂上能大胆发言，提高我们的胆量与交流能力。教育也颇有特色，见到您像是见到了朋友，十分亲切。虽然您最后留给我们的印象是短头发，弱弱的感觉，但是深深烙在我们脑海的是您精神的脸 ，中考那天，您亲自来看我们，在走廊上朝我们微笑，让我们信心倍增，久违的熟悉感迎面而来，您是个尽职的校长！即使您不在华富当校长了，但这是您的家，在未来的日子里我们都会常回来看看，希望还能再见！知道您身体不好又即将退休，希望你能在假期好好保养自己的身体，不要过多劳累。学生谨记您的教导，未来的路不管朝向哪里，一定会更加努力，希望能以自信的面孔再见到您！

祝：身体健康！（此处省略N句）

袁瑾

给校长一封信

敬爱的李校长：

我是初三（10）班的曾冠岚同学，在这三年的学习、生活中，校长您给了我们无微不至的关怀和教育，使我们从一个不懂事的小孩成长为一名合格的中学毕业生。如今，我们就要离开学校了，离开这里的一切。我真有点舍不得。自从你来了华富中学，我们学校的硬件设备得到改善。如电脑室、自然室、语音室应有尽有，成为了设施完备的学校，老师也是你经过精挑细选才进来的，所以，大家在这里学习得也很轻松、愉快。在此衷心地感谢敬爱的李校长。祝李校长身体健康、万事胜意！

此致

敬礼！

学生：曾冠岚

2013 年 7 月 7 日

亲爱的李校长：

大概是从初三开始吧，我们几乎没有见过您了，这段时间都是许老师来给我们上政治课。虽然许老师会给我们讲一些政治上的事情，上课也很有意思，但是我们还是很想再听到您给我们讲那些发生在您身上的故事，让您带着我们思考。老师，我不得不说，您请假后我们才发现您的好。虽然政治课不是考试的内容，但是我们真的很喜欢您的政治课，虽然每周只有一节，但却让我们很放松。

您请假后的两个星期，我们是上了自习课，那时我们以为你是有事才不来上课的，便很开心。但是一连几周我们都没有看到您，政治课也改为由一个代课老师来给我们上课，后来，我们听刘老师说，您生病了，要在广州做手术，需要请长假。我们真的非常担心您，很想去广州看望您，可是刘老师说，您让我们成绩在年级名列前茅的时候才能去。遗憾的是，这个直到我们毕业还没有实现。

毕业典礼那天，您也来参加了。您说因为开场时的短片，您会全程和我们一起参与。这是我们唯一一个初中毕业典礼，也是您参加的最后一个毕业典礼了。您又一次地帮助我们思考，告诉我们要有梦想，要懂得做人。看着您弱不禁风的身子，听着您带着疲倦与虚弱又一次教育我们的话，我们真的对您敬佩不已，也心疼不已。

由您一手操办的十班已经告一段落了，您也即将要告别辛苦耕耘多年的工作岗位了。真希望我们的信能够把您所有的病痛和不快都带走！我们都努力了，我们会带给您我们最优异的成绩。等您康复出院的那天，您会看见您的辛苦没有白费，您的学生成功走上了人生道路，您的付出也不是徒劳！

祝您早日康复，永远幸福！

初三（10）班 张俐

2013 年 7 月 2 日